# Studienskripten zur Soziologie

**Herausgegeben von**
H. Sahner, Halle (Saale), Deutschland
M. Bayer, Nürnberg, Deutschland
R. Sackmann, Halle (Saale), Deutschland

Die Bände „Studienskripten zur Soziologie" sind als in sich abgeschlossene Bausteine für das Bachelor- und Masterstudium konzipiert. Sie umfassen sowohl Bände zu den Methoden der empirischen Sozialforschung, Darstellung der Grundlagen der Soziologie als auch Arbeiten zu so genannten Bindestrich-Soziologien, in denen verschiedene theoretische Ansätze, die Entwicklung eines Themas und wichtige empirische Studien und Ergebnisse dargestellt und diskutiert werden. Diese Studienskripten sind in erster Linie für Anfangssemester gedacht, sollen aber auch dem Examenskandidaten und dem Praktiker eine rasch zugängliche Informationsquelle sein.

**Herausgegeben von**
Prof. Dr. Heinz Sahner
Halle (Saale), Deutschland

Prof. Dr. Reinhold Sackmann
Halle (Saale), Deutschland

Dr. Michael Bayer
Nürnberg, Deutschland

**Begründet von**
Prof. Dr. Erwin K. Scheuch †

Marco Giesselmann · Michael Windzio

# Regressionsmodelle zur Analyse von Paneldaten

Marco Giesselmann
DIW Berlin, Deutschland

Michael Windzio
EMPAS Bremen, Deutschland

ISBN 978-3-531-18694-8
DOI 10.1007/978-3-531-18695-5

ISBN 978-3-531-18695-5 (eBook)

Die Deutsche Nationalbibliothek verzeichnet diese Publikation in der Deutschen Nationalbibliografie; detaillierte bibliografische Daten sind im Internet über http://dnb.d-nb.de abrufbar.

Springer VS
© VS Verlag für Sozialwissenschaften | Springer Fachmedien Wiesbaden 2012
Das Werk einschließlich aller seiner Teile ist urheberrechtlich geschützt. Jede Verwertung, die nicht ausdrücklich vom Urheberrechtsgesetz zugelassen ist, bedarf der vorherigen Zustimmung des Verlags. Das gilt insbesondere für Vervielfältigungen, Bearbeitungen, Übersetzungen, Mikroverfilmungen und die Einspeicherung und Verarbeitung in elektronischen Systemen.

Die Wiedergabe von Gebrauchsnamen, Handelsnamen, Warenbezeichnungen usw. in diesem Werk berechtigt auch ohne besondere Kennzeichnung nicht zu der Annahme, dass solche Namen im Sinne der Warenzeichen- und Markenschutz-Gesetzgebung als frei zu betrachten wären und daher von jedermann benutzt werden dürften.

*Einbandentwurf:* KünkelLopka GmbH, Heidelberg

Gedruckt auf säurefreiem und chlorfrei gebleichtem Papier

Springer VS ist eine Marke von Springer DE. Springer DE ist Teil der Fachverlagsgruppe Springer Science+Business Media
www.springer-vs.de

# Inhaltsverzeichnis

Vorwort .................................................................................................. 9

1 Einführung in die Analyse von Paneldaten ................................... 17
   1.1    Notation ...................................................................................... 17
   1.2    Die Organisation von Paneldaten ............................................... 18
   1.3    Wiederholung: Multiple Regression ........................................... 19
       1.3.1    Die Regressionsgleichung ............................................... 19
       1.3.2    Grafische Darstellung der gemeinsamen Verteilung
              (Streudiagramm) ............................................................. 20
       1.3.3    Bestimmung der optimalen Regressionsgeraden ............. 21
       1.3.4    Interpretation des Regressionsergebnisses ...................... 23
       1.3.5    Ein weiteres Beispiel ....................................................... 23
   1.4    OLS mit Paneldaten? .................................................................. 27
   1.5    Erweiterung der Regressionsgleichung zur Abbildung von
           Zusammenhängen mit Paneldaten .............................................. 29
   1.6    Regressionsverfahren für Paneldaten: Überblick ....................... 32

2 Regressionstechniken zur Analyse von
Längsschnittfragestellungen mit Paneldaten ................................. 33
   2.1    Fixed Effects Regression (FE) .................................................... 40
   2.2    Dummy Variable Regression (LSDV) ........................................ 48
   2.3    Fixed Effects oder Dummy Variable Regression? ..................... 51
   2.4    Die Integration von Kontextvariablen ........................................ 52
   2.5    Fixed Effects Regression oder Integration von Kontextvariablen? ..... 55
   2.6    First Differences Regression (FD) .............................................. 57
   2.7    Fixed Effects oder First Differences? ......................................... 62

## 3 Regressionstechniken zur Analyse von Querschnittsfragestellungen mit Paneldaten ... 69

- 3.1 Fixed Effects für Querschnittsfragestellungen? ... 74
- 3.2 OLS mit korrigiertem Standardfehler ... 77
- 3.3 Random Effects Regression (RE) ... 79
- 3.4 Random Effects Maximum Likelihood (RE ML) ... 88
- 3.5 Random Effects oder korrigierte Standardfehler? ... 89
- 3.6 Between Regression (BE) ... 93
- 3.7 BE als Alternative zu den vorgestellten Verfahren für Querschnittsfragestellungen? ... 94
- 3.8 OLS KV für Querschnittsfragestellungen? ... 96

## 4 Weitere Möglichkeiten zur Analyse von Längsschnittfragestellungen ... 99

- 4.1 Random Effects statt Fixed Effects? ... 99
- 4.2 Random Effects bei einer Integration von Kontextvariablen (RE KV): Eine Hybridmethode ... 102

## 5 Zusammenfassung: Die Wahl des angemessenen Verfahrens ... 107

- 5.1 Der Hausman Test ... 109

## 6 Weiterführende Verfahren: Die Modellierung intraindividueller Fehler-Strukturen ... 115

- 6.1 Mehrebenenanalyse: Die Integration von Random Slopes ... 118
  - 6.1.1 Anwendungsmotiv: Trendheterogenität ... 118
  - 6.1.2 Die Spezifikation von Effektheterogenität durch Random Slopes (RS) ... 120
  - 6.1.3 Random Slopes in der Praxis ... 121

## 7 Panelmodelle für binäre abhängige Variablen: logistische Regression ... 127

- 7.1 Logistische Regression ... 128
- 7.2 Maximum Likelihood ... 140
- 7.3 Logistische Regression für Paneldaten ... 142
- 7.4 Das Fixed Effects Modell der logistischen Regression ... 143
- 7.5 Das Random Effects Modell der logistischen Regression ... 150
- 7.6 Das hybride Modell für die logistische Panelregression ... 161
- 7.7 Mehrebenenanalyse: Modelle mit Random Intercepts und Random Slopes ... 165

| | | |
|---|---|---|
| 7.8 | Generalized Estimation Equations (GEE) | 173 |
| **8** | **Strukturgleichungsmodelle als alternativer Ansatz für die Analyse von Paneldaten** | **183** |
| 8.1 | Grundlegende Konzepte der Strukturgleichungsmodelle | 183 |
| 8.2 | Strukturgleichungsmodelle für Paneldaten mit Fixed und Random Effects | 190 |
| 8.3 | Latente Wachstumsmodelle | 194 |
| 8.4 | Modellidentifikation | 208 |
| **9** | **Schlussfolgerungen: Auf eine klare Fragestellung kommt es an** | **213** |
| **Literatur** | | **217** |
| **Index** | | **221** |

# Vorwort

Dieses Buch beschäftigt sich mit sozialwissenschaftlichen Paneldaten und hat das Ziel, verschiedene Analysemethoden und Techniken unter Berücksichtigung der Anforderungen des empirischen Forschers zu sortieren und aufzuarbeiten. Als *Panel* soll im Folgenden eine Datenstruktur bezeichnet werden, bei der für mehrere Untersuchungseinheiten jeweils mindestens zwei Messungen vorliegen und zusätzlich die Zeitintervalle zwischen den Messpunkten bei allen Versuchseinheiten identisch sind. Wichtige formale Abgrenzungen bestehen zu Querschnittsdaten (*Cross Section Data*), für deren Einheiten jeweils nur eine Messung durchgeführt wird, zu einfachen Zeitreihen (*Time Series Data*), bei denen nur eine Einheit (zu mehreren Zeitpunkten) untersucht wird, zu zeitversetzt erhobenen Querschnittsdaten (*Pooled Cross Section Data*) und schließlich zu Ereignisdaten (*Event History Data*), deren Messpunkte ereignisabhängig sind und somit von Einheit zu Einheit variieren. Da sich Paneldaten und Ereignisdaten darin gleichen, dass Informationen über Einheiten zu mehreren Zeitpunkten vorliegen, werden diese Typen häufig auch unter dem Begriff *Längsschnittdaten* zusammengefasst. Gelegentlich werden zudem gepoolte Querschnittsdaten, aufgrund der unterschiedlichen Erhebungszeitpunkte, zu dieser Familie von Datentypen gezählt[1].

Paneldaten sind in der modernen Sozialwissenschaft eine häufig genutzte empirische Basis zur Überprüfung von Hypothesen. Allerdings ist dieser Trend relativ neu – zumindest außerhalb der Ökonomie. Der wichtigste Grund hierfür ist, dass sich die elementaren sozialwissenschaftlichen Fragestellungen in den letzten Jahrzehnten verändert haben.

So hat sich in der modernen, auf Makrodaten basierenden Politikwissenschaft die ländervergleichende Analyse als empirische Königsdisziplin herausgebildet. Um Effekte institutioneller Veränderung zu messen, werden nicht nur Veränderungen in den Rahmenbedingungen eines Landes im Zeitverlauf, sondern gleichzeitig Unterschiede zwischen Ländern untersucht. Das zu diesem Ansatz korrespondierende Datenformat ist das Panel.

---

1 Eine ausführliche Dar- und Gegenüberstellung der verschiedenen Längsschnittformate sowie deren Ausformungen in der Praxis bietet Ruspini (2002, Kapitel 2 und 3).

Ähnliches gilt für die empirische Soziologie. Hier rückte mit den Thesen zur Pluralisierung der Gesellschaft in den 1980er Jahren der Lebenslauf in den Fokus der Disziplin: Während sich Probleme der klassischen Soziologie zuvorderst auf Unterschiede *zwischen* Individuen beziehen, versucht die moderne Soziologie zusätzlich, Auswirkungen von intraindividuellen Differenzen bzw. von Ereignissen (Heirat, Geburt eines Kindes, Scheidung, Arbeitslosigkeit etc.) *innerhalb* individueller Lebensläufe zu bestimmen.

Bei solchen Fragestellungen entfalten Paneldaten ihr Potenzial: Sie gestatten die Betrachtung von Auswirkungen der Ereignisse auf der individuellen Ebene (z. B. im Rahmen eines Vorher/Nachher-Vergleichs) und damit die Annäherung an eine experimentelle Analyselogik. Dabei ermöglichen sie die Kontrolle von unbeobachteten, personen- bzw. einheitenspezifischen Merkmalen[2]. Folglich beinhalten sie ein Potenzial zur Absicherung der in Querschnittsanalysen grundsätzlich kritischen Exogenitätsannahme[3].

Gelegentlich ist die Wahl eines Paneldatensatzes als Basis der Datenanalyse aber nicht in der Forschungsfrage (bzw. dem Motiv, unbeobachtete Heterogenität zu kontrollieren) angelegt, sondern einer wissenschaftlichen Infrastruktur geschuldet, die mittlerweile viele zentrale Datensätze im Panelformat bereitstellt. So kann beobachtet werden, dass mehr und mehr sozialwissenschaftliche Studien auf Basis des Sozio-oekonomischen Panels (SOEP) durchgeführt werden, obgleich zur Bearbeitung vieler der untersuchten Fragestellungen aus analytischer Perspektive ein Querschnitts- bzw. gepoolter Querschnittsdatensatz ausreichen würde. Ein Forscher, der beispielsweise den Effekt der sozialen Herkunft auf das Einkommen untersucht, ist auf der Grundlage seiner Fragestellung nicht auf Paneldaten angewiesen, denn schließlich variiert die soziale Herkunft einer Person nicht im Lebenslauf. Da aber die Möglichkeiten zur Messung sozialer Kontexte im SOEP im Vergleich zu verfügbaren Querschnittserhebungen überlegen sind, wird der Forscher nun trotzdem mit Paneldaten arbeiten – und muss sich entsprechend auch mit Methoden zu ihrer Analyse auseinandersetzen. Natürlich

---

2 Mittlerweile wird in den meisten neueren ökonometrischen Lehrbüchern und methodischen Abhandlungen dieses Potenzial als zentrales Motiv zur Verwendung von Paneldaten anerkannt und Methoden vor dem Hintergrund dieses Motivs aufbereitet und diskutiert (z. B. Allison 2009, Brüderl 2010). Das hier von uns vorgelegte Lehrbuch bewegt sich in der Tradition dieser Ansätze.

3 Korreliert in einem statistischen Modell die erklärende Variable $x$ mit einem unbeobachteten Merkmal, welches einen Einfluss auf $y$ hat, bezeichnet man $x$ als *endogene erklärende Variable*. Wird der Zusammenhang zwischen $x$ und $y$ als Effekt von $x$ auf $y$ interpretiert, so impliziert dieses (u.a.) die Annahme, dass $x$ eine exogene erklärende Variable ist, also *nicht* mit unbeobachteten Merkmalen korreliert. Die praktisch nicht auszuschließende Möglichkeit der Verletzung dieser Annahme ist das grundlegende Problem von Querschnittsstudien und führt immer wieder zu Kritik an dieser Art des empirischen Zugangs und den Wissenschaften, die ihn verwenden.

könnte in solchen Fällen auch einfach eine Welle des Panels als Querschnittsdatensatz verwendet werden. Allerdings ist ein solches Vorgehen häufig ineffektiv, da sich bei Verwendung mehrerer Wellen (und einer entsprechend vergrößerten Stichprobe) Zusammenhänge klarer zeigen und statistisch besser absichern lassen[4].

Mit der zunehmenden Verbreitung von Paneldaten verschiebt sich auch das benötigte methodische Grundlagenwissen des praktisch arbeitenden Sozialwissenschaftlers. Die dafür erforderlichen Kompetenzen lassen jedoch anhand des vorhandenen, vorwiegend in englischer Sprache vorliegenden Lehrbuchmaterials nur schwer aneignen: Ökonometrische Lehrbuchtexte zur Panelanalyse verlangen ein über die multiple Regressionsanalyse weit hinausweisendes Vorwissen. Dass beim Erlernen von Techniken der sozialwissenschaftlichen Panelanalyse häufig komplizierte Umwege in Kauf genommen werden müssen, hängt auch damit zusammen, dass die Techniken zur Analyse von Längsschnittdaten in der Ökonomie entwickelt wurden. Dabei herrscht zumeist eine *large t, small n-*Situation vor, also eine Datensatzstruktur, die aus einer überschaubaren Anzahl von Einheiten mit vielen Messpunkten besteht[5].

Die Daten sozialwissenschaftlicher Panel weisen allerdings häufig eine *small t, large n-*Struktur auf und erfordern daher alternative Analysemethoden. Zudem variieren viele in den Humanwissenschaften verwendete Merkmale im Zeitverlauf nur geringfügig: Im Gegensatz zu betriebs- oder volkswirtschaftlichen Kennzahlen verändern sich biographische Variablen in der Regel nur an wenigen Punkten im Lebensverlauf eines Individuums und weisen über Jahrzehnte hinweg dieselbe Ausprägung auf. Ein hinreichendes Maß an Variation, welches viele typische wirtschaftswissenschaftliche Methoden voraussetzen, ist daher außerhalb der Ökonomie häufig nicht gegeben.

---

4 Neben den hier genannten Vorteilen (*Kontrolle von Heterogenität, Vergrößerung der Stichprobe*) sind weitere Motive zur Verwendung von Paneldaten einschlägig (z. B. Baltagi 2005, Brüderl 2010): Einerseits können mit Paneldaten Ereignisse und Zustände, welche die Verknüpfung von Informationen verschiedener Zeitpunkte erzwingen (z. B. *Langzeitarbeitslosigkeit, Scheidung*), zuverlässiger identifiziert werden. Auch können Merkmale, die jeweils nur in bestimmten Lebensphasen valide gemessen werden können, gemeinsam modelliert werden (z. B. *frühkindliche Betreuungssituation* und *Intelligenz im Erwachsenenalter*). Zudem lassen sich mit Paneldaten komplexe dynamische Prozesse (*wie wirkt sich die Einkommenshöhe zu einem bestimmten Zeitpunkt auf das Einkommen im nächsten Jahr aus?*) modellieren. Als weiteres Motiv zur Verwendung von Paneldaten kann die Identifikation von Dynamiken hinter Trends – also beispielsweise Einstiegs- und Ausstiegsraten aus der Armut – betrachtet werden.

5 Dieses offenbart sich bereits in der unter Ökonometrikern prominenten Bezeichnung *Time-Series Cross-Section Data* für Paneldaten.

Die *Mehrebenenanalyse* wird ebenfalls als Methode zur Analyse sozialwissenschaftlicher Paneldaten angeboten. Dieser Begriff ist dabei bis heute nicht eindeutig definiert – in der Regel ist aber die Analyse geschachtelter Datenstrukturen mit der sog. *Random Effects*-Technik gemeint. Hierbei handelt es sich um ein Verfahren, dessen Ursprung in der Biometrie liegt. Es wird in den Sozialwissenschaften immer dann verwendet, wenn die Einbettung von Individuen in einen (zumeist sozialen) Kontext von Bedeutung für die Ausprägung eines abhängigen Merkmals ist[6]. Obgleich Paneldaten ebenfalls als geschachtelte Daten aufgefasst und dementsprechend auch Techniken der Mehrebenenanalyse angewendet werden können, greifen diese die Bedürfnisse des mit Paneldaten operierenden Wissenschaftlers nur bedingt auf. Schließlich stehen beim mathematisch anspruchsvollen *Random Effects*-Verfahren die Modellierung der Variationseigenschaften des abhängigen Merkmals im Vordergrund, nicht die in der Panelanalyse zumeist benötigte Modellierung des Längsschnittes oder die panelspezifische Korrektur der Teststatistik.

Techniken, die den Längsschnitt als Prozess intraindividueller Veränderungen modellieren und korrekte Teststatistiken liefern, sind zumeist einfacher zu erlernen. So ist aus unserer Sicht die Wahl und Ausführung der richtigen Techniken zur Analyse sozialwissenschaftlicher Paneldaten schon in der sorgfältig formulierten Fragestellung angelegt. Diese Techniken können als einfache Erweiterungen der multiplen Regressionsmethode aufgefasst und dargestellt werden, was wir mit dem vorliegenden Lehrbuch demonstrieren wollen. Wir verzichten daher bei der didaktischen Aufarbeitung des Stoffes zumeist auch auf Darstellungen in der Matrixform. Eine Ausnahme stellen die in Kapitel 8 erörterten Strukturgleichungsmodelle dar.

Schwerpunktmäßig behandelt dieses Buch die Analyse von Paneldatensätzen, bei denen es viele Untersuchungsobjekte ($n>100$) und wenige Beobachtungspunkte ($t < 20$) gibt. Diese so genannte *large n, small t*-Situation kennzeichnet das Format der meisten Personen- oder Haushaltsdatensätze und wird in diesem Buch als Normalfall behandelt. Die umgekehrte, *small n, large t*-Situation liegt häufig bei der Analyse von Aggregatdaten vor, beispielsweise wenn Länder oder Firmen die Einheiten der Untersuchung bilden. Spezifische methodische Herausforderungen der Analyse solcher Daten werden zwar skizziert, spielen bei der Strukturierung des Buches und der Diskussion der Methoden aber eine untergeordnete Rolle.

---

6 Zum Beispiel: Die Leistung eines Schülers hängt nicht nur vom eigenen sozialen Status ab, sondern auch vom sozialen Status der Schülerinnen und Schüler, die ihn umgeben. Oder: Die Wahlwahrscheinlichkeit des Individuums für eine extreme Partei hängt nicht nur von dem eigenen Beschäftigungsstatus ab, sondern auch von der Arbeitslosenquote im Wohngebiet des Individuums.

Somit wäre der Inhalt und die Grenzen des in diesem Buch behandelten Stoffes definiert: Es geht um die verschiedenen Möglichkeiten, regressionsbasierte Verfahren auf sozialwissenschaftliche Paneldaten anzuwenden, sowie um die Diskussion der Eignung dieser Verfahren in verschiedenen empirischen Situationen. Die Ausarbeitung dieser Themen adressiert insbesondere Anfänger der Panelanalyse. Gleichzeitig wollen wir mit dem Buch den wissenschaftlichen Diskurs um die Eigenschaften und die Angemessenheit verschiedener Methoden befruchten.

Die einzelnen Abschnitte sind dabei wie folgt aufgebaut: In der Einführung stellen wir zunächst unsere Notation vor. Anschließend wiederholen wir das einfache Regressionsverfahren mit Querschnittsdaten und erklären den grundlegenden Unterschied zu Regressionsverfahren mit Paneldaten. Schließlich wird die Regressionsgleichung, als Ausgangspunkt der Datenanalyse, so erweitert, dass sie die Eigenschaften von Paneldaten aufgreift.

Im nächsten, zweiten Kapitel des Buches werden Regressionsmethoden für Paneldaten vorgestellt. Zunächst führen wir ein grundlegendes Kriterium zur Auswahl der angemessenen Methode ein, nämlich die Form der Fragestellung: *Liegt eine Querschnitts- oder Längsschnittfragestellung vor?* Im Folgenden gehen wir zunächst auf Längsschnittfragestellungen ein: Was ist der Grund dafür, eine Frage im Längsschnitt zu formulieren? Warum können Längsschnittfragestellungen nur unbefriedigend mit Querschnittsdaten beantwortet werden? Und schließlich: Wie muss das einfache Regressionsverfahren erweitert werden, um das in Paneldaten angelegte Potenzial zur getreuen Beantwortung von Längsschnittfragestellungen zu realisieren? Schließlich folgt die Darstellung dieser erweiterten Regressionsverfahren, nämlich das *First Differences*-Verfahren sowie mehrere Varianten des *Fixed Effects*-Verfahrens.

Sodann gehen wir im dritten Kapitel auf Fälle ein, in denen das Motiv zur Verwendung von Paneldaten nicht in der Längsschnittfragestellung liegt, sondern eine Querschnittsfragestellung bearbeitet werden soll. Zunächst beschreiben wir solche Fälle. Dann stellen wir Verfahren zur Analyse von Querschnittsfragestellungen mit Paneldaten vor, nämlich, als relativ simple Möglichkeit, *Regressionsschätzungen mit korrigiertem Standardfehler* sowie die etwas komplizierteren, aber in einigen Fällen auch fruchtbareren *Random Effects*-Verfahren. Zudem diskutieren wir die Anwendungsmöglichkeiten der in der Praxis selten zu beobachtenden *Between Regression*.

Vor dem Hintergrund des im dritten Kapitel erläuterten *Random Effects*-Verfahrens nehmen wir im vierten Kapitel die Modellierung einer Längsschnittfragestellung wieder auf und diskutieren die Eignung des *Random Effects*-

Verfahrens zu deren Analyse. Dabei widmen wir uns auch dem zunehmend an Popularität gewinnenden *Hybrid Verfahren*, welches die grundlegenden Eigenschaften von *Random Effects* und *Fixed Effects* vereinigt.

Im fünften Kapitel werden die Schritte zur richtigen Auswahl der Technik zusammengefasst und um eine weitere Dimension, nämlich statistische Entscheidungshilfen, erweitert. Im Mittelpunkt steht hier der in der Praxis häufig zur Bestimmung des korrekten Verfahrens angewendete *Hausman-Test*.

Im daran anschließenden Kapitel 6 werden Probleme bei der Analyse von Paneldaten behandelt, die eine über die grundlegenden Verfahren hinausweisende Technik erzwingen. Solche Probleme entstehen dadurch, dass die Abhängigkeitsmuster zwischen den Messungen von Paneldaten in einigen Fällen so komplex sind, dass sie durch die vorgestellten Methoden nicht hinreichend modellierbar sind. Wir beschränken uns hierbei auf die Darstellung der Probleme, nennen mögliche Behandlungsmöglichkeiten und verweisen auf fortgeschrittene Lehrbücher.

Kapitel 7 beschäftigt sich mit Panelregressionen für dichotome abhängige Variablen. Zunächst wird auch hier das einfache Regressionsverfahren zur Berechnung solcher Modelle wiederholt, die *logistische Regression*. Anschließend wird das Konzept der logistischen Regression erweitert und es werden Verfahren vorgestellt, die analoge Eigenschaften zu den linearen Regressionen für Paneldaten besitzen. Dabei wird die besondere Herleitung des *Fixed Effects*-Verfahrens ausführlicher beschrieben und es werden einige weitere Eigenheiten der binären logistischen Regression für Paneldaten erläutert.

In den Kapiteln 1 bis 7 wird das klassische Regressionsmodell für Paneldaten erweitert und für dichotome abhängige Variablen generalisiert. Das Konzept der Regression basiert in diesen Kapiteln auf der Vorhersage einer abhängigen Variablen durch einen Satz unabhängiger Variablen. In Kapitel 8 wird nun das Regressionsmodell zu einem *System von Gleichungen* verallgemeinert. Es wird in knapper Form das Grundprinzip der Strukturgleichungsmodelle (*Structural Equation Modeling*, SEM) dargestellt und auf die Möglichkeit der Schätzung auch von *Fixed Effects*-Modellen mittels SEM hingewiesen. Dieser Ansatz ermöglicht zudem die Schätzung *latenter Wachstumsmodelle* und eine überaus flexible Modellierung paralleler Prozesse. In diesem Buch wird SEM als alternativer Ansatz zu der zuvor diskutierten Panelregression vorgestellt. In der Regel ist die Panelregression zentraler Bestandteil ökonometrischer Lehrbücher zur Längsschnittanalyse, während insbesondere in der Psychologie Paneldaten häufig mit SEM ausgewertet werden. Leider scheinen beide Perspektiven eher unvermittelt nebeneinander zu stehen bzw. sich distanziert zueinander zu verhalten. Lehrbücher, die beide Perspektiven berücksichtigen, sind daher selten (Allison 2009). Sicher können wir die Kluft zwischen beiden Perspektiven nicht

# Vorwort

überwinden. Wenngleich eine fundierte Einführung in SEM den Rahmen dieses Buches gesprengt hätte (vgl. dazu Reinecke 2005; Geiser 2010), möchten wir in der Tradition von Singer und Willet (2003) sowie Allison (2009) aber zumindest ausdrücklich auf die Möglichkeiten der Strukturgleichungsmodelle für die Analyse von Paneldaten hinweisen.

Zur didaktischen Motivation der Methoden sowie zur beispielhaften Illustration ihrer Implikationen arbeiten wir in allen Kapiteln mit verschiedenen (teils echten, teils konstruierten) Beispieldatensätzen. Diese werden jeweils dann, wenn sie erstmals verwendet werden, kurz eingeführt. Außerdem haben wir als Ergänzung zu diesem Lehrbuch eine Homepage eingerichtet, von welcher die Datensätze geladen und so unsere Beispielanalysen reproduziert und erweitert werden können.

```
http://www.barkhof.uni-bremen.de/~mwindzio/lebensz.dta
http://www.barkhof.uni-bremen.de/~mwindzio/CPDS.dta
http://www.barkhof.uni-bremen.de/~mwindzio/growth1.dat
```

Alle im Buch verwendeten Dateien sowie die Analysesyntax und ado-files finden sich komprimiert unter:

```
http://www.barkhof.uni-bremen.de/~mwindzio/panel.zip
```

Die Analysedatei „lebensz.dta" wird im ersten und dritten Teil des Buches (Kapitel 1-6 und Kapitel 8) verwendet und stellt einen voll anonymisierten und verfremdeten[7], auf wenige Variablen limitierten Ausschnitt des Soziooekonomischen Panels (SOEP) dar. Das SOEP ist eine jährliche Befragung von Personen in mehreren Tausend Haushalten in Deutschland, die seit 1984 durchgeführt wird. Information zum Originaldatensatz, seinen Inhalten, der Struktur sowie den Bezugsbedingungen können auf der Homepage der SOEP-Abteilung des DIW Berlin abgerufen werden.

```
www.diw.de/soep
```

„CPDS.dta" enthält dagegen Informationen über Länder und liegt den Analysen im zweiten Teil des Buches zugrunde (Kapitel 7).

Mit Ausnahme der Strukturgleichungsmodelle wurden sämtliche Analysen mit dem Statistik-Programmpaket STATA durchgeführt; auf den entsprechenden Programmiercode wird jeweils in einer Fußnote verwiesen. Im STATA-Format

---

7 Die Verfremdungsprozedur beruht im Kern auf einem Algorithmus von Kohler (2003).

liegen auch die Daten vor, so dass die Dateien CPDS.dta und lebensz.dta direkt in STATA eingelesen werden können mit dem Befehl:

```
use http://www.barkhof.uni-bremen.de/~mwindzio/CPDS.dta, clear
```

bzw.

```
use http://www.barkhof.uni-bremen.de/~mwindzio/lebensz.dta, clear
```

Dieses Buch ist für einführende Lehrveranstaltungen gedacht, aber auch als erster Einstieg für Forscher und Forscherinnen in das Thema. Wir hoffen, dass wir die grundlegenden Prinzipien der Panelanalyse nachvollziehbar erläutern konnten und dass die Lektüre eine weitere Vertiefung der Kenntnisse erleichtert. Bei Nachfragen, Anregungen oder Verbesserungsvorschlägen können die Autoren unter folgender Mailadresse erreicht werden:

```
mgiesselmann@diw.de
```

Überaus hilfreiche Kommentare und Anregungen erhielten wir von Dr. Alexander Gattig (Universität Bremen), Prof. Dr. Reinhold Sackmann (Universität Halle), Henning Lohmann (Universität Osnabrück), Luis Maldonado (Universidad Catolica de Chile) sowie zahlreichen Teilnehmern und Teilnehmerinnen unserer Lehrveranstaltungen und mehrerer SOEPcampus Workshops. Beim Satz half uns Belit Saka. Simon Töpfer, Katharina Hörstermann und Mila Staneva lasen das Manuskript Korrektur. Auch ihnen danken wir sehr. Verbleibende Schwächen und Unzulänglichkeiten liegen selbstverständlich allein in der Verantwortung der beiden Autoren.

Besonderer Dank gilt schließlich unseren Lehrern, Hans-Jürgen Andreß (Universität zu Köln), und – leider posthum – Prof. Dr. Uwe Schleth (Universität Heidelberg), ohne deren Engagement für uns als Studenten wir heute niemals hätten dieses Buch schreiben können. Wir danken außerdem unseren Partnern, Kindern, Eltern und Großeltern.

Berlin und Bremen im März 2012
Marco Giesselmann und Michael Windzio

# 1 Einführung in die Analyse von Paneldaten

In diesem Kapitel stellen wir zunächst unsere Notation (Abschnitt 1.1) vor. Die Organisation von Paneldaten wird in Abschnitt 1.2 anhand eines einfachen, konstruierten Beispieldatensatzes beschrieben. Da wir bei der Beschreibung und Diskussion der Paneltechniken im nächsten Kapitel an die einfache lineare Regression anknüpfen, wird diese in Abschnitt 1.3 kurz wiederholt und danach ihre Anwendung im Panelkontext beschrieben und problematisiert (Abschnitt 1.4). In Abschnitt 1.5 werden die Eigenschaften von Paneldaten formalisiert und in ein grundlegendes statistisches Modell eingearbeitet. Schließlich wird das Potenzial von Paneldaten illustriert und dabei das Anforderungsprofil für die Analyseverfahren herausgearbeitet (Abschnitt 1.6).

## 1.1 Notation

Wir unterscheiden zwei Gruppen unabhängiger Variablen: Variablen, denen ein unveränderliches Merkmal (wie z. B. *ethnische Herkunft* oder *Geschlecht*) zugrunde liegt, werden durch den Buchstaben $z$ gekennzeichnet. Solche Variablen nennen wir im Folgenden auch *zeitinvariante* oder *zeitkonstante* Variablen. Die zweite Gruppe bilden Variablen, die im Lebensverlauf einer Person unterschiedliche Ausprägungen annehmen können (wie z. B. *Familienstand* oder *Erwerbsstatus*). Solche werden in den präsentierten Gleichungen durch den Buchstaben $x$ symbolisiert und *zeitveränderliche* Variablen genannt. Die abhängige Variable eines statistischen Modells bezeichnen wir mit $y$. Die Koeffizienten, die den Effekt der unabhängigen auf die abhängige Variable beschreiben, werden durch den Buchstaben $b$ (oder $\beta$) gekennzeichnet. Der kumulierte Effekt aller nicht in die Gleichung integrierter Eigenschaften wird durch den Fehlerterm $w$ repräsentiert. Die Komponenten, die den Fehlerterm $w$ konstituieren, werden mit unterschiedlichen Buchstaben gekennzeichnet, deren inhaltliche Bedeutung wir im laufenden Text beschreiben.

Paneldaten haben eine geschachtelte Struktur: Die Einheiten der höchsten Ordnungsebene sind dabei z. B. Personen oder Länder. Diesen Einheiten untergeordnet sind die einzelnen personen- oder länderspezifischen Messungen. Durch den Index $i$ werden die übergeordneten Einheiten gekennzeichnet, $t$ bezeichnet Zeit- bzw. Messpunkte: $y_{it}$ ist also der Wert der abhängigen Variablen, der von der Einheit *i* zum Zeitpunkt *t* realisiert wird. Das Symbol $\bar{y}_{tt}$ verwenden wir für das *absolute Mittel*, also den Mittelwert der Variablen *y* über alle Messungen innerhalb der Stichprobe. $\bar{y}_{i.}$ bezeichnet den *einheitenspezifischen Mittelwert*, also den Durchschnitt aller von einer Person *i* realisierten Einkommenswerte.

## 1.2 Die Organisation von Paneldaten

Der Beispieldatensatz, den wir hier und im Folgenden häufig zur Illustration verwenden, ist von uns konstruiert und enthält von 3 fiktiven Personen jeweils 6 Messungen. Die (fiktiven) Messungen erfolgten im Abstand von 5 Jahren. Erhoben wurden die Merkmale *Monatseinkommen* als abhängige Variable sowie *Jahre seit Schulabschluss* und *Anzahl der Kinder im Haushalt* als unabhängige Variablen. Die Daten bilden die folgende Datenmatrix:

Tabelle 1.1: Datenmatrix der fiktiven Panelerhebung

| i | t | Jahre seit Abschl. | Kinder | Einkommen |
|---|---|---|---|---|
| 1 | 1 | 0 | 1 | 3600 |
| 1 | 2 | 5 | 2 | 3700 |
| 1 | 3 | 10 | 2 | 4200 |
| 1 | 4 | 15 | 2 | 5000 |
| 1 | 5 | 20 | 1 | 5700 |
| 1 | 6 | 25 | 1 | 6200 |
| 2 | 1 | 5 | 0 | 2900 |
| 2 | 2 | 10 | 1 | 3300 |
| 2 | 3 | 15 | 1 | 3500 |
| 2 | 4 | 20 | 1 | 3800 |
| 2 | 5 | 25 | 1 | 4250 |
| 2 | 6 | 30 | 0 | 4800 |
| 3 | 1 | 10 | 1 | 1200 |
| 3 | 2 | 15 | 1 | 1800 |
| 3 | 3 | 20 | 0 | 2100 |
| 3 | 4 | 25 | 0 | 3700 |
| 3 | 5 | 30 | 0 | 3700 |
| 3 | 6 | 35 | 0 | 3800 |

Zur Darstellung wurde hier das sog. „*long format*" gewählt, bei dem jede Zeile der Datenmatrix eine Messung repräsentiert. Im Gegensatz zum „*wide format*",

Analyse von Paneldaten 19

bei dem Personen die Zeilen und zeitpunktspezifische Ausprägungen der Variablen die Spalten definieren, ermöglicht dieses Datenformat die problemlose Anwendung der im Folgenden beschriebenen Analysemethoden[8]. Die Indexvariable *i* kennzeichnet die Person und *t* den Zeitpunkt der Messung bzw. die Befragungswelle. So hat beispielsweise Person 1 bei der Messung in der vierten Erhebungswelle seit 15 Jahren die Schule abgeschlossen, lebt mit zwei Kindern im Haushalt und verdient monatlich 5000 Euro.

**1.3 Wiederholung: Multiple Regression**

Methoden zur Analyse von Paneldaten können als Varianten der einfachen Regression aufgefasst werden. In diesem Abschnitt wird das einfache Regressionsverfahren wiederholt, um die Anschlussfähigkeit der Kerninhalte des Buches und der verwendeten Notation an das Vorwissen des Lesers sicherzustellen.

*1.3.1 Die Regressionsgleichung*

Der erste Schritt jeder Regressionsanalyse ist das Aufstellen einer Gleichung, der *Regressionsgleichung*. Diese Gleichung repräsentiert den Einfluss verschiedener Faktoren auf die abhängige Variable und ist somit das statistische Abbild einer sozialwissenschaftlichen Fragestellung. Ihre Form ist, zunächst mit Symbolen als Platzhalter für konkrete Merkmale, in (1.1) dargestellt.

$$y_i = a + b \bullet x_i + w_i, \quad w_i = e_i \tag{1.1}$$

Entsprechend der vorgestellten Notation ist $y_i$ die Ausprägung von Merkmal y bei der Person mit der Ordnungsnummer i, $x_i$ der Wert der Variable x von Person i. Der Steigungskoeffizient b zeigt den Zusammenhang zwischen x und y an. Die Regressionskonstante a symbolisiert den durchschnittlichen Wert von y unter der Bedingung, dass x=0 ist. An dieser Stelle schneidet die Regressionsgerade die Ordinate (d. h. die y-Achse). Der Fehlerterm $w_i$ repräsentiert den kumulierten Effekt aller nicht in die Gleichung integrierter Eigenschaften von Person i. Modell (1.1) impliziert somit die Annahme, dass der Verteilung der Fehlerterme keine Systematik zugrunde liegt, $w_i$ also allein durch die Zufallsvariable *e* konstituiert wird.

---

8 Allerdings sei darauf hingewiesen, dass viele sozialwissenschaftliche Datensätze im „*wide format*" vorliegen bzw. an den Endnutzer weitergegeben werden. Mit moderner Statistiksoftware lässt sich allerdings relativ unproblematisch eine Transformation des Formates vornehmen (im Rahmen des Programmpaketes STATA z. B. mit dem Kommando `reshape`).

Die grundlegende Gleichung beschreibt also, welche Variablen untersucht werden und unterstellt zudem eine bestimmte kausale Verknüpfung zwischen diesen. Zusätzlich wird die Zusammensetzung des Fehlerterms $w_i$ angezeigt. Dieses ist wichtig, da die Konstitution des Fehlerterms ein zentrales Kriterium zur Beurteilung der Angemessenheit bestimmter Verfahren ist. So beruht die Berechnung der Koeffizienten im Rahmen einer linearen Regression auf mehreren Annahmen über die Verteilung des Fehlerterms. Diese Annahmen lassen sich in einer Art „Meta-Annahme" zusammenfassen, welche besagt, dass der Fehlerterm keinerlei Systematik aufweist, also zufallsverteilt (bzw. eine Realisation der Zufallsvariable $e$) ist[9]. Erst die Gültigkeit dieser Annahme legitimiert den Forscher also zur Anwendung des einfachen Regressionsverfahrens (und zur Interpretation der berechneten Koeffizienten). Ist diese Anwendungsvoraussetzung der einfachen Regression nicht erfüllt, müssen alternative Verfahren (bzw. Varianten der einfachen Regression) zur Anwendung kommen.

Im Folgenden soll untersucht werden, welcher Zusammenhang zwischen der Anzahl der Jahre seit dem Schulabschluss und dem Einkommen in dem eingeführten Beispieldatensatz besteht. Dementsprechend können wir die Symbole $x$ und $y$ in Gleichung (1.1) durch die entsprechenden Variablennamen ersetzen.

$$Einkommen_i = a + b \bullet Jahre_i + w_i, \quad w_i = e_i \qquad (1.2)$$

Die Einflussgrößen $a$ und $b$, welche den Zusammenhang der beiden Variablen beschreiben, sollen nun im nächsten Schritt auf Grundlage der Daten in Tabelle 1.1 ermittelt werden. Die Panelstruktur dieser Daten wird hier zunächst ignoriert, die 18 Messungen werden also als ein Querschnitt behandelt.

*1.3.2 Grafische Darstellung der gemeinsamen Verteilung (Streudiagramm)*

Ausgangspunkt der Bestimmung der Regressionskoeffizienten ist das Streudiagramm, welches die gemeinsame Verteilung der beiden in Gleichung (1.2) enthaltenen Merkmale abbildet. Jeder Punkt in dem Diagramm repräsentiert genau eine Messung aus der Datenmatrix in Tabelle 1.1 bzw. ihre Ausprägungen in den Variablen *Jahre seit Schulabschluss* und *Einkommen*.

---

9 Einen ausführlichen Überblick zu Regressionsvoraussetzungen sowie zu den Folgen ihrer Verletzungen bietet Berry (1993).

Analyse von Paneldaten

Abbildung 1.1: Streudiagramm der bivariaten Verteilung von „Jahre seit Schulabschluss" und „Einkommen" (Daten siehe Tabelle 1.1)

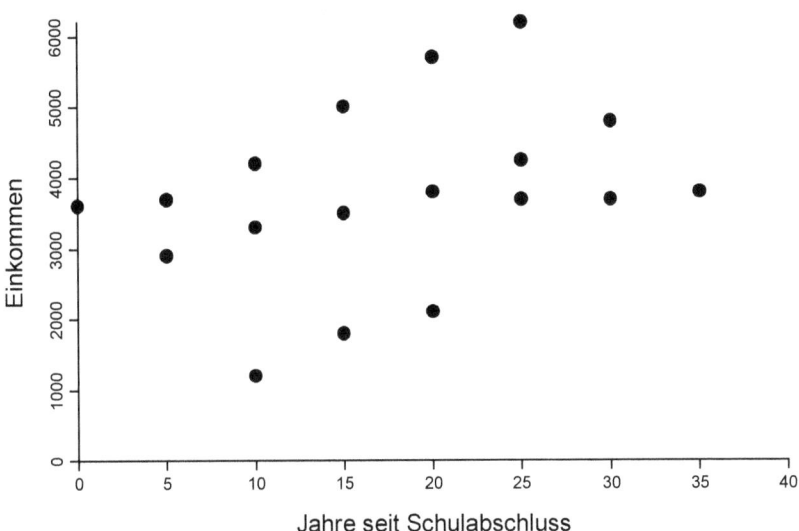

Anhand der Form der Punktwolke wird bereits die Richtung des Zusammenhangs ersichtlich: Je mehr Jahre seit dem Schulabschluss vergangen sind, desto höher liegt das Einkommen. Im nächsten Schritt soll nun eine Gerade durch das Diagramm gelegt werden, welche den Verlauf der Punktwolke (und damit den Zusammenhang zwischen den Variablen) bestmöglich beschreibt. Gesucht wird also diejenige aller möglichen Geraden, deren Abstand zu den Messpunkten so gering wie möglich ist.

*1.3.3 Bestimmung der optimalen Regressionsgeraden*

Um diese Gerade zu bestimmen, wird in der Regressionsanalyse das *Kriterium der kleinsten Quadratsumme* verwendet, d. h. die Gerade wird so gewählt, dass die Summe der quadrierten Abstände der Messpunkte von der Geraden minimiert wird. Die Berechnung der Parameter der optimalen Regressionsgerade kann im Rahmen gängiger Statistikprogramme in der Regel mit einem einfachen

Kommando durchgeführt werden. Bei kleinen Datensätzen ist auch die Berechnung „per Hand" möglich[10]. Das Verfahren der kleinsten Quadrate (*ordinary least squares*, kurz OLS) generiert in diesem Fall die im Diagramm dargestellte Gerade (Abbildung 1.2).

Abbildung 1.2:    Streudiagramm der bivariaten Verteilung von „Jahre seit Schulabschluss" und „Einkommen" mit Regressionsgerade (Daten siehe Tabelle 1.1)

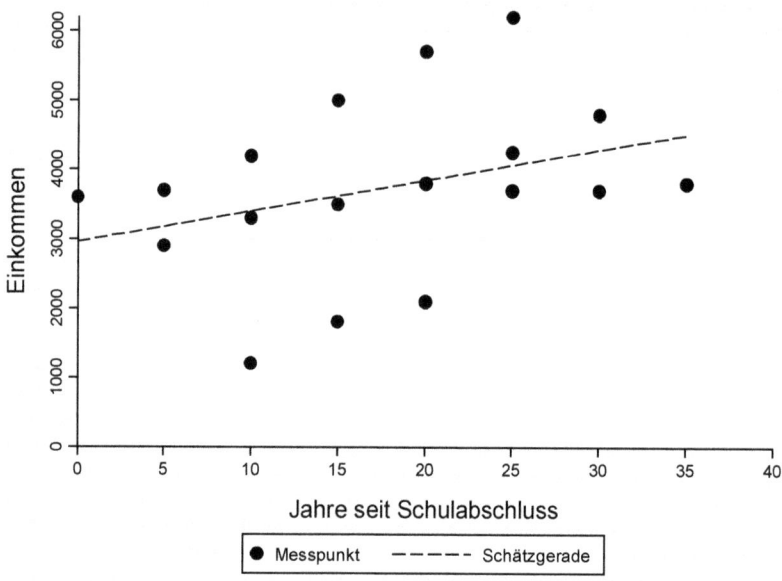

Die optimale Regressionsgerade schneidet die y-Achse bei y = 2961 und steigt mit jedem Jahr um 44,26 Einheiten. Diese Parameter beschreiben den linearen Zusammenhang zwischen den beiden Variablen bestmöglich und werden daher als Koeffizienten in die Regressionsgleichung eingesetzt, so dass sich unter Berücksichtigung des Regressionsergebnisses folgende Regressionsgleichung aus Modell (1.2) ergibt:

---

10 Viele Lehrbücher beschäftigen sich ausführlich mit der Durchführung und Interpretation der einfachen OLS-Regression. Dazu beispielsweise Urban/Mayerl (2008).

Analyse von Paneldaten 23

$Einkommen_i = 2961 + 44{,}26 \bullet Jahre_i + w_i, \; w_i = e_i$ (1.3)

Die Darstellung des Fehlerterms macht die Annahme explizit, dass dieser keine Systematik aufweist, also als Realisation einer Zufallsvariable aufgefasst werden kann. Im Laufe des Buches sollte deutlich werden, dass die verschiedenen Varianten der Panelregression diesen Fehler $w_i$ in Teilkomponenten zerlegen, die in jeweils spezifischer Weise behandelt werden. Doch bleiben wir an dieser Stelle zunächst bei der einfachen Betrachtungsweise des Fehlers, wie er in der „klassischen" Regression üblich ist.

*1.3.4 Interpretation des Regressionsergebnisses*

Die Interpretation von Regressionsgleichung (1.3), welche sich auf die Regressionsgerade in Abbildung 1.2 bezieht, lautet wie folgt: Im Jahr des Schulabschlusses (wenn also die Variable *Jahre* den Wert 0 annimmt und lediglich die Konstante und der individuelle Fehlerterm auf der rechten Seite der Gleichung verbleiben) beträgt das geschätzte Einkommen 2961 Euro. Vergrößert sich die Variable *Jahre* um eine Einheit, wird der Wert der rechten Seite der Gleichung um 44,26 Einheiten größer. Mit jedem Jahr nach dem Schulabschluss wächst das Einkommen daher im Mittel um 44,26 Euro.

Bei Personen, die vor 35 Jahren die Schule beendeten, beträgt nach der berechneten Regressionsgleichung das Einkommen $2961 + 44{,}26 * 35 \approx 4510$ Euro. Diese Vorhersage wird auch durch die Regressionsgerade abgebildet, die durch den Punkt [x=35/y=4510] verläuft (Abbildung 1.2). Die Schätzung lässt sich konkret beziehen auf die Person mit $i=3$, die zum Zeitpunkt $t=6$ die Schule vor 35 Jahren verlassen hat (Tabelle 1.1). Repräsentiert wird diese Beobachtung durch den Punkt, der ganz rechts im Streudiagramm liegt. Sowohl aus dem Streudiagramm als auch aus der Datenmatrix geht hervor, dass ihr Einkommen unterhalb der vorhergesagten 4510 Euro liegt. Die Differenz zwischen tatsächlichem und vorhergesagtem Wert, die als „Residuum" bezeichnet wird, beträgt für diese Beobachtung $4510 - 3800 = 710$ Euro. Dieser Unterschied kann als Effekt aller Merkmale, welche im Rahmen der Regressionsanalyse nicht berücksichtigt wurden, aufgefasst werden und konstituiert den Schätzer des Fehlerterms dieser Messung.

*1.3.5 Ein weiteres Beispiel*

Betrachtet man auch den Zusammenhang zwischen der Anzahl an Kindern und dem Einkommen (näherungsweise) als linear, so lässt sich auf gleiche Weise eine bivariate Regressionsanalyse mit dem unabhängigen Merkmal *Anzahl Kinder* durchführen. Die folgende Abbildung zeigt das Streudiagramm der gemeinsamen Verteilung der beiden Variablen sowie die per OLS ermittelte Regressionsgerade.

Abbildung 1.3: Streudiagramm der bivariaten Verteilung von „Anzahl Kinder" und „Einkommen" mit Regressionsgerade (Daten siehe Tabelle 1.1)

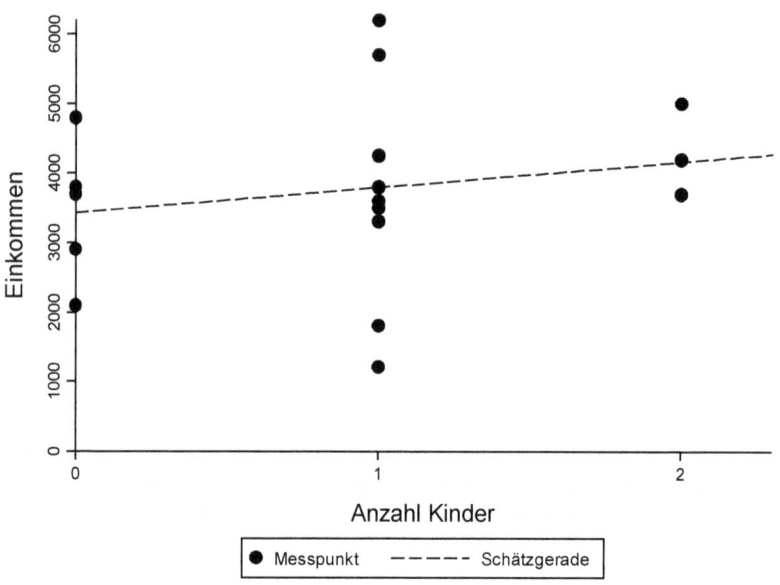

Die per Methode der kleinsten Quadrate ermittelte Regressionsgerade schneidet die y-Achse im Punkt 3431 und steigt zwischen zwei Einheiten von x um jeweils 399,45 Einheiten von y. Die Regressionsgleichung lautet daher:

$Einkommen_i = 3431 + 399{,}45 \bullet Kinder_i + w_i, \quad w_i = e_i$ (1.4)

Eine Person $i$ ohne Kinder im Haushalt hat demnach ein geschätztes Einkommen von 3431 Euro. Mit jedem Kind mehr im Haushalt steigt das Einkommen im Schnitt um 399,45 Euro.

Um die Einführung in die grundlegende Regressionstechnik abzuschließen, sollen nun noch reale Daten einer einfachen OLS-Regression unterzogen werden.

Analyse von Paneldaten 25

Wir verwenden hierzu einen Ausschnitt von 5 Wellen (2000-2004) des Sozio-oekonomischen Panels (*lebensz.dta*)[11] und fragen nach den Determinanten der Lebenszufriedenheit. Wir untersuchen dabei sowohl den Einfluss zeitkonstanter Variablen (*Geschlecht*) als auch zeitveränderlicher Variablen (*Kinderanzahl, Bildung, Gesundheitszustand*). Anders als in den zuvor präsentierten Illustrationen werden in den folgenden Beispielen also multi- statt bivariate Zusammenhänge untersucht. Die folgende Tabelle zeigt einen kleinen Ausschnitt aus der Datenmatrix des Paneldatensatzes[12].

Tabelle 1.2: Ausschnitt aus dem Datensatz *lebensz.dta*

| persnr | jahr | lebensz | sex | anz_kind | bildung | gesund |
|---|---|---|---|---|---|---|
| 1343 | 2000 | 1,6 | weiblich | 2 | 11,5 | 0,6 |
| 1343 | 2001 | 0,5 | weiblich | 2 | . | −0,5 |
| 1343 | 2002 | −0,1 | weiblich | 2 | . | −1,5 |
| 1343 | 2003 | −0,1 | weiblich | 2 | . | −1,5 |
| 1343 | 2004 | 0,5 | weiblich | . | . | −1,5 |
| 1423 | 2000 | 0,5 | weiblich | 1 | 10,5 | −0,5 |
| 1423 | 2002 | 1,6 | weiblich | 1 | 10,5 | 0,6 |
| 1423 | 2003 | 1,6 | weiblich | 1 | 10,5 | 0,6 |
| 1423 | 2004 | 1 | weiblich | 1 | 10,5 | 0,6 |
| 1596 | 2000 | 0,5 | maenlich | 0 | 14 | 0,6 |
| 1596 | 2002 | −1,2 | maenlich | 0 | 15 | −0,5 |
| 1596 | 2003 | −0,7 | maenlich | 0 | 15 | 0,6 |
| 1596 | 2004 | −2,9 | maenlich | 0 | 15 | −2,5 |

Dargestellt sind in diesem Ausschnitt die Daten von 3 Personen, wobei jede jahresspezifische Messung eine eigene Zeile definiert. Der Datensatz ist also im „*long format*" organisiert. Auffällig ist, dass von der Person mit der Nummer 1343 in jedem Jahr des Beobachtungszeitraums ein Interview realisiert wurde,

---

11 Aufgrund datenschutzrechtlicher Regelungen verwenden wir nur einen Teil der Originaldaten und haben diese zudem verfremdet. Als Konsequenz sollte der bereitgestellte Datensatz *lebensz.dta* nicht für reale Analysen verwendet werden, denn er bildet die tatsächlichen Zusammenhänge im SOEP nur näherungsweise ab.
12 Erzeugt wurde die Tabelle mit folgendem Stata™ - Code:
```
use http://www.barkhof.uni-bremen.de/~mwindzio/lebensz.dta
list persnr jahr lebensz sex anz_kind bildung gesund in 20/32
```

während bei den beiden anderen Personen keine Daten für das Jahr 2001 vorliegen. Die Anzahl realisierter Messungen ist also über die Einheiten nicht konstant; es liegt ein „unbalanciertes Panel" vor[13].

Den Merkmalen Lebenszufriedenheit (lebensz) und Gesundheitszustand (gesund) liegen Selbsteinschätzungen der Befragten auf einer numerischen Skala zugrunde. Wegen der schwierigen Interpretation absoluter Skalenwerte wurden die Originalvariablen standardisiert, angegeben ist also jeweils die relative Abweichung vom Mittelwert der Verteilung (in Einheiten der Standardabweichung). Die Variablen Geschlecht (sex) und Kinderanzahl (anz_kind) enthalten dagegen die ursprünglichen Angaben der Personen, die Bildungsvariable (bildung) schließlich misst die Anzahl an Bildungsjahren einer Person. Die weibliche Person mit der identifizierenden Nummer 1343 lebt also im Jahr 2000 mit zwei Kindern im Haushalt, ist überdurchschnittlich gesund und lebenszufrieden und hat insgesamt 11,5 Schul-, Hochschul- oder Ausbildungsjahre absolviert.

Tabelle 1.3 zeigt das Ergebnis einer einfachen OLS-Regressionsanalyse des abhängigen Merkmals Lebenszufriedenheit auf die unabhängigen Merkmale Geschlecht, Anzahl Kinder, Bildung und Gesundheit[14].

---

13 Unbalancierte Panel sind in der empirischen Realität keine Ausnahme, sondern der Regelfall, welcher sich durch wellenspezifische Ausfälle (z. B. aufgrund von Krankheit), Ausstiege aus dem Panel (z. B. durch einen Wohnortwechsel) oder Auffrischungen der Stichprobe im Zeitverlauf erklärt. Das Stata-Kommando xtdescribe kann dazu verwendet werden, den Grad der Abweichung vom balancierten Zustand und die Häufigkeitsverteilung der Response-Muster aufzuzeigen. Eine illustrierte Darstellung dieses Kommandos sowie weiterer Befehle zur Beschreibung der Struktur eines Panaldatensatzes finden sich bei Cameron/Trivedi (2009, Kapitel 8.3).
14 Folgende Stata - Syntax wurde zur Berechnung der Koeffizienten verwendet:
regress lebensz sex anz_kind bildung gesund

Tabelle 1.3: Einfache OLS-Regression der Determinanten der Lebenszufriedenheit (*lebensz.dta*)

|  | OLS b |
| --- | --- |
| sex (1 = weiblich) | 0,056** |
| anz_kind | −0,071** |
| bildung | 0,022** |
| gesund_std | 0,388** |
| _cons | −0,243** |
| N | 10659 |
| $r^2$ | 0,15 |

\* $p < 0.05$, ** $p < 0.01$

Innerhalb der Stichprobe vom Umfang 10659 haben Frauen im Schnitt also (unter Kontrolle der anderen Merkmale) eine um 0,056 Standardabweichungseinheiten höhere Lebenszufriedenheit als Männer. Sowohl *Bildung* als auch *Gesundheit* hängen positiv mit der Lebenszufriedenheit zusammen, mit jedem zusätzlichen Kind im Haushalt sinkt diese dagegen um 0,071 Einheiten der Standardabweichung. Insgesamt vermögen die unabhängigen Variablen 15% der Variationen in der Lebenszufriedenheit zu erklären. Die Sternchen zeigen an, dass sämtliche Effekte hochsignifikant von null verschieden sind.

## 1.4 OLS mit Paneldaten?

Im Rahmen der Beispielregressionen wurden die verwendeten Datensätze wie ein Querschnitt behandelt und die Panelstruktur der Daten ignoriert. Auf Grundlage einfacher OLS-Regressionen konnten problemlos Ergebnisse erzeugt und interpretiert werden – trotzdem würde man in einer konkreten Anwendungssituation mit Paneldaten anders umgehen. Wo aber liegt der grundsätzliche Unterschied zwischen einer Regression über Paneldaten und einer einfachen Regression mit Querschnittsdaten?

Die *einfache lineare OLS-Regression* zeichnet sich dadurch aus, dass das Verfahren der kleinsten Quadrate auf der Basis der ursprünglichen, unveränderten Daten durchgeführt wird. Zur Analyse von Paneldaten wird in der Regel ebenfalls die Methode der kleinsten Quadrate genutzt, vor ihrer Anwendung werden dabei allerdings (anders als in den Beispielen oben) *Transformationen der Daten* durchgeführt.

Für diese Transformationen der Paneldaten gibt es zwei unterschiedliche Beweggründe, die wiederum mit zwei unterschiedlichen Typen von Transformationstechniken einhergehen. Der erste Grund ist, dass Paneldaten das Potenzial innewohnt, *Längsschnittfragestellungen unmittelbar umzusetzen*[15]. Dieses Potenzial kann aber nur realisiert werden, wenn die Längsschnittstruktur durch Transformationen der Daten berücksichtigt und ein Bezug zwischen den Messungen jeweils einer Person hergestellt wird. Anders formuliert: Um das in Paneldaten angelegte Potenzial zur Abbildung von Längsschnittzusammenhängen abzurufen, sind Transformationen der Daten notwendig.

In einigen Fällen dient die Transformation der Daten allerdings nicht der besseren Abbildung der Fragestellung, sondern soll lediglich ein statistisches Problem, bzw. „Ärgernis" lösen. Dieses Ärgernis entsteht dann, wenn *Querschnittsfragestellungen* mit Paneldaten bearbeitet werden und beruht darauf, dass die Fehlerterme bei einer OLS-Regression mit Paneldaten in der Regel nicht zufällig verstreut sind, sondern nach einer bestimmten Systematik variieren. Dieses Problem mag dem Leser mit Grundlagenwissen nicht unbekannt sein. So wird in linearen Regressionsmodellen gelegentlich *Heteroskedastizität* bzw. eine Korrelation zwischen der Variation des Fehlerterms und der unabhängigen Variablen diagnostiziert. Ähnlich wie beim GLS-Verfahren (*Generalized Least Squares*) zur Behandlung von Heteroskedastizität dient bei entsprechenden Panelmethoden die Transformation dazu, eine zufällige, unstrukturierte Verteilung des Fehlerterms zu erzeugen.

Je nach Fragestellung betrachtet man also die grundlegenden Eigenschaften von Paneldaten, dass nämlich von einer Einheit jeweils mehrere, zeitlich geordnete Messungen vorliegen, *entweder als Potenzial oder als Problem*. Diese zwei Perspektiven, die zu zwei unterschiedlichen Typen von Verfahren hinleiten, reflektieren wiederum die zwei grundlegenden Motive zur Verwendung von Paneldaten: Einerseits die getreue Modellierung von Längsschnittfragestellungen, andererseits die Vergrößerung der Stichprobe durch eine Vielzahl von Messungen für jede Untersuchungseinheit. Bevor nun die beiden erwähnten Klassen von Techniken aufgeschlüsselt bzw. die entsprechenden Transformationen erklärt und diskutiert werden, sollen die grundlegenden Eigenschaften von Paneldaten statistisch formuliert werden.

---

15 Die in der Praxis häufig zu beobachtende Verwendung von Querschnittsdaten bei Vorliegen einer Längsschnittfragestellung ist bestenfalls als Behelf zu werten, der nur in Ermangelung eines probaten Datensatzes sowie unter Hinzuziehung weiterer problematischer Annahmen legitimiert werden kann.

## 1.5 Erweiterung der Regressionsgleichung zur Abbildung von Zusammenhängen mit Paneldaten

In diesem Abschnitt geht es darum, das grundlegende Regressionsmodell in Gleichung (1.1) so zu modifizieren, dass es die Eigenschaften von Paneldaten aufgreift.

Fasst man den Index $i$ definitionsgemäß als Kennzeichen der Untersuchungseinheiten (z. B. Personen) auf, so lässt sich Modell (1.1) ohne Modifikationen nicht auf Paneldaten übertragen. Schließlich sind in Paneldatensätzen Beobachtungen nicht eindeutig durch den Personenindex $i$ gekennzeichnet (vgl. Tabelle 1.1). Erweitert man den Index in Gleichung (1.1) dementsprechend auf zwei Dimensionen, nämlich $i$ für die Untersuchungseinheiten und $t$ für die Messzeitpunkte, ergibt sich ein erstes, einfaches Modell[16] zur statistischen Beschreibung einer Fragestellung im Panelkontext:

$$y_{it} = b_1 \bullet x_{it} + b_2 \bullet z_i + w_{it}, \quad w_{it} = e_{it} \tag{1.5}$$

Der Index $t$ bezeichnet den Rang einer Beobachtung innerhalb der zur Einheit $i$ gehörenden Zeitreihe. Bei diesem sog. *Pooled Model* wird also neben der Personendimension zusätzlich die Zeitdimension einer Beobachtung gekennzeichnet. Im Panelkontext wird außerdem die Unterscheidung zwischen zeitinvarianten Variablen (wie z. B. *Geschlecht*) und im Zeitverlauf variierenden Variablen (wie z. B. *Alter*) relevant: Während $x$ innerhalb einer einheitenspezifischen Messreihe unterschiedliche Werte annehmen kann, variieren die Ausprägungen der Variable $z$ nicht über die Messzeitpunkte innerhalb einer Untersuchungseinheit. Dementsprechend kennzeichnet der Index von $z$ ausschließlich die Person. $w_{it}$ repräsentiert den kumulierten Effekt aller unbeobachteten, d. h. im Modell nicht integrierten zeitkonstanten und zeitveränderlichen Merkmale von Person $i$ zum Zeitpunkt $t$. Ebenso wie Modell (1.1) impliziert das *Pooled Model* die Annahme, dass der Fehlerterm $w_{it}$ eine Realisation der Zufallsvariable $e$ ist. Inwieweit aber ist diese Annahme realistisch? Oder, anders gefragt: Welche Auswirkungen hat die Panelstruktur der Daten tatsächlich auf die Konstitution des Fehlerterms $w_{it}$?

Zur Beantwortung dieser Frage wollen wir noch einmal auf das Streudiagramm zum Zusammenhang zwischen dem Einkommen und der Berufserfahrung zurückgreifen. Abbildung 1.4 enthält die bereits im vorigen Abschnitt berechnete Regressionsgerade, die auf Basis der untransformierten Daten in Tabel-

---

16 Um die Notation der Modelle zu vereinfachen soll angenommen werden, dass alle Variablen zentriert worden sind. Dadurch ist die Konstante dieses und aller folgender Modelle gleich null und fällt damit aus der Gleichung heraus.

le 1.1 per OLS berechnet wurde. Die Darstellung der Messpunkte in diesem Diagramm greift nun allerdings die Panelstruktur der Daten auf und kennzeichnet Messungen, die zur selben Person gehören, durch spezifische Symbole.

Abbildung 1.4: Streudiagramm der bivariaten Verteilung von „Jahre seit Schulabschluss" und „Einkommen" mit Regressionsgerade (Daten siehe Tabelle 1.1)

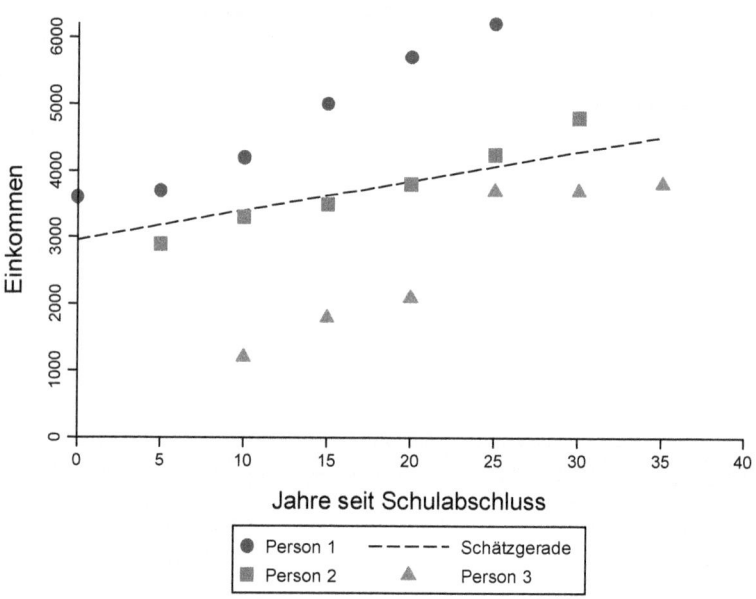

Es fällt auf, dass sich das Niveau der Einkommensverläufe von Person zu Person unterscheidet: Der Abstand der Kreise von der Regressionsgeraden ist bei jeder Messung positiv. Der Abstand der Dreiecke zur Regressionsgerade ist dagegen durchgehend negativ, während die von Person $i=2$ realisierten Einkommen (Quadrate) den vorhergesagten Werten relativ ähnlich sind. Die bisher getätigte Annahme über den Fehlerterm ($w_{it} = e_{it}$) ist in diesem Fall offenbar nicht richtig: Die Fehlerterme variieren nicht zufällig, vielmehr liegt ihrer Verteilung eine Systematik zugrunde. Dieses Phänomen wird als *Autokorrelation* bezeichnet. Fehlerterme messen, wie oben beschrieben, den kumulierten Effekt aller nicht im Modell berücksichtigten Eigenschaften. Die Ähnlichkeit der Fehlerterme zwischen den Messungen einer Person lässt sich demnach im verwendeten Beispiel auf unbeobachtete zeitinvariante Merkmale, deren Ausprägungen sich von Person zu Person unterscheiden, zurückführen. Autokorrelation wird also im Beispiel durch *unbeobachtete einheitenspezifische Heterogenität*[17] erzeugt[18].

Bezogen auf das Beispiel mag ein einflussreiches, nicht spezifiziertes zeitkonstantes Merkmal die Art des Schulabschlusses sein. Die Niveauunterschiede in den Einkommensverläufen können durch die Integration dieses Merkmals möglicherweise erklärt werden (falls z. B. Person $i$=1 mit Abitur, Person $i$=2 mit mittlerer Reife und Person $i$=3 die Hauptschule abgeschlossen hat). In der empirischen Realität wird jedoch die *vollständige* Integration einflussreicher zeitkonstanter Merkmale nicht möglich sein, denn viele personenbezogene Eigenschaften (wie *Karriereorientierung*, *Ehrgeiz*, *Ausstrahlung* oder *Flexibilität*) sind im Rahmen einer quantitativen Studie in der Regel nicht erhoben.

Nehmen wir an, dass die hier beispielhaft dargestellten Zusammenhänge verallgemeinert werden können[19]. Das statistische Abbild eines sozialwissenschaftlichen Zusammenhangs im Panelkontext wird dann durch folgende Gleichung angemessen dargestellt, in welcher der Fehlerterm $w_{it}$ zwei Komponenten aufweist:

$$y_{it} = b_1 \bullet x_{it} + b_2 \bullet z_i + w_{it}, \quad w_{it} = e_{it} + u_i \tag{1.6}$$

Das Symbol $u$ repräsentiert hier den Effekt aller zeitkonstanten unbeobachteten Merkmale und wird daher auch *Einheiteneffekt* (bzw. *Personeneffekt*) genannt. $u_i$ misst also den durchschnittlichen Abstand der realisierten Werte von Person $i$ zur durch $b_1$ und $b_2$ beschriebenen Regressionsebene. Den Term $e_{it}$ bezeichnen wir, bei gleichzeitiger formaler Spezifikation von $u_i$, als *idiosynkratischen Fehler*, da dieser sich nunmehr ausschließlich auf Abweichungen innerhalb der einheiten-

---

17 In der Mehrebenenanalyse wird anstelle des Begriffs *einheitenspezifische Heterogenität* der Ausdruck *Abschnittsheterogenität* verwendet, da durch die Effekte der unbeobachteten zeitinvarianten Merkmale jeder Person de facto ein individueller Achsenabschnitt zugewiesen wird. Durch die Verwendung dieses Begriffs kann statische Heterogenität besser von anderen, nicht abschnittsgebundenen Formen der Heterogenität abgegrenzt werden. Wir verwenden ihn aufgrund der in der empirischen Sozialwissenschaft herrschenden Terminologie jedoch nicht.

18 Wenn – wie im Beispiel – personenbezogene Daten analysiert werden, kann ebenso der Begriff *personenspezifische Heterogenität* verwendet werden. Die etwas neutralere Formulierung *einheitenspezifische Heterogenität* berücksichtigt, dass die Analyseeinheiten ebenso gut Länder, Organisationen, Betriebe etc. sein können.

19 Bestehen im konkreten empirischen Fall Zweifel, kann das Vorliegen unbeobachteter Heterogenität mit dem von Breusch/Pagan entwickelten Langrange-Multiplier-Test auf statistische Bedeutsamkeit geprüft werden, z. B. mit dem Stata™-Kommando `xttest0`. Eine Erläuterung findet sich z. B. in Stata Corporation (2005).

spezifischen Zeitreihen bezieht, also auf die Abweichung einer einzelnen Messung von der personenspezifischen, um Niveauunterschiede bereinigten Messreihe.

## 1.6 Regressionsverfahren für Paneldaten: Überblick

Wie bereits erwähnt, unterscheiden sich Analyseverfahren für Paneldaten von einfachen Regressionen dadurch, dass die Daten vor der Anwendung von OLS transformiert werden. Ebenfalls wurde angeführt, dass sich Fragestellungen im Kontext von Paneldaten in zwei Kategorien einteilen lassen, die jeweils zu einer Gruppe von Techniken führen: *Längsschnittfragestellungen* und *Querschnittsfragestellungen*. Welche von zwei unterschiedlichen Typen von Transformationen angewandt wird, hängt davon ab, ob erstere vorliegt und somit der Längsschnitt systematisch modelliert oder im zweiten Fall lediglich die Systematik des Fehlerterms korrigiert werden soll. In diesen beiden Analyseoptionen spiegeln sich auch die unterschiedlichen Motive zur Verwendung von Paneldaten wider: Ist dies im ersten Fall das Vorliegen einer expliziten Längsschnittfragestellung (oder, eng damit verknüpft, der Wunsch, *einheitenspezifische Heterogenität* zu kontrollieren) so ist im zweiten Fall meistens die Größe der Stichprobe der Attraktor. Im Folgenden werden zunächst Techniken zur Analyse von Längsschnittfragestellungen vorgestellt (Kapitel 2) und anschließend Methoden diskutiert, die explizit auf die Korrektur des Fehlerterms abzielen bzw. Querschnittsfragestellungen aufgreifen (Kapitel 3). Anschließend werden die Unterschiede der Verfahren zusammengefasst und statistische Tests zur Unterstützung der Methodenwahl vorgestellt und diskutiert (Kapitel 4 und 5).

# 2 Regressionstechniken zur Analyse von Längsschnittfragestellungen mit Paneldaten

*Was sind Längsschnittfragestellungen?*

Als *Längsschnittfragestellungen* werden solche Fragen bezeichnet, bei denen die Auswirkung einer intraindividuellen Veränderung fokussiert wird. Wer z. B. nach dem Zusammenhang zwischen der Anzahl an Kindern und dem Einkommen fragt, kann dieses auf zwei Arten tun: Er kann (1.) nach der Differenz im Einkommen zwischen Personen mit einer unterschiedlichen Anzahl an Kindern fragen, oder (2.) nach dem Einkommensunterschied *vor* und *nach* der Geburt eines Kindes. Im ersten Fall liegt eine Querschnitts- im zweiten eine Längsschnittfragestellung vor. *In der Regel – wenn auch nicht immer – wird eine Fragestellung mit zeitveränderlicher unabhängiger Variable als Längsschnittfrage formuliert sein.* Dies gilt auch für das eben motivierte Kinder-Beispiel.

*Warum Fragen im Längsschnitt?*

Warum aber wird in bestimmten Situationen eine Frage im Längs- statt im Querschnitt gestellt? Häufig ergibt sich das Interesse an Auswirkungen von Veränderungen auf Personenebene direkt aus den hypothesenleitenden theoretischen Erwägungen. Damit ist die Begründung für die Formulierung einer Längsschnittfragestellung jedoch bloß um eine Stufe im Forschungsprozess verschoben. Möglicherweise zu Recht könnte man deswegen einwenden, dass so die Frage nach dem Motiv nicht beantwortet wird.

*Die Kontrolle unbeobachteter Heterogenität*

Es gibt jedoch ein weiteres sehr wichtiges Motiv zur Formulierung einer Längsschnittfragestellung, nämlich die Kontrolle *unbeobachteter Heterogenität* (bzw. *unbeobachteter zeitkonstanter Drittmerkmale*). Nehmen wir an, wir möchten die Hypothese eines kausalen Effektes des Partnerstatus auf die Lebenszufriedenheit testen. Konkret möchten wir wissen, ob Personen in Partnerschaften eine höhere Lebenszufriedenheit als Singles haben. Die Lebenszufriedenheit einer Person mag jedoch maßgeblich durch unbeobachtbare, tendenziell zeitkonstante Merkmale beeinflusst sein, wie *Fitness, Gesundheit, Attraktivität* – allesamt Attribute, die sich auch auf dem Partnermarkt günstig auswirken. Beeinflusst aber nun die Gesundheit die untersuchte unabhängige Variable *Partnerstatus*, so wird in einem Querschnittsvergleich der Einfluss der Gesundheit auf die Lebenszufriedenheit fälschlicherweise dem Partnerstatus zugeschrieben. Ein Zusammenhang zwischen *Partnerschaft* und *Lebenszufriedenheit* ergibt sich in diesem Fall also lediglich dadurch, dass verpartnerte Menschen meistens auch gesünder sind und zudem ein kausaler Zusammenhang zwischen der Gesundheit und der Lebenszufriedenheit besteht. Durch die Perspektive auf den Längsschnitt, also auf die Veränderung der Lebenszufriedenheit bei personenspezifischen Veränderungen des Partnerstatus, wird jedoch der Einfluss von zeitkonstanten Drittvariablen auf die abhängige Variable abgekoppelt und der „tatsächliche" Effekt[20] des Partnerstatus freigelegt.

Ähnlich verhält es sich bei dem oben formulierten Beispiel zum Zusammenhang zwischen Kindern und dem Einkommen. Aufgrund des starken Einflusses, den das (unbeobachtete) soziokulturelle Milieu auf das Einkommen hat, ist das Ergebnis einer Querschnittsanalyse in jedem Falle mehrdeutig: Ein gefundener Zusammenhang zwischen der Kinderanzahl und dem Einkommen mag tatsächlich lediglich einen Einkommenseffekt des soziokulturellen Milieus transportieren, sofern dieses die Kinderanzahl beeinflusst. Einkommensdifferenzen zwischen Personen mit und ohne Kinder ließen sich so mit milieuspezifischen Unterschieden in der Fertilität begründen und somit auf Effekte zurückführen, die außerhalb des untersuchten Wirkungszusammenhangs liegen. Dagegen zielt die entsprechende Längsschnittfragestellung direkt auf die Auswirkungen von Kindern auf das Einkommen. Darin liegt ein überaus wichtiger Vorteil der Längsschnittperspektive: Der Einkommenssprung nach der Geburt eines Kindes lässt sich eindeutig auf das Ereignis zurückführen. Im Längsschnitt

---

20 Hier und im Folgenden wird bewusst mit Anführungsstrichen operiert, denn genaugenommen sind natürlich auch beim Fokus auf intraindividuelle Veränderungen fehlerhafte Effekt-Attributionen möglich. So mögen *Partnerstatus* und *Lebenszufriedenheit* in umgekehrter Richtung aneinander gekoppelt sein: Eine niedrige Lebenszufriedenheit ist auf dem Heiratsmarkt von Nachteil und senkt die Chancen auf Verpartnerung. Auch die Kopplung der untersuchten Merkmale an *zeitveränderliche* Drittvariablen wird trotz ausschließlicher Berücksichtigung intraindividueller Veränderungen nicht ausgeklammert: Möglicherweise ist ein positiver Zusammenhang zwischen den beiden Merkmalen das Ergebnis eines Jobwechsels, der einerseits zu einer stärkeren Lebenszufriedenheit führt und andererseits einen neuen Partnerkontext im Berufskontext erschließt. Durch den Fokus auf den Längsschnitt wird also nur einer von mehreren Störfaktoren des tatsächlichen Effektes ausgeschaltet, nämlich *zeitkonstante* Drittvariablen. Genaugenommen wird also der tatsächliche Effekt nicht wirklich freigelegt, sondern lediglich eine stärkere Annäherung an die Effektinterpretation erzielt.

kann also die Annahme eines *Effektes* auf die Zielvariable abgesichert werden[21], während im Querschnitt lediglich der *Zusammenhang* zwischen der unabhängigen und der abhängigen Variablen gezeigt werden kann und eine Annäherung zur Effektinterpretation über die aufwendige Untersuchung multivariater Zusammenhänge erfolgen muss.

Diese Beispiele verdeutlichen, dass Zusammenhänge zwischen Ereignis und Zielvariable im Querschnitt häufig den Einfluss zeitkonstanter unbeobachteter Faktoren transportieren (wie *Schichtzugehörigkeit, Gesundheit* etc.), die mit der unabhängigen und abhängigen Variablen korrelieren und so die Messungen bestimmter Merkmalsträger (wie z. B. kinderreicher Personen) auf ein bestimmtes (niedriges) Niveau drücken. Durch den Fokus auf den Längsschnitt (bzw. auf intraindividuelle Veränderung) werden diese einheitenspezifischen Niveauunterschiede ausgeblendet und somit Einflüsse zeitkonstanter Drittvariablen eliminiert, der Effekt zwischen den untersuchten unabhängigen und abhängigen Merkmalen folglich freigelegt (bzw. eine Annäherung an den „tatsächlichen" Effekt erreicht, vgl. Fußnote 20).

Wer also unbeobachtete Heterogenität bei der Analyse eines im Zeitverlauf variierenden Merkmals konstant halten möchte, sollte seine Hypothese konsequenterweise als Längsschnittfrage formulieren – spätestens bei Anwendung geeigneter Methoden tut er dies implizit. Wer, im umgekehrten Fall, explizit eine Längsschnittfrage stellt, tut dieses zumindest intuitiv aus dem Grund, unbeobachtete Heterogenität zu kontrollieren. Die beiden angedeuteten Motive zur Formulierung einer Längsschnittfragestellung (*1. Gezieltes Interesse an Veränderungen auf Personenebene, 2. Wunsch nach Kontrolle unbeobachteter Heterogenität*) lassen sich also kaum voneinander trennen[22].

*Längsschnittfragestellung und Längsschnittdaten*

Nur Längsschnittdaten ermöglichen es, Längsschnittfragestellungen systematisch zu modellieren und unmittelbar zu beantworten. Es zeugt daher von methodischer Inkonsequenz, wenn Längschnittfragestellungen mit Querschnittsdaten untersucht werden. Gemessene Koeffizienten können in diesem Datenformat nämlich nicht den sie tragenden erklärenden Variablen zugeschrieben werden, da unklar ist, ob die Schätzer bloß Effekte anderer, nicht integrierter Merkmale transportieren. Selbst bei aufwendiger Integration von Kontrollvariablen sind Ergebnisse von Querschnittsstudien somit häufig anfechtbar, da die vollständige

---

21 Unter Berücksichtigung der in der vorangegangenen Fußnote explizierten Einschränkungen.
22 In der bereits zitierten Einleitung des einschlägigen Lehrbuches von Baltagi (2005, Kapitel 1.2) werden diese beiden eng miteinander verknüpften Motive trotzdem separat aufgearbeitet.

Spezifikation von Heterogenität in der Regel so nicht möglich ist. In einigen Wissenschaften hat sich zur Lösung dieses Problems der experimentelle Zugang durchgesetzt, bei dem die Ausprägung der unabhängigen Variablen systematisch randomisiert und somit vom Einfluss potenzieller Drittvariablen abgekoppelt wird. In der Soziologie bzw. Politologie ist die experimentelle Umsetzung einer Fragestellung in der Regel allerdings nicht möglich, da erklärenden Merkmale – wie beispielsweise die Anzahl an Kindern einer Person oder das Bruttoinlandsprodukt eines Landes – nicht manipuliert werden können. Längsschnittanalysen können daher als spezifisch sozialwissenschaftliche Antwort auf das Problem einheitenspezifischer Heterogenität (bzw. korrelierter zeitkonstanter Drittvariablen) und zur getreuen Analyse von Ursache-Wirkungs-Mechanismen aufgefasst werden. Der Voher/Nachher-Vergleich auf individueller Ebene, der durch die Verfügbarkeit von Längsschnittinformation ermöglicht wird, kann dabei auch als Aufgriff bzw. Annäherung einer experimentellen Logik verstanden werden.

Zur konsistenten Bearbeitung von Längsschnittfragestellungen sind neben Längsschnittdaten allerdings auch Methoden notwendig, die den Vorher/Nachher-Vergleich auf individueller Ebene (im Rahmen des Regressionsverfahrens) umsetzen und so dazu in der Lage sind, das in Paneldaten angelegte Potenzial zur *technisch getreuen Beantwortung von Längsschnittfragestellungen* bzw. zur *Kontrolle von unbeobachteter Heterogenität* abzurufen. Im Folgenden soll daher *erstens* dieses Potenzial nochmals beispielhaft und eindringlich verdeutlicht und *zweitens* intuitiv gezeigt werden, wie Verfahren zur angemessenen Abbildung einer Längsschnittfragestellung technisch funktionieren. Anschließend werden in den Abschnitten 2.1 bis 2.6 konkrete Verfahren beschrieben und detailliert illustriert.

*Ein Beispiel zur Illustration des Problems von Querschnittsdaten und des Potenzials von Paneldaten*

Das in Paneldaten angelegte Potenzial zur Kontrolle von Heterogenität sei anhand des Zusammenhangs zwischen der Berufserfahrung und dem Einkommen illustriert. Dazu reduzieren wir den Beispieldatensatz (Tabelle 1.1) und tun zunächst so, als stünden zur Untersuchung des Zusammenhangs nur Querschnittsdaten zur Verfügung, also beispielsweise lediglich die erste Welle und somit Messungen mit $t=1$. Abbildung 2.1 zeigt das entsprechende Streudiagramm mit Regressionsgerade.

Längsschnittfragestellungen mit Paneldaten 37

Abbildung 2.1: Streudiagramm der bivariaten Verteilung von „Jahre seit Schulabschluss" und „Einkommen" mit Regressionsgerade, nur Querschnittsdaten mit t=1 (siehe Tabelle 1.1)

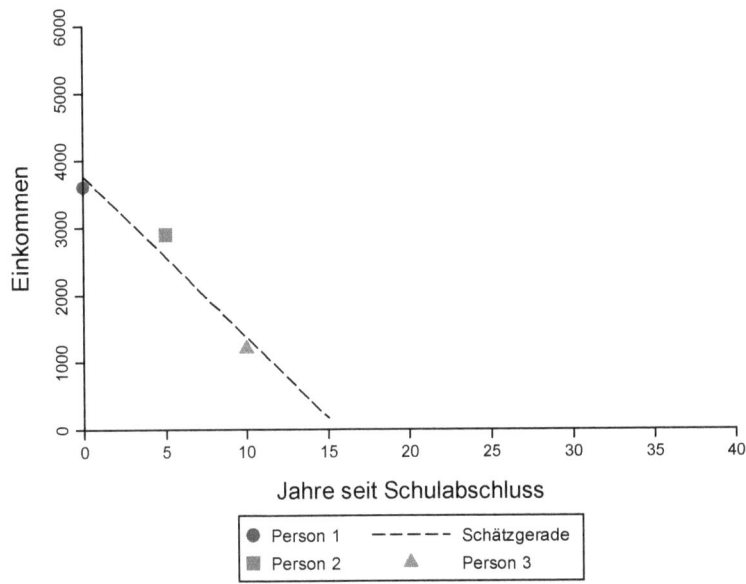

Auf der Grundlage dieser Daten ergibt sich ein negativer Zusammenhang zwischen Berufserfahrung und Einkommen, welcher hier durch den Koeffizienten $b = -240$ beschrieben wird. Bei Hinzuziehen der Daten weiterer Wellen (siehe Abbildung 1.2) wird durch visuelle Inspektion sofort deutlich, dass dieser Koeffizient nicht den tatsächlichen Einfluss der Berufserfahrung auf das Einkommen wiedergibt. Die Verwendung von Längsschnittinformation entlarvt also den im Querschnitt festgestellten Effekt als hochgradig verzerrt[23].

Nun wird der in Abbildung 2.2 deutlich ersichtliche erfahrungsabhängige Einkommenszuwachs allerdings selbst unter Berücksichtigung mehrere Befragungswellen mit Längsschnittdaten bei Anwendung von OLS nicht korrekt ab-

---

23 Interpretieren läßt sich dieser verzerrte Alterseffekt als Kohorteneffekt: Je älter die Einstiegskohorte, desto niedriger das Einkommen. Mit zunehmender Berufserfahrung nimmt jedoch das Einkommen in allen Einstiegskohorten in ähnlichem Maße zu.

gebildet: Der Verlauf der Regressionsgerade in Abbildung 2.2 (durchgezogene Linie), die den Effekt der Berufserfahrung auf das Einkommen abbilden soll, ist offensichtlich weniger steil als der durchschnittliche Einkommenszuwachs bei zunehmender Berufserfahrung. Zur Verdeutlichung dieses Sachverhalts sind zusätzlich zur OLS-Regressionsgerade die individuellen Einkommensverläufe nivelliert, auf Basis personenspezifischer Berechnungen, eingezeichnet (gestrichelte Linien).

Abbildung 2.2: Streudiagramm der bivariaten Verteilung von „Jahre seit Schulabschluss" und „Einkommen" mit allgemeiner Regressionsgerade sowie individuellen, separat berechneten Regressionsgeraden

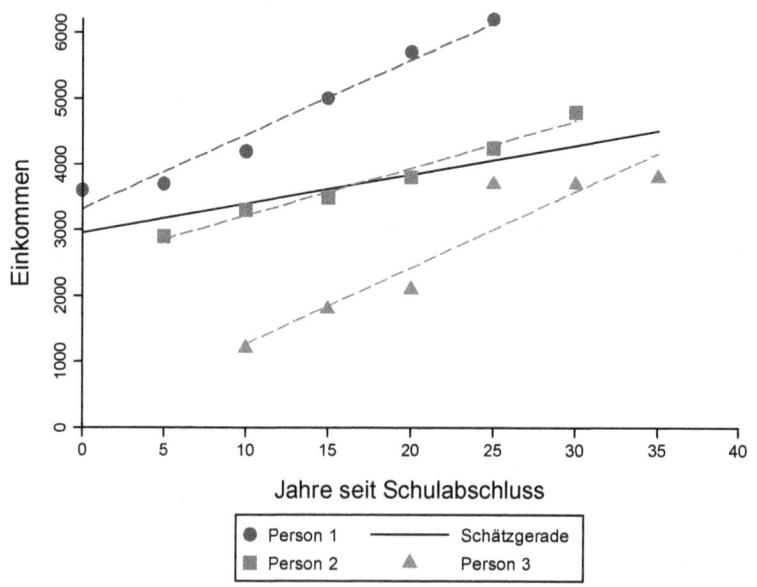

Während die Regressionsgerade einen Steigungskoeffizienten von $b = 44$ aufweist, betragen die durchschnittlichen jährlichen Einkommenszuwächse für die 3 Personen 113 Euro ($i=1$), 72 Euro ($i=2$) und 116 Euro ($i=3$). Die Steigungen sämtlicher individueller, nivellierter Einkommensverläufe sind somit deutlich *höher* als durch die Regressionsgerade vorhergesagt! Offensichtlich wird also durch OLS über untransformierte Paneldaten der tatsächliche Erfahrungseffekt *nicht* unverzerrt abgebildet (und somit unbeobachtete Heterogenität *nicht* vollständig kontrolliert), obgleich er visuell leicht erfassbar ist.

Allein die Verwendung von Paneldaten statt Querschnittsdaten führt demnach im Beispiel zwar zu einer Verbesserung des Regressionsergebnisses, aber noch nicht zur Abbildung des sichtbaren, „tatsächlichen" Effektes: Während bei Anwendung von OLS auf Querschnittsdaten der Störeffekt den Koeffizienten dominiert (siehe Abbildung 2.1), konkurrieren bei Anwendung von OLS auf Paneldaten „tatsächlicher" Effekt und Störeffekt miteinander, die Regressionsgerade bildet in diesem Fall eine Mischung aus beiden ab. Gleichwohl wird der „tatsächliche" Effekt bei visueller Inspektion der Symbole sichtbar[24]. Um diesen allerdings freizulegen und statistisch exakt zu bestimmen, muss nun zusätzlich zur Verwendung von Paneldaten ein Regressionsverfahren angewendet werden, welches das in Paneldaten offensichtlich angelegte Potenzial zur Durchführung eines Vorher/Nachher-Vergleichs und somit zur vollständigen Kontrolle unbeobachteter Heterogenität abruft[25].

Durch relativ einfache Transformationen der Daten *vor* der Anwendung von OLS lässt sich die Information über die Veränderung im Längsschnitt herauslösen. Diese Transformationen können allesamt als technisches Äquivalent der visuellen Erfassung des „tatsächlichen" Effektes betrachtet werden: Auf *visueller Ebene* werden ausschließlich die durch die Symbole gekennzeichneten intraindividuellen Verläufe betrachtet (Abbildung 2.2) und so der tatsächliche Zusammenhang intuitiv erschlossen. Auf *technischer Ebene* wird diese Isolierung der intraindividuellen Zeitreihen durch die *mathematische Eliminierung der Niveauunterschiede zwischen den Einheiten* erzielt und so der „tatsächliche" Zusammenhang abgebildet.

Vier verschiedene Varianten dieser grundlegenden Idee werden in diesem Abschnitt vorgestellt: Das *Fixed Effects*-Verfahren eliminiert Niveauunterschiede durch Subtraktion der einheitenspezifischen Mittelwerte, das *Dummy Variable*-Verfahren spezifiziert den Einheiteneffekt systematisch, die *Integration von Kontextvariablen* hält die interindividuellen Effekte der unabhängigen Variablen konstant und das *First Differences*-Verfahren setzt die Ausprägungen

---

24 Eine stärker formalisierte Erklärung für die Verzerrtheit von OLS-Schätzern im Panelkontext findet sich bei Wooldridge (2005, Kapitel 13). Er beruft sich dabei auf die Annahmen der OLS-Regression und problematisiert diese im Panelkontext.

25 Im Rahmen des hier illustrierten Beispiels wäre es nahe liegend, einfach den Durchschnittswert der drei individuellen Koeffizienten ((113 + 72 + 116) / 3 = 100,33) als Schätzer des Effektes einzusetzen. In der Tat: Dieser bildet den korrekten Erfahrungseffekt ab. Dieses Vorgehen wäre allerdings bei größeren Stichproben schwierig umzusetzen und zudem in hohem Maße fehleranfällig, da es die gleiche Anzahl an Beobachtungen für alle Personen voraussetzt.

der Variablen in die Differenz zu den zeitlich jeweils vorgelagerten Ausprägungen. Die behandelten Verfahren unterscheiden sich also in der Art und Weise, wie die intraindividuellen Verläufe isoliert werden. Sie eint dagegen, dass auf Basis der entsprechend transformierten Daten die einfache Methode der kleinsten Quadrate angewendet wird. Sie können daher allesamt als Variante der einfachen OLS-Regression begriffen werden.

## 2.1 Fixed Effects Regression (FE)

Bei der einfachen *Fixed Effects*-Transformation werden die Niveauunterschiede zwischen den Einheiten des Datensatzes eliminiert, indem von jeder Merkmalsausprägung der einheiten- bzw. personenspezifische Mittelwert dieses Merkmals subtrahiert wird. Tabelle 2.1 veranschaulicht diese Prozedur am Beispiel der in Tabelle 1.1 präsentierten Daten. Berücksichtigt wurden die Merkmale *Jahre seit Abschluss* (x) und *Einkommen* (y).

Tabelle 2.1: Datenmatrix der fiktiven Panelerhebung, mit einheitenspezifischen Mittelwerten und FE-transformierten Daten

| i | t | $x_{it}$ | $\bar{x}_{i.}$ | $x_{it} - \bar{x}_{i.}$ | $y_{it}$ | $\bar{y}_{i.}$ | $y_{it} - \bar{y}_{i.}$ |
|---|---|---|---|---|---|---|---|
| 1 | 1 | 0  | 12,5 | -12,5 | 3600 | 4733 | -1133 |
| 1 | 2 | 5  | 12,5 | -7,5  | 3700 | 4733 | -1033 |
| 1 | 3 | 10 | 12,5 | -2,5  | 4200 | 4733 | -533  |
| 1 | 4 | 15 | 12,5 | 2,5   | 5000 | 4733 | 267   |
| 1 | 5 | 20 | 12,5 | 7,5   | 5700 | 4733 | 967   |
| 1 | 6 | 25 | 12,5 | 12,5  | 6200 | 4733 | 1467  |
| 2 | 1 | 5  | 17,5 | -12,5 | 2900 | 3758 | -858  |
| 2 | 2 | 10 | 17,5 | -7,5  | 3300 | 3758 | -458  |
| 2 | 3 | 15 | 17,5 | -2,5  | 3500 | 3758 | -258  |
| 2 | 4 | 20 | 17,5 | 2,5   | 3800 | 3758 | 42    |
| 2 | 5 | 25 | 17,5 | 7,5   | 4250 | 3758 | 492   |
| 2 | 6 | 30 | 17,5 | 12,5  | 4800 | 3758 | 1042  |
| 3 | 1 | 10 | 22,5 | -12,5 | 1200 | 2717 | -1517 |
| 3 | 2 | 15 | 22,5 | -7,5  | 1800 | 2717 | -917  |
| 3 | 3 | 20 | 22,5 | -2,5  | 2100 | 2717 | -617  |
| 3 | 4 | 25 | 22,5 | 2,5   | 3700 | 2717 | 983   |
| 3 | 5 | 30 | 22,5 | 7,5   | 3700 | 2717 | 983   |
| 3 | 6 | 35 | 22,5 | 12,5  | 3800 | 2717 | 1083  |

Die inhaltliche Bedeutung der Spalten der Tabelle seien am Beispiel der dritten Messung von Person 1 demonstriert: Zu diesem Zeitpunkt beträgt der zeitliche Abstand zum Ausbildungsabschluss 10 Jahre. Der durchschnittliche Abstand aller Messungen dieser Person liegt bei 12,5 Jahren, zum Zeitpunkt $t=3$ befindet sie sich also 2,5 Jahre vor der Mitte des beobachteten Erwerbsfensters. Das Einkommen der Person beträgt zu diesem Zeitpunkt 4200 Euro und liegt somit 533 Euro unter dem Mittelwert ihrer 6 Einkommensmessungen, welcher 4733 Euro beträgt.

Die transformierten Werte geben also keine absolute Höhe mehr an, sondern beziehen sich nunmehr auf die Abweichung zum einheitenspezifischen Mittelwert. In der englischsprachigen Literatur spricht man daher bei *Fixed Effects*-transformierten Daten auch von *demeaned data* („entmittelten Variablen"). Diagramm 2.3 bildet die entmittelten Variablen aus Tabelle 2.1 ab.

Abbildung 2.3: Streudiagramm mit den entmittelten Variablen zu „Jahre seit Schulabschluss" (x) und „Einkommen" (y), mit Regressionsgerade

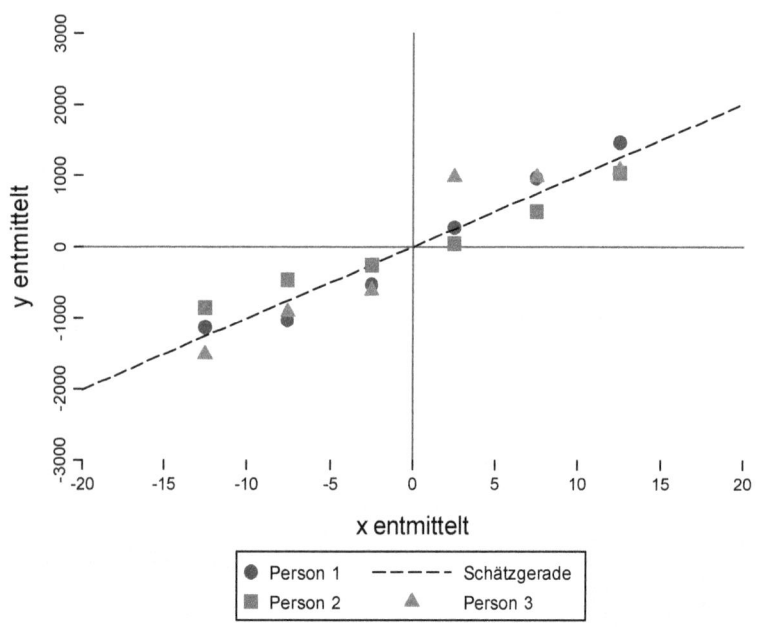

Deutlich wird, dass die abgebildeten einheitenspezifischen Verläufe den ursprünglichen, auf untransformierten Daten basierenden Verläufen (Abbildung 2.2) von der Form her völlig identisch sind, aber innerhalb des Koordinatensystems verschoben wurden. Sie sind nun um den Ursprung herum zentriert. Alle Niveauunterschiede zwischen den Personen sind ausgeblendet, nur noch intraindividuelle Veränderungen sind sichtbar. Einheitenspezifische Heterogenität, also der kumulierte Effekt sämtlicher zeitkonstanter Einflüsse, ist im Zuge der Transformation vollständig eliminiert worden[26].

---

26 Die Entmittlungsprozedur und ihre Implikationen werden auch von Wooldridge (2005, Kapitel 14) besprochen. Allison (2005, Kapitel 2.4 und 2009, Kapitel 2) beschäftigt sich ebenfalls mit dem *Fixed Effects*-Modell, gibt allerdings nur eine kurze Einführung in die Technik und veranschaulicht dann ausführlich die Eigenschaften des Verfahrens auf der Grundlage eines empirischen Praxisbeispiels. Eine kurze deutschsprachige Einführung zu FE und dem im Folgenden dis-

Wird nun das Verfahren der kleinsten Quadrate (OLS) auf die in Abbildung 2.3 abgebildeten transformierten Daten angewendet, bildet die berechnete Regressionsgerade schließlich den gesuchten, „tatsächlichen" Zusammenhang in der Stichprobe ab. Die Beispieldaten generieren bei diesem Verfahren folgende Regressionsgleichung[27]:

$$Einkommen = 100 \bullet Jahr\_Sch \qquad (2.1)$$

Wurde bei einer Regression über untransformierte Paneldaten die tatsächlich zu beobachtende Steigung noch unterschätzt ($b = 44$), beschreibt der nun ermittelte Steigungskoeffizient ($b = 100$) die korrekte Antwort auf die formulierte (Längsschnitt-) Fragestellung: Mit jedem Jahr zusätzlicher Berufstätigkeit nach dem Ausbildungsabschluss steigt das Einkommen im Schnitt um 100 Euro. Aufgrund der Zentrierung aller einheitenspezifischen Zeitreihen um den Punkt [0;0] beträgt die Konstante der Regressionsgleichung zwangsläufig null.

Im Prinzip liegt die Lösung des Heterogenitätsproblems hier also in der unmittelbaren Modellierung der Längsschnittfragestellung: Die *Fixed Effects Regression* (FE) ruft das Potenzial von Paneldaten zur Kontrolle zeitkonstanter Drittvariablen ab, indem sie die Längsschnittinformation durch eine einfache Subtraktionsprozedur isoliert, bevor die OLS-Technik angewendet wird.

Formal lassen sich FE und seine statistischen Implikationen anhand der folgenden Gleichungen beschreiben. Ausgangspunkt ist das statistische Abbild einer Fragestellung im Panelkontext:

$$y_{it} = b_1 \bullet x_{it} + b_2 \bullet z_i + w_{it}, \quad w_{it} = e_{it} + u_i \qquad (2.2)$$

Zieht man die einheitenspezifischen Mittelwerte von den Ausgangsdaten ab, ergibt sich die *Fixed Effects Spezifikation*:

$$(y_{it} - \overline{y}_{i.}) = b_1 \bullet (x_{it} - \overline{x}_{i.}) + b_2 \bullet (z_i - z_i) + w_{it}, \quad w_{it} = (e_{it} + u_i) - (\overline{e}_{i.} + u_i) \qquad (2.3)$$

---

kutierten, verwandten LSDV-Verfahren finden sich bei Schröder (2005) sowie, etwas ausführlicher, bei Brüderl (2010). Eine gute deskriptive Übersicht über die Verfahren zur Analyse von Längsschnittfragestellungen bieten auch Cameron/Trivedi (2005, Kapitel 21.1). Bei der Beschreibung der Technik der Verfahren in späteren Abschnitten bedienen sich die Autoren allerdings des Matrix-Formates, wählen also einen anderen didaktischen Zugang als wir.

27 Auf die zusätzliche Darstellung des Fehlerterms wird in den durchgeführten Beispielregressionen ab hier verzichtet.

Eine einfache Umformung zeigt, dass der Fehlerterm in (2.3) dem idiosynkratischen Fehler gleicht und das Problem einheitenspezifischer Heterogenität somit durch die Transformation gelöst wird:

$$(e_{it} + u_i) - (\overline{e}_{i.} + u_i) = (e_{it} - \overline{e}_{i.}) + (u_i - u_i) = (e_{it} - 0) = e_{it}$$

Da der Einheiteneffekt $u$ zeitkonstant ist, entsprechen alle seine Ausprägungen dem jeweiligen einheitenspezifischen Mittelwert von $u$. Folglich fallen sämtliche $u_i$ aus der Gleichung heraus. Die Bedingung *Corr(u,x)* = 0, die bei einfachen Regressionsanalysen zur Rechtfertigung der Unverzerrtheit der berechneten Koeffizienten notwendig ist (und deren Nichterfüllung statistisch formal die Unterschätzung des Steigungskoeffizienten im einfachen Regressionsmodell über untransformierte Daten erklärt), kann also bei FE außer Acht gelassen werden. Da zudem aufgrund der Entmittlung sämtlicher Variablen die Regressionsgerade durch den Schwerpunkt jeder personenspezifischen Messreihe verläuft, beträgt die durchschnittliche idiosynkratische Abweichung auf Personenebene null. Der Fehlerterm besteht im Rahmen einer FE-Regression also ausschließlich aus einer Realisation der Zufallsvariablen $e_{it}$.

Gleichung (2.3) verdeutlicht zudem unmittelbar den Ausfall aller zeitinvarianter Variablen. Intuitiv lässt sich dieses damit erklären, dass sämtliche Variation zwischen den einheitenspezifischen Zeitreihen des Datensatzes, die beispielsweise durch die Geschlechterzugehörigkeit verursacht ist, durch die Angleichung der Niveauunterschiede im Rahmen der Transformation eliminiert wird. Effekte zeitkonstanter Merkmale lassen sich also bei Anwendung von FE nicht mehr quantifizieren. Dies wird allerdings den mit Längsschnittfragen operierenden Wissenschaftler nicht substanziell stören, da die ihn primär interessierenden Merkmale definitionsgemäß *nicht* zeitkonstant sind. In diesem Zusammenhang sei ausdrücklich darauf hingewiesen, dass Interaktionseffekte mit zeitkonstanten Variablen sich allerdings problemlos im Rahmen von FE spezifizieren lassen. Die Frage, ob sich der beobachtete Erfahrungseffekt zwischen Frauen und Männern unterscheidet, kann also wie üblich durch die zusätzliche Integration des Produktes der Variablen *Geschlecht* und *Jahre seit Schulabschluss* untersucht werden.

Die *Fixed Effects*-Regression kann, wie demonstriert, relativ leicht „von Hand" umgesetzt werden. Moderne Statistikprogramme bieten allerdings einfache Prozeduren zur Durchführung der beiden Schritte (*1. Entmittlung der Daten, 2. OLS-Regression über entmittelte Daten*) im Rahmen eines Kommandos an. Tabelle 2.2 zeigt das Ergebnis einer EDV-gestützten *Fixed Effects*-

Regressionsanalyse mit *lebensz.dta*[28]. Zum Vergleich wurden die einfachen OLS-Koeffizienten desselben Modells ebenfalls aufgelistet.

Tabelle 2.2: Fixed Effects Regression der Determinanten der Lebenszufriedenheit (*lebensz.dta*)

|  | OLS b | FE b |
|---|---|---|
| sex | 0,056** | - |
| anz_kind | –0,071** | 0,073* |
| bildung | 0,022** | –0,072* |
| gesund_std | 0,388** | 0,248** |
| _cons | –0,243** | 0,813* |
| N | 10659 | 10659 |
| r² | 0,15 | 0,05 |
| sigma u |  | 0,85 |
| sigma e |  | 0,68 |
| rho |  | 0,61 |

$* p < 0.05, ** p < 0.01$

Wie bereits erwähnt, weisen zeitkonstante Variablen per Definition keine Variation zwischen den Messungen einer Person auf. Zur Variable *Geschlecht* wird daher bei FE kein Koeffizient ausgewiesen. Dieses wurde oben bereits mit der perfekten Kontrolle personenspezifischer Heterogenität (bzw. der Elimination sämtlicher personenspezifischer Niveauunterschiede) im Rahmen der FE-Transformation erklärt, die keinen Raum mehr für die Bestimmung der Effekte zeitkonstanter Variablen lässt.

---

[28] Folgende Stata-Syntax wurde zur Berechnung der Koeffizienten verwendet:
    `xtreg lebensz sex anz_kind bildung gesund, fe`
Vor Anwendung dieses Kommandos muss allerdings zunächst die Struktur des Datensatzes festgelegt werden, denn das *Fixed Effects*-Verfahren setzt, wie beschrieben, zeitpunkt- bzw. zeilenübergreifend die Daten eines Metaelementes miteinander in Bezug. Dieses Metaelement (hier: *Personen*) wird aber im Rahmen des `xtreg`-Befehls nicht genannt und kann somit vom Programm nicht ohne zusätzliche Information identifiziert werden. Der Stata-Befehl, welcher die Metaeinheiten des Datensatzes (sowie zudem die Ordnungsvariable der einheitenspezifischen Messungen) kennzeichnet und somit die Anwendung panelspezifischer Kommandos vorbereitet, lautet:
    `xtset persnr jahr`

Der Koeffizient der *Kinder*-Variable wechselt im Vergleich zur einfachen OLS-Regression das Vorzeichen und weist nun, unter Kontrolle personenspezifischer Heterogenität, einen positiven Effekt von Kindern aus. Die *Fixed Effects*-Regression zeigt also, dass Personen mit Variationen in der Kinderzahl dann, wenn sie Kinder haben, zufriedener sind als an Zeitpunkten, an denen sie ohne Kinder leben. Die Differenz zwischen FE und OLS verweist zudem darauf, dass die Fertilitätsneigung an Eigenschaften gekoppelt ist, die sich negativ auf die Lebenszufriedenheit auswirken. Diese Einflüsse werden bei OLS mittransportiert und verzerren den tatsächlichen, bei FE freigelegten (bzw. angenäherten) Effekt von Kindern auf die Lebenszufriedenheit.

Ähnlich verhält es sich mit dem Bildungseffekt. Die OLS-Regression weist zunächst einen positiven Effekt der Bildung auf die Lebenszufriedenheit aus. Werden allerdings durch die Entmittlung die Längsschnittinformationen des Datensatzes isoliert und somit faktisch Personen *vor* und *nach* der Absolvierung von Bildungsmaßnahmen miteinander verglichen, so misst man bei den späteren Messungen im Schnitt eine niedrigere Lebenszufriedenheit. Dieser scheinbare Widerspruch beruht darauf, dass die Stichprobe des SOEP (zumindest in Bezug auf die Variable *Lebenszufriedenheit*) ausschließlich aus erwachsenen Personen besteht, die ihre Schulkarrieren weitestgehend abgeschlossen haben. Dementsprechend misst also einfaches OLS hauptsächlich den Effekt der primären Bildung, während der FE-Koeffizient den Einfluss zusätzlicher Qualifikationen im Rahmen sekundärer (Weiter-)Bildungsmaßnahmen quantifiziert.

Der Gesundheitseffekt behält im Vergleich zur einfachen OLS-Regression sein (positives) Vorzeichen, nimmt allerdings in der Größe ab. Unter Kontrolle personenspezifischer Heterogenität wird also der Einfluss des Gesundheitszustandes auf die Lebenszufriedenheit geringer geschätzt. Eine unbeobachtete Drittvariable, welche die Veränderung in der Größe des Koeffizienten erklärt, mag hier die *interne Kontrollüberzeugung* sein: Personen mit einem starken Glauben an die eigene Beeinflussbarkeit ihrer Lebensumstände achten einerseits stärker auf ihre Gesundheit und erreichen andererseits mehr im Leben als schicksalsergebene Personen (und sind dadurch auch zufriedener als jene). Während nun bei OLS dieser positive Effekt der Kontrollüberzeugung über die Variable *Gesundheit* mittransportiert wird, misst der FE-Koeffizient (wegen der impliziten Kontrolle personenspezifischer Heterogenität) den bereinigten (und daher etwas schwächeren) Effekt des Gesundheitszustandes auf die Lebenszufriedenheit.

Etwas irritierend ist der Tatbestand, dass in der Ergebnistabelle eine Konstante ausgewiesen wird, obgleich alle Werte vor der Parameterberechnung auf Personenebene zentriert und daher im Mittel 0 sind. Die Regressionsgerade (bzw. -ebene) verläuft daher zwingend durch den Ursprung des Koordinatensystems (vgl. Abb. 2.3), die Konstante des Modells beträgt also eigentlich 0. Der hier von Stata ausgegebene Wert ist dementsprechend auch kein echter Modellparameter, sondern eine simulierte Konstante, die den Durchschnittswert der (untransformierten) Lebenszufriedenheit unter der Bedingung angibt, dass alle unabhängigen (untransformierten) Variablen den Wert 0 annehmen.

Auffällig ist das Gefälle in der Erklärungskraft zwischen OLS und FE: Konnte im Rahmen der OLS-Regression noch 15 Prozent der Variation in der Lebenszufriedenheit durch die unabhängigen Variablen erklärt werden, sind es auf der Grundlage der FE-transformierten Daten nun nur noch 5 Prozent. Die unabhängigen Variablen vermögen also offensichtlich mehr Unterschiede *zwischen* Personen als zwischen den Messpunkten *innerhalb* der Personen aufzuklären. Dieser Unterschied kann auf die Erklärungskraft zeitkonstanter Merkmale zurückgeführt werden, welche auf zweifache Weise in den OLS-Koeffizienten mit einfließen; einerseits *unmittelbar* über die explizite Spezifikation (durch die Variable *Geschlecht*) und andererseits *mittelbar* über die integrierten zeitveränderlichen Variablen (z. B. den *Gesundheitszustand*), die einen Teil der personenspezifischen Heterogenität (wie die *interne Kontrollüberzeugung*) transportieren. Bei FE sind diese beiden Quellen der Varianzaufklärung durch die entsprechende Transformation eliminiert (was sich unmittelbar an dem Ausfall des Geschlechts-Koeffizienten ablesen lässt).

Schließlich geben die meisten Statistikprogramme noch eine Reihe weiterer Modellparameter mit an, welche in der Regel nicht von inhaltlicher Relevanz sind, jedoch interessante Informationen über statistische Eigenschaften des gerechneten Modells enthalten. So gibt *sigma (u)* die Standardabweichung der Personeneffekte an und *sigma (e)* den Standard der idiosynkratischen Abweichungen. Die durchschnittliche Abweichung der personenspezifischen Mittelwerte vom Gesamtmittelwert der Lebenszufriedenheit beträgt also (näherungsweise) 0,85 Einheiten, und die durchschnittliche, unerklärte Abweichung zwischen zwei Messungen einer Person beträgt (näherungsweise) 0,68 Einheiten. *Rho* schließlich setzt die Varianz des Einheiteneffektes ($[sigma(u)]^2$) mit der Summe der beiden Varianzkomponenten ($[sigma(u)]^2$ + $[sigma(e)]^2$) ins Verhältnis[29].

---

29 Der entsprechende Quotient (0,61) entzieht sich allerdings im Fixed Effects Modell einer sinnvollen Interpretation, da hier deskriptive und modellbezogene Parameter miteinander kombiniert werden: Beschreibt sigma(u), unabhängig von den ins Modell integrierten Variablen, die Verteilung personenspezifischer Mittelwerte, bezieht sich sigma(e) auf die Verteilung der Residuen, ist also abhängig von der Erklärungskraft der integrierten Variablen.

## 2.2 Dummy Variable Regression (LSDV)

Eine alternative Möglichkeit zur Freilegung des Längsschnitteffektes bietet die sog. *Least Squares Dummy Variable-Regression (LSDV)*. Bei diesem Verfahren, welches häufig auch als Variante der *Fixed Effects*-Regression aufgefasst wird[30], werden alle Personen der Stichprobe über ein Set von *Dummy-Variablen* ($D_{pi}$) als erklärende Faktoren in das Modell integriert und dieses anschließend wiederum per OLS berechnet. Tabelle 2.3 verdeutlicht den entsprechend erweiterten Beispieldatensatz aus Tabelle 1.1. Berücksichtigt wurden wiederum die Merkmale *Jahre seit Abschluss* ($x$) und *Einkommen* ($y$).

Tabelle 2.3:   Datenmatrix der fiktiven Panelerhebung, mit einheitenspezifischen Dummy Variablen

| i | t | $x_{it}$ | $y_{it}$ | $D_{p1}$ | $D_{p2}$ | $D_{p3}$ |
|---|---|----|------|---|---|---|
| 1 | 1 | 0  | 3600 | 1 | 0 | 0 |
| 1 | 2 | 5  | 3700 | 1 | 0 | 0 |
| 1 | 3 | 10 | 4200 | 1 | 0 | 0 |
| 1 | 4 | 15 | 5000 | 1 | 0 | 0 |
| 1 | 5 | 20 | 5700 | 1 | 0 | 0 |
| 1 | 6 | 25 | 6200 | 1 | 0 | 0 |
| 2 | 1 | 5  | 2900 | 0 | 1 | 0 |
| 2 | 2 | 10 | 3300 | 0 | 1 | 0 |
| 2 | 3 | 15 | 3500 | 0 | 1 | 0 |
| 2 | 4 | 20 | 3800 | 0 | 1 | 0 |
| 2 | 5 | 25 | 4250 | 0 | 1 | 0 |
| 2 | 6 | 30 | 4800 | 0 | 1 | 0 |
| 3 | 1 | 10 | 1200 | 0 | 0 | 1 |
| 3 | 2 | 15 | 1800 | 0 | 0 | 1 |
| 3 | 3 | 20 | 2100 | 0 | 0 | 1 |
| 3 | 4 | 25 | 3700 | 0 | 0 | 1 |
| 3 | 5 | 30 | 3700 | 0 | 0 | 1 |
| 3 | 6 | 35 | 3800 | 0 | 0 | 1 |

---

30 Wooldridge (2005, Kapitel 14) beschreibt LSDV ebenfalls als Variante der *Fixed Effects*-Regression. Eine Aufarbeitung des Verfahrens sowie dessen technische Eintaktung in den FE-Kontext findet sich zudem bei Hill et al. (2008, Kapitel 15.4).

Längsschnittfragestellungen mit Paneldaten 49

Die drei Dummy-Variablen $D_{p1}$, $D_{p2}$ und $D_{p3}$ kennzeichnen jeweils eine Person eindeutig. Werden die Dummy-Variablen, zusätzlich zu den untersuchten Merkmalen *Einkommen* und *Jahre seit Schulabschluss*, in ein einfaches Regressionsmodell integriert, ergibt sich folgende Schätzfunktion:

*Einkommen* = 100•Jahr_Sch + 3477•Dp1 + 2000•Dp2 + 456•Dp3    (2.4)

Aus der Gleichung lassen sich offensichtlich *einheitenspezifische Regressionskonstanten* ableiten: Bei Integration der Dummy-Variablen wird also jeder Person eine individuelle Regressionsgerade zugewiesen, die sich durch ihren Achsenabschnitt von denen der anderen Personen unterscheidet[31]. Das geschätzte Einkommen im Jahr des Schulabschlusses liegt für Person *i=1* bei 3477 Euro, für Person *i=2* bei 2000 Euro und für Person *i=3* bei 456 Euro (Abbildung 2.4). Der berechnete Steigungskoeffizient ist für alle einheitenspezifischen Regressionsgeraden gleich: Ebenso wie FE sagt LSDV einen jährlichen Einkommenszuwachs von 100 Euro voraus.

Da die Niveauunterschiede der Einkommensverläufe durch die integrierten Dummy-Variablen erklärt werden, ist *u* vollständig aus dem Fehlerterm des Modells eliminiert. Die Abweichungen der realisierten Werte von den einheitenspezifischen Regressionsgeraden messen nunmehr ausschließlich den idiosynkratischen Fehler: Einheitenspezifische Heterogenität ist vollständig kontrolliert. LSDV lässt sich durch folgende Gleichung beschreiben:

$$y_{it} = b_1 \bullet x_{it} + b_2 \bullet z_i + \sum_{i=1}^{n} c_i \bullet D_{pi} + w_{it} , \ w_{it} = e_{it} \qquad (2.5)$$

---

31 Es hätte auch ausgereicht, lediglich zwei der drei Dummy-Variablen zu integrieren. Die dritte, nicht explizit spezifizierte Person bildet sodann die Referenzkategorie des Modells, deren Effekt durch die Konstante abgebildet wird.

Abbildung 2.4: Streudiagramm über den bivariaten Zusammenhang zwischen „Jahre seit Schulabschluss" und „Einkommen", Regressionsgeraden unter Konstanthaltung einheitenspezifischer Dummy-Variablen

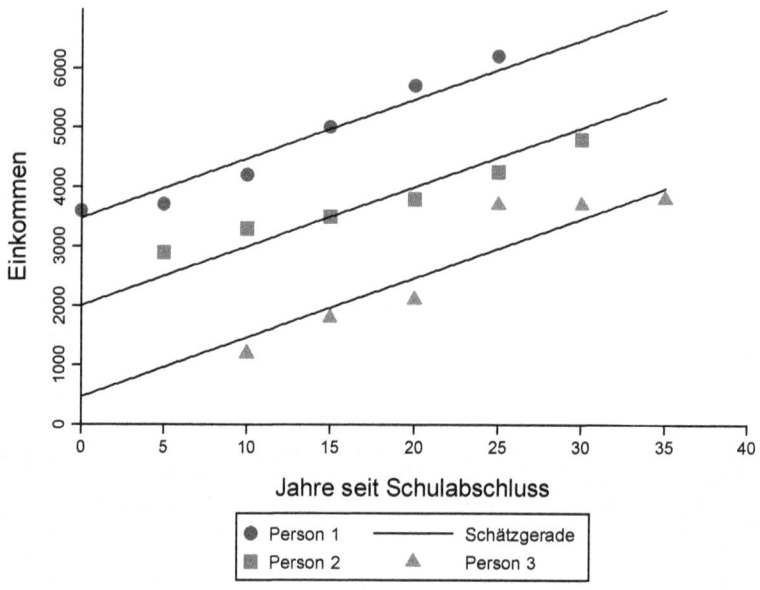

Da die Dummy-Variable $D_{pi}$ nur für Person $i$ den Wert 1 (sonst 0) annimmt, misst der Koeffizient $c_i$ die Größe des Einheiteneffektes für Person $i$. Wie am Beispiel illustriert, weist das Variablen-Set

$$\sum_{i=1}^{n} c_i \bullet D_{pi}$$

jeder Person der Stichprobe einen individuellen Achsenabschnitt zu. $c_i$ greift also den Einfluss sämtlicher unbeobachteter zeitinvarianter Variablen auf. Anders formuliert: Durch die Integration von einheitenspezifischen Dummy-Variablen wird bei LSDV der Einheiteneffekt (vormals $u$) vom Fehlerterm in den systematischen Teil des Modells überführt.

Da die Dummy-Variablen die Unterschiede in den Niveaus der Einkommensverläufe vollständig erklären, verbleibt, wie auch schon bei der *Fixed Ef-*

Längsschnittfragestellungen mit Paneldaten 51

*fects*-Regression, keine Variation zur Erklärung durch andere zeitinvariante Variablen. Diese lassen sich daher nicht zusätzlich in das Modell integrieren (was, algebraisch betrachtet, auch durch die perfekte Kollinearität der Dummy-Variablen zu allen zeitkonstanten Variablen erklärt wird). Darum ist der in der vorläufigen Gleichung (2.5) noch enthaltene Term $b_2 z_i$ in Gleichung (2.6) nicht mehr enthalten.

$$y_{it} = b_1 \bullet x_{it} + \sum_{i=1}^{n-1} c_i \bullet D_{pi} + w_{it}, w_{it} = e_{it} \quad (2.6)$$

## 2.3 Fixed Effects oder Dummy Variable Regression?

LSDV und FE weisen *immer* identische Koeffizienten der untersuchten Variablen aus. Während allerdings die Einheiteneffekte beim *Fixed Effects*-Verfahren vollständig ausdifferenziert werden, überführt sie die Integration einheitenspezifischer Dummy-Variablen aus dem Fehlerterm in den systematischen Teil des Modells. Bei LSDV erfolgt die Kontrolle einheitenspezifischer Heterogenität also nicht durch Elimination, sondern durch *systematische Spezifikation* des Einheiteneffektes. Interpretativer Mehrwert ergibt sich daraus aber nicht, denn in der Regel besteht an der Größe einzelner Einheiteneffekte kein Interesse.

Im empirischen Fall hängt die Wahl zwischen den beiden Verfahren daher hauptsächlich von pragmatischen Erwägungen ab. Dabei ist zu beachten, dass die Anwendung von LSDV häufig die Kapazitäten gängiger Statistiksoftware überschreitet, da sich die Menge vom EDV-System zu verarbeitender Variablen um die Anzahl der Stichprobenelemente erhöht.

Dementsprechend kann auf Basis des Praxisdatensatzes *lebensz.dta* (mit den uns zur Verfügung stehenden Statistikprogrammen) keine "echte" LSDV-Regression durchgeführt werden[32]. Mit Stata lässt sich diese jedoch simulieren. Das entsprechende Ergebnis, bezogen auf den *lebensz.dta*, ist in Tabelle 2.4 dargestellt[33].

---

32 So ist die Datensatzgröße in der gebräuchlichen Stata IC Version auf 2048 Variablen beschränkt. Im Beispiel wären bei Anwendung von LSDV jedoch, entsprechend der Anzahl an Personen, 3549 Dummy Variablen notwendig.
33 Verwendet wurde dazu folgender Stata-Befehl:
```
areg lebensz sex anz_kind bildung gesund, absorb (persnr)
```

Tabelle 2.4: LSDV-Regression der Determinanten der Lebenszufriedenheit (*lebensz.dta*)

|         | FE      | LSDV    |
|---------|---------|---------|
|         | b       | b       |
| sex     | -       | -       |
| anz_kind| 0,073*  | 0,073*  |
| bildung | -0,072* | -0,072* |
| gesund  | 0,248** | 0,248** |
| _cons   | 0,813*  | 0,813*  |
| N       | 10659   | 10659   |
| $r^2$   | 0,05    | 0,68    |
| sigma u | 0,85    |         |
| sigma e | 0,68    |         |
| rho     | 0,61    |         |

\* $p < 0.05$, \*\* $p < 0.01$

Wie erwartet werden durch die Integration personenspezifischer Dummies die Koeffizienten von FE reproduziert. Die Konstante von LSDV lässt sich nun als Mittel der personenspezifischen Achsenabschnitte interpretieren: Wenn alle Kovariaten den Wert 0 annehmen, liegt die geschätzte Lebenszufriedenheit ca. 0,8 Einheiten der Standardabweichung über dem Durchschnitt.

Auffällig ist die gravierende Disparität in der Erklärungskraft zwischen FE und LSDV. Diese lässt sich darauf zurückführen, dass die Anzahl unabhängiger (und daher an der Varianzaufklärung beteiligter) Variablen beim *LSDV-Verfahren* um die personenspezifischen Dummies erweitert ist. *Die Abweichung eines personenspezifischen Mittelwertes vom Gesamtmittelwert wird daher bei LSDV zum Anteil erklärter Varianz gezählt.* Bei der Interpretation des Determinationskoeffizienten von LSDV ist daher Zurückhaltung geboten.

## 2.4 Die Integration von Kontextvariablen

Eine weitere Möglichkeit zur Kontrolle einheitenspezifischer Heterogenität besteht in der *Integration von Kontextvariablen* (OLS KV). In der Literatur wird eine Variante dieses Vorgehens (nämlich die Spezifikation von Kontextvariablen im Rahmen einer *Random Effects*-Regression) auch als „Hybridmodell" bezeichnet (siehe Kapitel 4.2). *Kontextvariablen* messen den einheitenspezifischen Mittelwert einer im Zeitverlauf variierenden Variablen. Wird zusätzlich zu einer

Längsschnittfragestellungen mit Paneldaten 53

im Zeitverlauf variierenden Variablen die entsprechende Kontextvariable spezifiziert, verlagert sich der Effekt von unbeobachteten Eigenschaften, die durch das Merkmal transportiert werden, auf die Kontextvariable. Der geschätzte Koeffizient der zeitveränderlichen Variablen bezieht sich nunmehr ausschließlich auf die *intrapersonelle* Kovariation zwischen zeitveränderlicher und abhängiger Variable[34]. Daher kann diese Technik ebenfalls als Variante des *Fixed Effects*-Verfahrens aufgefasst werden. Die entsprechende Modellierung wird durch folgende Gleichung beschrieben:

$$y_{it} = b_1 \bullet x_{it} + b_2 \bullet \bar{x}_{i.} + b_3 \bullet z_i + w_{it} \qquad (2.7)$$

Da bei diesem Verfahren nur ein Teil des Einheiteneffektes über die Kontextvariablen spezifiziert wird, verbleibt der übrige Anteil im Fehlerterm. Es gilt also:

$$..., w_{it} = u_i^{res} + e_{it} \qquad (2.8)$$

Der residuale Einheiteneffekt $u_i^{res}$ ist durch den Einschluss der Kontextvariablen nicht mehr mit den unabhängigen Variablen korreliert. Daher generiert OLS KV auch *näherungsweise die gleichen Koeffizienten wie FE*. Abbildung 2.5, welche eine Regression mit Kontextvariablen auf der Grundlage des Beispieldatensatzes illustriert, verdeutlicht dieses.

---

34 Ein formeller Beweis für die Äquivalenz der Koeffizienten zeitveränderlicher Variablen in FE und OLS KV findet sich bei Mundlak (1978). In der Mehrebenenanalyse gehört die Zerlegung eines Effektes in seine „Within"- und „Between"- Komponente zum Standard und wird daher in vielen Grundlagentexten anschaulich erklärt (allerdings in der Regel nicht explizit in Bezug auf Paneldaten, sondern im Kontext anderer Formen gruppierter Daten). Insbesondere sei hier auf das Lehrbuch von Snijders/Bosker (1999, Kapitel 3.3.1 und 4.5) verwiesen. Allison (2009, Kapitel 2) verweist ebenfalls auf den Ursprung des Verfahrens in der Mehrebenenanalyse.

Abbildung 2.5: Dreidimensionales Streudiagramm über die Variablen *Einkommen*, *Jahre seit Schulabschluss* sowie der Kontextvariable zu *Jahre seit Schulabschluss*, mit Ausschnitt aus der OLS-Regressionsebene

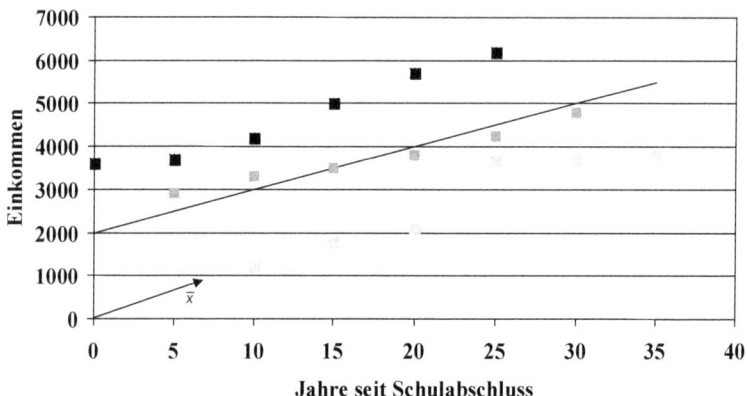

Der Pfeil deutet die zusätzliche Achse an, die den einheitenspezifischen Durchschnitt der Variable *Jahre seit Schulabschluss* aller Beobachtungen einer Person misst. Für die drei Personen im Beispieldatensatz sind $\bar{x}_{1.} = 12{,}5$, $\bar{x}_{2.} = 17{,}5$ und $\bar{x}_{3.} = 22{,}5$ (vgl. Tabelle 2.1). Die Messpunkte werden also nicht mehr nur in einer Fläche, sondern im Raum, der durch die Achsen $y$, $x$ und $\bar{x}$ aufgespannt wird, verortet. Die Graustufen der Messpunkte verdeutlichen ihre Lage in der Tiefe des Koordinatensystems bzw. auf der $\bar{x}$-Achse. Eine OLS-Regression dieses Modells generiert die Gleichung

$$Einkommen = 7265 + 100 \bullet Jahre\_Sch - 302 \bullet \overline{(Jahre\_Sch)} \qquad (2.9)$$

welche, entsprechend der Anzahl integrierter Variablen, nun eine Regressionsebene aufspannt. Nach der Gleichung beträgt das geschätzte Einkommen einer Person, deren mittlere Ausprägung der Variable bei 0 liegt, im Jahr des Schulabschlusses 7265 Euro. Je größer die mittlere Erwerbsdauer einer Person im Rahmen des Untersuchungsfensters ist, desto geringer ist ihr Einkommen: Mit jedem zusätzlichen Jahr, das der mittlere Beobachtungspunkt einer Person später im Erwerbsverlauf gelegen ist, verringert sich das geschätzte Niveau ihres Einkommensverlaufs um 302 Euro. Unter Kontrolle des Erfahrungseffektes beschreibt dieser Koeffizient also den Kohorteneffekt. Der Effekt eines zusätzlichen Jahres Erwerbsdauer *innerhalb* der Erwerbsbiographie auf das Einkommen beträgt, genau wie bei der *Fixed Effects*-Regression, 100 Euro. Die Gerade in Abbildung 2.5 kennzeichnet einen Ausschnitt aus der Regressionsebene, welcher den Einkommensverlauf einer Person mit einer mittleren Erwerbsdauer von 17,5 Jahren abbildet.

## 2.5 Fixed Effects Regression oder Integration von Kontextvariablen?

Sowohl die Regression über entmittelte Werte (*Fixed Effects*) als auch die Integration von Kontextvariablen legen den Längsschnitteffekt zeitveränderlicher Variablen frei. Bei FE ist diese Wirkung jedoch leichter intuitiv nachvollziehbar. OLS KV hat demgegenüber den Vorteil, dass trotz der perfekten Kontrolle unbeobachteter Heterogenität zeitkonstante Merkmale integriert werden können: Ein Teil des Einheiteneffektes (nämlich der, den die Kontextvariablen erklären) wird spezifiziert, ein anderer bleibt, anders als bei FE, unerklärt. Dieser *residuale Anteil des Einheiteneffektes* kann nun durch die Integration konstanter Merkmale erklärt und folglich der Effekt dieser Merkmale gemessen werden.

Allerdings wird durch den Verbleib eines Teils des einheitenspezifischen Effektes im Fehlerterm auch ein statistisches Problem aufgeworfen: Auch wenn die residualen Fehlerterme nun nicht mehr mit den unabhängigen Variablen zusammenhängen, sind sie weiterhin untereinander korreliert. Die statistische Bedingung für unverzerrte Schätzer der Koeffizienten ist in Modell 2.8 (bzw. 2.9) also erfüllt, diejenige für korrekte Berechnungen der Standardfehler dagegen nicht.

Aus diesem Grund ist die Relevanz des OLS KV-Verfahrens in der empirischen Praxis begrenzt – die Integration von Kontextvariablen wird zumeist zusammen mit den im folgenden Kapitel 3 vorgestellten Techniken zur Modellierung von Querschnittsfragestellungen angewendet. Diese „Hybrid"-Methode, welche die positiven statistischen Eigenschaften des OLS KV-Verfahrens und der *Random Effects*-Technik kombiniert, wird in Kapitel 4 beschrieben.

Die Anwendung von OLS KV auf *lebensz.dta* verdeutlicht das Problem verzerrter Standardfehler (Tabelle 2.5) und die Notwendigkeit zusätzlicher Maßnahmen[35].

---

35 Da die Erstellung von Kontextvariablen, insbesondere bei umfangreichen Modellen, ein mühsames Unterfangen ist, haben wir einen ADO-File als Add-on zum Statistikprogramm Stata programmiert, der zu jeder in den Regressionsbefehl integrierten Variablen automatisch die entsprechende Kontextvariable integriert. Dieses Zusatzmodul lässt sich über folgenden Befehl auf virtuellem Wege herunterladen:

Tabelle 2.5: OLS-Regression mit Kontextvariablen auf die Determinanten der Lebenszufriedenheit (*lebensz.dta*)

|  | OLS<br>b | FE<br>b | OLS KV<br>b |
|---|---|---|---|
| sex | 0,056** | - | 0,060** |
| anz_kind | –0,071** | 0,073* | 0,073 |
| bildung | 0,022** | –0,072* | –0,072 |
| gesund | 0,388** | 0,248** | 0,248** |
| anz_kind_kv |  |  | –0,162** |
| bildung_kv |  |  | 0,092* |
| gesund_kv |  |  | 0,191** |
| cons | –0,243** | 0,813* | –0,212** |
| N | 10659 | 10659 | 10659 |
| $r^2$ | 0,15 | 0,05 | 0,16 |
| sigma u |  | 0,85 |  |
| sigma e |  | 0,68 |  |
| rho |  | 0,61 |  |

\* $p < 0.05$, \*\* $p < 0.01$

Die FE-Koeffizienten der zeitveränderlichen Variablen lassen sich im Beispiel auf einem höheren Signifikanzniveau absichern als die der OLS KV-Regression. Zudem wird bei der *Regression mit Kontextvariablen* ein Koeffizient der Geschlechtervariablen ausgegeben. Dieser liegt im Bereich des entsprechenden Effektes der *einfachen OLS-Regression*[36].

Da die Kontextvariablen explizit als statistisches Instrument fungieren und nicht aufgrund theoretischer Überlegungen in das Modell integriert wurden, ist die inhaltliche Aufarbeitung der entsprechenden Koeffizienten im konkreten empirischen Fall nebensächlich. Gleichwohl offenbaren diese durchaus interes-

---

http://www.barkhof.uni-bremen.de/~mwindzio/regkv.ado
Nach der Installation können die Ergebnisse aus der Tabelle mit folgendem Befehl reproduziert werden:
    regkv lebensz sex anz_kind bildung gesund
36 Die geringe Abweichung erklärt sich durch die zusätzliche Kontrolle personenspezifischer Charakteristika über die Kontextvariablen.

sante Sachverhalte *abseits* der theoretisch fokussierten Längsschnittfragestellung. So fällt insbesondere die unterschiedliche Effektrichtung von zeitkonstanter und zeitveränderlicher Kindervariable auf. Zur Interpretation dieses Unterschieds ist es sinnvoll, sich zunächst noch einmal die genaue Bedeutung der Kontextvariable zur Kinderanzahl zu vergegenwärtigen: Diese misst den Durchschnitt der von einer Person über die verschiedenen Messpunkte realisierten Anzahl an Kindern. Sie kann daher als (näherungsweiser) *Indikator der Fertilitätsneigung* einer Person aufgefasst werden. Ihr Koeffizient im oben dargestellten Modell misst dementsprechend, wie sich die Fertilitätsneigung einer Person unter Kontrolle der aktuell realisierten Anzahl an Kindern auf die Lebenszufriedenheit auswirkt. Die (unterschiedlich gerichteten) Koeffizienten der Variablen *anz_kind* und *anz_kind_kv* drücken somit den Sachverhalt aus, dass Personen mit hoher Fertilitätsneigung (also Personen, die im Lebensverlauf viele Kinder bekommen) unter Konstanthaltung der Kinderanzahl *weniger* lebenszufrieden sind als Personen mit geringer Fertilitätsneigung, wobei die Lebenszufriedenheit mit *jedem tatsächlich realisierten Kind* zunimmt[37].

## 2.6 First Differences Regression (FD)

Während beim *Fixed Effects*-Verfahren (und seinen in den Abschnitten 2.2 bis 2.4 vorgestellten Varianten) jede Messung (auf verschiedene Weise) um den einheitenspezifischen Mittelwert bereinigt wird, zielt die *First Differences Regression* (FD) auf die Elimination der Gemeinsamkeit jeweils zweier direkt aufeinander folgender Messungen. Die Transformationsprozedur von FD besteht also in der *Subtraktion der zeitlich unmittelbar vorgelagerten Werte* einer Variablen.

Diese Prozedur dient zwar auch der Kontrolle einheitenspezifischer Heterogenität, ist allerdings kein technisches Äquivalent zur FE-Transformation. Daher reproduziert eine Regression über erste Differenzen auch nicht zwangsläufig die Koeffizienten der entsprechenden *Fixed Effects*-Regression (obgleich sich die Schätzer in der Praxis meist ähnlich sind). FD führt zudem im sozialwissen-

---

37 Die Modellierung mit Kontextvariablen isoliert also, mit den Begriffen der Mehrebenenanalyse ausgedrückt, „Between"- und „Within"-Effekte eines Merkmals voneinander. Während der „Within"-Effekt sich dabei direkt aus der Schätzgleichung ablesen lässt, entspricht der Koeffizient der Kontextvariable allerdings nicht dem in der Mehrebenenanalyse gebräuchlichen Konzept des „Between"-Effektes. Dieser ergibt sich aber aus der Summe der Koeffizienten von Kontext- und Originalvariable. Eine einfache algebraische Erklärung hierzu findet sich bei Snijders/Bosker (1999, Kapitel 3.6).

schaftlichen Kontext häufig zu statistischen Problemen. Diese Sachverhalte werden später, beim Vergleich der Verfahren, zu diskutieren sein.
Zunächst sei aber FD auf Grundlage der Beispieldaten (Tabelle 1.1) erläutert. Hierzu beziehen wir uns auf den Zusammenhang zwischen der Anzahl an Kindern *(x)* und dem Einkommen *(y)*. Auch hier besteht, wie Abbildung 2.6 demonstriert, das Problem *einheitenspezifischer Heterogenität*.

Abbildung 2.6:   Streudiagramm der bivariaten Verteilung von „Anzahl an Kindern" und „Einkommen", mit Regressionsgerade (Daten siehe Tabelle 1.1)

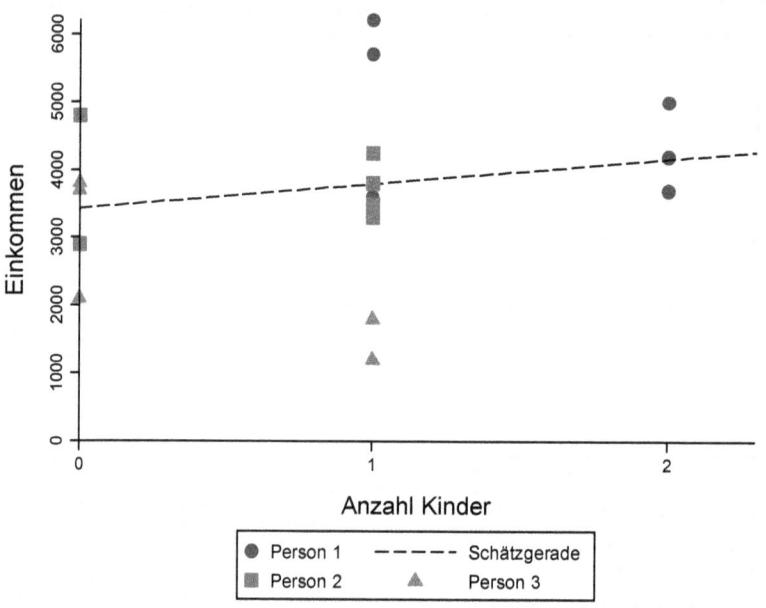

Das durchschnittliche Einkommen der 6 Beobachtungen ganz links im Diagramm, bei denen keine Kinder im Haushalt vorhanden sind, beträgt 3500 Euro. Das durchschnittliche Einkommen der Messungen mit x=1 (bzw. x=2) liegt höher, bei 3706 Euro (bzw. 4300 Euro). Das Einkommen ist also umso größer, je mehr Kinder im Haushalt vorhanden sind.

Trotzdem ist der Einfluss von Kindern auf das Einkommen offensichtlich negativ: Das Einkommen von Person 3 ist dann, wenn Kinder im Haushalt sind,

Längsschnittfragestellungen mit Paneldaten 59

niedriger als bei ihren Messungen ohne Kinder. Dieser Zusammenhang lässt sich auch für die beiden anderen Personen beobachten. Das Problem ist bekannt: Zeitkonstante Drittvariablen (bzw. *einheitenspezifische Heterogenität*) legen die Einkommensverläufe auf unterschiedliche Niveaus, wobei im Beispiel gerade solche Personen mit vielen Kindern einen Einkommensverlauf auf hohem Niveau haben. Dieser Zusammenhang fließt mit in die abgebildete OLS-Regressionsgerade ein, welche deswegen (fälschlicherweise) einen positiven Effekt von Kindern auf das Einkommen ($b = 365$) ausweist.

Wie in den vorherigen Abschnitten gezeigt, kann dieses Problem durch Transformationen gelöst werden, welche den tatsächlichen (und durch Paneldaten sichtbar gemachten Effekt) freilegen. Neben den bereits vorgestellten (*Fixed Effects* und äquivalenten) Operationen vermag dieses außerdem eine *Regression über erste Differenzen* der Variablenausprägungen zu leisten. Tabelle 2.6 enthält entsprechend transformierte Daten.

Tabelle 2.6: Datenmatrix der fiktiven Panelerhebung, mit ersten Differenzen der Messungen

| i | t | x | $x_{it}-x_{it-1}$ | $y_{it}$ | $y_{it}-y_{it-1}$ |
|---|---|---|---|---|---|
| 1 | 1 | 1 | - | 3600 | - |
| 1 | 2 | 2 | 1 | 3700 | 100 |
| 1 | 3 | 2 | 0 | 4200 | 500 |
| 1 | 4 | 2 | 0 | 5000 | 800 |
| 1 | 5 | 1 | −1 | 5700 | 700 |
| 1 | 6 | 1 | 0 | 6200 | 500 |
| 2 | 1 | 0 | - | 2900 | - |
| 2 | 2 | 1 | 1 | 3300 | 400 |
| 2 | 3 | 1 | 0 | 3500 | 200 |
| 2 | 4 | 1 | 0 | 3800 | 300 |
| 2 | 5 | 1 | 0 | 4250 | 450 |
| 2 | 6 | 0 | 1 | 4800 | 550 |
| 3 | 1 | 1 | - | 1200 | - |
| 3 | 2 | 1 | 0 | 1800 | 600 |
| 3 | 3 | 0 | −1 | 2100 | 300 |
| 3 | 4 | 0 | 0 | 3700 | 1600 |
| 3 | 5 | 0 | 0 | 3700 | 0 |
| 3 | 6 | 0 | 0 | 3800 | 100 |

*x: Anzahl Kinder im Haushalt*
*y: Einkommen*

Die Zeilen der Tabelle können nun wie folgt gelesen werden: Beim zweiten Messpunkt hat Person 1 zwei Kinder. Da sie beim vorgelagerten Messpunkt nur ein Kind hatte, bildet die *erste Differenz* den Wert 1, d. h. *die Anzahl an Kindern von Person 1 hat sich zwischen den ersten beiden Messungen um eins erhöht.* Im gleichen Zeitraum stieg das Einkommen der Person von 3600 Euro auf 3700 Euro. Die erste Differenz des Einkommens beträgt beim zweiten Messpunkt folglich 100 Euro. Zeilenweise setzen die neu gebildeten Daten also die *Veränderung des Einkommens* mit der *Veränderung der Kinderanzahl* zwischen zwei Wellen in Verbindung. Eine Regression über solche Daten berechnet dementsprechend *nicht* den Zusammenhang zwischen den absoluten Werten der beiden Variablen, sondern zwischen deren *Veränderungen*. Dies verdeutlicht Abbildung 2.7.

Abbildung 2.7: Streudiagramm mit den differenzierten Variablen zu „Anzahl Kinder" (x) und „Einkommen" (y), mit Regressionsgerade

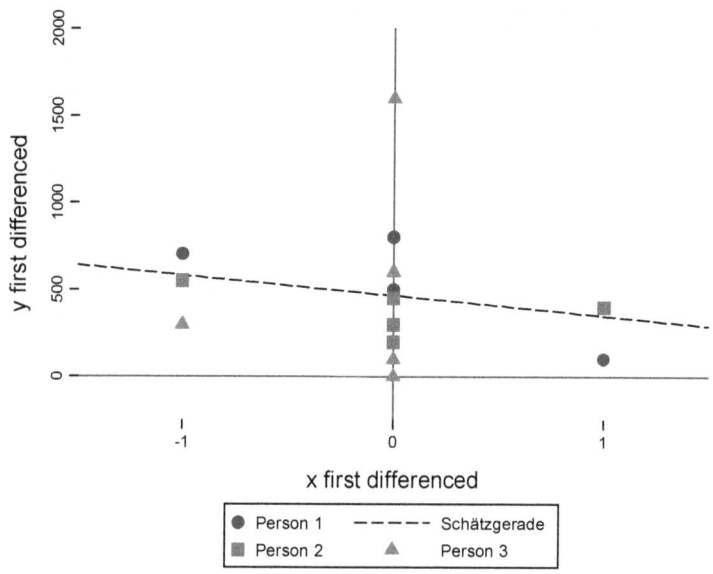

Im Diagramm sind nun die ersten Differenzen der Werte beider Variablen abgetragen. Die linke Gruppe von Messpunkten, bei $x_{fd} = -1$, zeigt an, wie sich das Einkommen verändert, wenn die Anzahl an Kindern im Haushalt im Vergleich

zur vorgelagerten Messung um eins abnimmt. Die zwei rechten Punkte, bei $x_{fd} = 1$, bilden die Einkommensveränderungen bei einer gerade erfolgten Vergrößerung der Kinderanzahl ab. Der Steigungskoeffizient einer OLS-Regression über die transformierten Daten in Abbildung 2.7 gibt nun an, wie sich das Einkommen im Schnitt *zu exakt dem Zeitpunkt* verändert, an dem sich die Kinderanzahl um eine Einheit verändert.

Niveauunterschiede zwischen den Personen mit vielen und wenig Kindern werden aufgrund der Differenzierung der Daten nun nicht mehr berücksichtigt. Anders formuliert: Durch die Transformationsprozedur werden einheitenspezifische Niveauunterschiede in den Verläufen der Variablen gezielt ausgeblendet. Der entsprechende Koeffizient kann daher als *„tatsächlicher"* Effekt von Kindern auf das Einkommen gedeutet werden. Folgende Gleichung bildet das Ergebnis einer entsprechenden Schätzung ab:

$$Einkommen = 466 - 117 \bullet Kinder \qquad (2.10)$$

Hatte der Koeffizient vorher bei einer Regression über untransformierte Daten noch einen positiven Steigungskoeffizienten, trägt er nun, entsprechend der visuellen Wahrnehmung des Zusammenhangs bei Berücksichtigung der Panelstruktur, ein negatives Vorzeichen. Genauso wie FE ruft also FD das Paneldaten innewohnende Potenzial ab, den Längsschnitt-Zusammenhang freizulegen[38]. Formal kann die Unverzerrtheit der Parameter wie folgt begründet werden. Die *First Differences*-Transformation beschreibt Gleichung (2.11):

$$y_{it} - y_{i(t-1)} = b_1 \bullet (x_{it} - x_{i(t-1)}) + b_2 \bullet (z_i - z_i) + w_{it} \qquad (2.11)$$

Für den Fehlerterm gilt entsprechend:

$$...., w_{it} = (e_{it} + u_i) - (e_{i(t-1)} + u_i) \qquad (2.12)$$

Mit einfachen Transformationen des Terms kann gezeigt werden, dass die FD-Transformation den Einheiteneffekt aus dem Fehlerterm eliminiert:

$$(e_{it} + u_i) - (e_{i(t-1)} + u_i) = e_{it} - e_{i(t-1)} + u_i - u_i = e_{it} - e_{i(t-1)} \qquad (2.13)$$

Bleibt noch die Frage, wie die Konstante, die bei einer Regression über erste Differenzen ausgewiesen wird, interpretiert werden kann. Üblicherweise misst

---

[38] Eine umfassende Beschreibung der *First Differences Regression* sowie der Eigenschaften ihrer Koeffizienten findet sich auch bei Wooldridge (2005, Kapitel 13) sowie Allison (2009, Kapitel 2).

die Konstante $b_0$ eines per OLS berechneten Modells von der Form $y_i = b_0 + b_1 \bullet x_i + w_i$ den vorhergesagten Wert für $y$, wenn $x$ den Wert 0 annimmt. Wird nun die *Least Squares*-Prozedur auf Grundlage erster Differenzen durchgeführt, sagt die Konstante dementsprechend den Wert für $y_{it} - y_{it-1}$ voraus, wenn $x_{it} - x_{it-1} = 0$ ist. Die Konstante spezifiziert also die Veränderung der abhängigen Variablen unter der Bedingung, dass die unabhängige Variable sich nicht verändert.

Bezogen auf das Beispiel gibt die Konstante daher an, wie sich das Einkommen zwischen zwei aufeinanderfolgenden Messpunkten verändert, wenn die Anzahl an Kindern im Haushalt konstant bleibt. Das Einkommen wächst also zwischen zwei Messpunkten unter Kontrolle der Veränderung der Kinderanzahl um 466 Euro. Da zwischen den Messungen jeweils 5 Jahre liegen, beträgt der jahresbezogene Trendeffekt in der Beispielregression somit 93,2 Euro[39].

## 2.7 Fixed Effects oder First Differences?

Das Prinzip, welches bei der *First Differences*-Regression zur Freilegung des intraindividuellen Effektes verwendet wird, ähnelt dem der *Fixed Effects*-Regression: Grundsätzlich implizieren beide Verfahren eine technisch getreue Umsetzung der Längsschnittfragestellung.

Die Koeffizienten, welche die Verfahren generieren, unterscheiden sich allerdings gerade im sozialwissenschaftlichen Kontext häufig voneinander. So wird auf der Grundlage einer FE-Regression folgende Gleichung zum Zusammenhang zwischen Einkommen und Kinderanzahl in den Beispieldaten (Tabelle 1.1) ermittelt:

*Einkommen* = $-940 \bullet$ *Kinder*  (2.14)

Per FE wird hier also ein wesentlich stärkerer Effekt der Kinderzahl auf das Einkommen gemessen als bei FD (vergleiche (2.10)).

Nun wurde bereits dargelegt, dass bei FD automatisch, nämlich über die Konstante, der Trendeffekt kontrolliert wird. Um also einen validen inhaltlichen Vergleich der Koeffizienten vorzunehmen, muss zusätzlich zur Kinderanzahl eine Trendvariable in die *Fixed Effects*-Regression integriert werden. Bei dieser Spezifikation ergibt sich:

---

39 Da es sich bei dem Effekt der Variable „Jahre nach Schulabschluß" faktisch auch um einen Trendeffekt handelt, entspricht dieser Wert näherungsweise auch dem entsprechenden Koeffizienten der *Fixed Effects*-Regression.

Längsschnittfragestellungen mit Paneldaten 63

$Einkommen = -321 \bullet Kinder + 469 \bullet t$ \hfill (2.15)

Ein Teil des negativen Kindereffektes in der ursprünglichen FE-Regression erklärt sich offenbar dadurch, dass die Kindervariable hier einen Trendeffekt transportiert.
Trotzdem weicht der Koeffizient von FE in (2.15) auch unter Kontrolle des Trendeffektes immer noch deutlich von dem der *First Differences*-Regression ($b = -117$, siehe (2.10)) ab. Dieser (typische) Befund wirft *erstens* die Frage nach der Ursache dieser Unterschiede auf und *zweitens* die Frage nach der angemessenen Entscheidung zwischen den beiden Verfahren.
Interpretiert man den Koeffizienten eines Verfahrens unter dem expliziten Bezug auf die ihm zugrunde liegende Technik, so wird man feststellen, dass sich die Aussage eines *First Differences*-Koeffizienten von der eines *Fixed Effects*-Koeffizienten in Nuancen unterscheidet. Dieser Unterschied liegt darin begründet, dass bei der *Fixed Effects*-Transformation die Werte der Variablen in die Differenz zum *einheitsspezifischen Mittelwert* gesetzt werden, bei der *First Differences*-Transformation dagegen die Differenz zum *einheitsspezifischen vorgelagerten Wert* gebildet wird. Während also der *Fixed Effects*-Koeffizient die Auswirkungen einer Abweichung vom einheitsspezifischen Mittelwert misst, berechnet der *First Differences*-Koeffizient die Auswirkungen einer Abweichung vom unmittelbar vorgelagerten Wert.
Das intuitive Verständnis hierfür sei am verwendeten Beispiel geschärft: Ein zusätzliches Kind im Haushalt wird nicht nur zu Einkommenseinbußen zum Zeitpunkt der Geburt führen, sondern das Einkommen nachhaltig beeinflussen.

Tabelle 2.7: Ausschnitt aus der Datenmatrix der fiktiven Panelerhebung, mit ersten Differenzen und entmittelten Daten von der Person mit i=2

| Index | Welle | Kind | Einkommen | FD Kind | FE Kind |
|---|---|---|---|---|---|
| i | t | x | $y_{it}$ | $x_{it}-x_{it-1}$ | $x_{it}-\bar{x}_{i.}$ |
| 2 | 1 | 0 | 2900 | - | −0,67 |
| 2 | 2 | 1 | 3300 | 1 | 0,33 |
| 2 | 3 | 1 | 3500 | 0 | 0,33 |
| 2 | 4 | 1 | 3800 | 0 | 0,33 |
| 2 | 5 | 1 | 4250 | 0 | 0,33 |
| 2 | 6 | 0 | 4800 | −1 | −0,67 |

Zudem ist die Annahme plausibel, dass aufgrund vieler staatlicher Hilfen in der Kleinkindphase die wesentlichen Einbußen erst ein paar Jahre nach der Geburt erfolgen. In der konstruierten Beispielstichprobe zeigt sich dieses bei der zweiten Person (Tabelle 2.7), die zwischen der ersten und der zweiten Messung ein Kind bekommt. Ihr Einkommen wächst allerdings zu diesem Zeitpunkt noch relativ stark (um 400 Euro) an. Erst später, in den beiden darauf folgenden Wellen, wird ein deutlich entschleunigtes, unterdurchschnittliches Wachstum (von 200 bzw. 300 Euro) ausgewiesen. Dieser verzögerte Effekt wird aber bei FD nicht mehr auf das zusätzliche Kind zurückgeführt, da die ersten Differenzen der Kindervariable in den Wellen nach der Ereigniswelle den Wert null bilden! Das Vorhandensein des Kindes wird also in den Messpunkten 3-5 durch die *First Differences*-Transformation ausgeblendet; das FD-Verfahren führt lediglich die Einkommensdynamik unmittelbar um das Ereignis *Geburt* auf das Kind zurück.

Bei FE trägt dagegen das entschleunigte Wachstum zwischen der zweiten und vierten Welle zur Ermittlung des Kindereffektes bei, da die vom Mittelwert subtrahierten Werte der Variable *Kinderanzahl* auch nach der Ereigniswelle noch positiv sind. Der Koeffizient von FE misst demnach, wie sich das durchschnittliche Einkommen (aller Messungen) *nach* der Geburt vom durchschnittlichen Einkommenswert (aller Messungen) *vor* der Geburt unterscheidet. Während also der Koeffizient von FE den verzögerten negativen Einkommenseffekt einer Geburt mittransportiert, lagert FD diesen in der Konstante ab.

FD ist im Panelkontext dementsprechend nur dann eine Alternative zur FE, wenn Effekte von Veränderungen nicht nachhaltig sind oder die Verzögerung im Rahmen einer erweiterten Spezifikation des Modells systematisch integriert werden kann. Beides ist in den Sozialwissenschaften oftmals nicht der Fall, *weshalb die Fixed Effects-Regression im sozialwissenschaftlichen Kontext der First Differences-Regression in der Regel vorzuziehen ist*[40], obgleich der *First Differences*-Schätzer stärker an der experimentellen Logik eines Vorher/Nachher-Vergleiches angelehnt ist.

Neben theoretischen Überlegungen zur Latenzzeit der Wirkung eines Ereignisses können auch die Variationseigenschaften des unabhängigen Merkmals als Indikator für die Angemessenheit von FD herangezogen werden: Variiert ein Ereignis nur selten im Lebensverlauf, so sind seine Konsequenzen vermutlich nachhaltig; der ausschließliche Fokus auf die unmittelbaren Konsequenzen implizierte dann den Verzicht auf wertvolle Information. Auch aus dieser Perspekti-

---

40 Einen weiteren Anhaltspunkt für die Entscheidung zwischen Fixed Effects und First Differences bietet die Korrelationsstruktur der idiosynkratischen Fehler, in deren Abhängigkeit sich die Effizienz der beiden Verfahren voneinander unterscheidet (siehe dazu auch Wooldridge 2005, Kapitel 13). Auch dieses Kriterium zeigt zumeist die Verwendung von FE an, da die ersten Differenzen des Fehlerterms nur bei außergewöhnlich starker serieller Korrelation der idiosynkratischen Fehler unkorreliert sind.

ve erscheint bei den meisten sozialwissenschaftlichen Anwendungen eher FE denn FD angebracht, da die meisten Variablen im sozialwissenschaftlichen Kontext nicht besonders stark auf der Einheitenebene variieren.

Auch die Effekte, die wir bisher mit dem Praxisdatensatz untersucht haben, würde der empirische Forscher vermutlich weniger als punktuelle Auswirkungen biographischer Veränderungen beschreiben, sondern vielmehr eine nicht genau definierte Latenzzeit bis zur (dann nachhaltigen) Wirkung unterstellen. Da zudem die intrapersonelle Variation bei den untersuchten zeitveränderlichen Variablen gering ist, wäre FD hier *nicht* angezeigt. Dies verdeutlicht das Ergebnis einer Regression über erste Differenzen mit *lebensz.dta* Tabelle 2.8 [41].

Tabelle 2.8: First Differences Regression auf die Determinanten der Lebenszufriedenheit (*lebensz.dta*)

|  | FE<br>b | FD<br>b |
|---|---|---|
| sex | - | - |
| anz_kind | 0,073* | 0,032 |
| bildung | −0,072* | 0,001 |
| gesund | 0,248** | 0,206** |
| _cons | 0,813* | −0,070** |
| N | 10659 | 7202 |
| r² | 0,05 | 0,03 |
| sigma u | 0,85 |  |
| sigma e | 0,68 |  |
| rho | 0,61 |  |

$* p < 0.05, ** p < 0.01$

---

41 Das von uns verwendete Programm *Stata* bietet keinen Befehl an, welcher automatisch eine *First Differences Regression* ausführt. Daher mussten wir die beiden Schritte (1. Bildung erster Differenzen der Variablen sowie 2. Durchführung einer Regression über die ersten Differenzen) separat durchführen:
```
generate fd_lebensz = lebensz-1.lebensz
generate fd_sex = sex-1.sex
generate fd_gesund = gesund_std-1.gesund
generate fd_anz_kind=anz_kind-1.anz_kind
generate fd_bildung=bildung-1.bildung
reg fd_lebensz fd_sex fd_anz_kind fd_bildung fd_gesund
```

Insbesondere bei den unabhängigen Variablen, welche im Lebensverlauf nur selten variieren und zudem Ereignisse mit nachhaltigen Wirkungen anzeigen (*Bildung* und *Kinderanzahl*) wird bei FD (durch den begrenzten, ausschließlich auf den Ereigniszeitpunkt bezogenen Fokus des Verfahrens) kein signifikanter Effekt mehr registriert. FE führt dagegen auch solche Variation in der Lebenszufriedenheit auf intraindividuelle Veränderungen der unabhängigen Variablen zurück, die über den Ereigniszeitpunkt hinausweist[42].

Nur dann, wenn sich Veränderungen der unabhängigen Variablen zeitlich unmittelbar auf die Lebenszufriedenheit auswirken und keine nachhaltige Wirkung haben, entsprechen sich FE und FD Koeffizient. Im Beispiel gilt dies offenbar lediglich für den Gesundheitszustand (zumindest näherungsweise).

So illustriert Tabelle 2.8 einerseits die Nachteile von FD im Kontext sozialwissenschaftlicher Fragestellungen. Andererseits beleuchtet der Vergleich der Ergebnisse (auf der Grundlage des Wissens um die unterschiedliche Sensibilität der beiden Verfahren) die komplexen Wirkungsverläufe der untersuchten biographischen Ereignisse. So wird aufgeklärt, dass sich zusätzliche Bildungsjahre auf dem zweiten Bildungsweg nicht unmittelbar auf die Lebenszufriedenheit auswirken (da der FD-Koeffizient insignifikant ist), sondern offenbar erst verzögert zu abnehmender Lebenszufriedenheit führen (da der FE-Koeffizient signifikant negativ ist).

Vor dem Hintergrund dieses Sachverhaltes kann der negative FE-Koeffizient auf die Lebenszufriedenheit nun als Folge *individueller Enttäuschung* über die Auswirkungen zusätzlicher Bildungsjahre (auf Arbeitsmarkt- und/oder Wohlstandsergebnisse) interpretiert werden. Die inhaltlich plausible Annahme, dass diese Enttäuschung nicht unmittelbar, sondern erst durch den retrospektiven Abgleich von Erwartungen und Resultaten einige Zeit nach Abschluss der Bildungsmaßnahme eintritt, wird auf empirischer Ebene durch den neutralen FD-Koeffizienten reflektiert.

Eine entgegengesetzte Dynamik lässt sich bei Erhöhung der Kinderzahl feststellen: Der positiven Effekte eines Kindes auf die Lebenszufriedenheit (welcher durch FE belegt ist), wird offenbar zunächst durch den postnatalen Stress überlagert (weshalb der FD-Koeffizient insignifikant ist) und setzt sich daher erst im Zeitverlauf, mit einiger Verzögerung zum auslösenden Ereignis durch.

Bestehen bei Kinder- und Bildungsvariable gravierende Unterschiede zwischen FD und FE, so gilt dieses für den *Gesundheitszustand* nicht. Beide Verfahren weisen einen ähnlich großen, positiven und signifikanten Effekt dieses Merkmals auf die Lebenszufriedenheit aus. Im Lichte theoretischer Überlegun-

---

42 Dieses drückt sich auch im Gefälle der Erklärungskraft zwischen FE und FD aus.

gen zur Wirkungsweise des Gesundheitszustandes erscheint dies durchaus plausibel und lässt sich dadurch erklären, dass sich gesundheitliche Veränderungen unmittelbar auf die Lebenszufriedenheit auswirken. Deshalb wird der Zusammenhang der beiden Merkmale in ersten Differenzen widergespiegelt und folglich im Rahmen der *First Differences*-Regression registriert.

Neben den Differenzen in der Erklärungskraft der beiden Verfahren fallen auch die Unterschiede in der Fallzahl auf. Diese lassen sich dadurch erklären, dass zu sämtlichen Beobachtungen ohne vorgelagerte Messung beim *First Differences*-Verfahren keine erste Differenz gebildet werden kann. Dieses betrifft in erster Linie die Messungen in der ersten Welle. Außerdem fallen solche Beobachtungen heraus, denen ein fehlender Wert oder eine fehlende Messung vorausgeht. Ein Informationsverlust im Vergleich zu FE entsteht dadurch aber nicht; schließlich gehen die ersten Messungen indirekt, als Subtrahend der nachgelagerten Werte, mit in die Berechnung der Koeffizienten ein.

# 3 Regressionstechniken zur Analyse von Querschnittsfragestellungen mit Paneldaten

Die Unterscheidung zwischen einer Quer- und einer Längsschnittfragestellung kann vereinfacht am intraindividuellen Variationsverhalten der unabhängigen Variablen festgemacht werden: Handelt es sich um ein zeitveränderliches Merkmal, so liegt grundsätzlich eine *Längsschnittfragestellung* vor. Handelt es sich dagegen um ein zeitkonstantes Merkmal, wird eine *Querschnittsfrage* bearbeitet. Diese Heuristik trifft fast immer zu[43].

Die bisher vorgestellten Verfahren zielen alle auf eine systematische Modellierung des Längsschnittes ab. Sie sind dann angebracht, wenn eine Längsschnittfragestellung bzw. der „*Within*"-Effekt einer im Zeitverlauf variierenden Variablen untersucht werden soll. Zur Beantwortung von Querschnittsfragestellungen mit zeitkonstanten Variablen sind diese Methoden allerdings nicht geeignet. Einerseits zielen die vorgestellten Längsschnittmethoden explizit auf die Modellierung intraindividueller Variation, andererseits können die Effekte zeitkonstanter Variablen, wie *Geschlecht* oder *Nationalität*, im Rahmen von FD und FE nicht bestimmt werden.

Auf den ersten Blick erscheint es daher als Ausdruck einer Inkonsistenz zwischen Fragestellung und Datenauswahl, zeitkonstante Variablen auf der Grundlage von Paneldaten zu analysieren. Warum sollte man eine komplexe Datenstruktur verwenden, die zudem teuer und aufwendig in der Erhebung ist, wenn die spezifischen Vorteile gar nicht ausgenutzt werden? Steht die Kontrolle von Heterogenität nicht im Vordergrund und wird keine Längsschnittfrage gestellt, sollte sich der empirische Sozialforscher in der Tat zunächst fragen, ob Paneldaten überhaupt das angemessene Werkzeug zur Beantwortung seiner Fragen sind. Zur Bearbeitung von Querschnittsfragestellungen mit zeitkonstanten

---

43 Gelegentlich besteht allerdings begründetes Interesse an dem Querschnittseffekt einer zeitveränderlichen Variablen. Dieses ist insbesondere dann der Fall, wenn es sich um ein Merkmal handelt, was nur minimale Variation auf der Personenebene aufweist bzw. wenn solche Personen, bei denen intraindividuelle Variation vorkommt, eine Sondergruppe innerhalb der Grundgesamtheit bilden (z. B. Wohnortwechsler). In solchen Fällen sprechen wir von „quasi" zeitkonstanten Variablen, deren analytischen Eigenschaften sich von denen „echter" unterscheiden. Auf diese Besonderheiten und ihre Implikationen gehen wir im weiteren Verlauf des Kapitels ein.

unabhängigen Variablen stehen häufig wesentlich größere und einfachere Querschnittsdatensätze zur Verfügung.

Tatsächlich gibt es aber viele Fälle, in denen die Verwendung von Paneldaten legitim ist, auch wenn ihre spezifische analytische Eigenschaft, nämlich die Möglichkeit der perfekten Kontrolle einheitenspezifischer Heterogenität, nicht ausgenutzt werden soll. In diesen Fällen bezieht sich das Motiv zur Verwendung von Paneldaten nicht auf ihre spezifische Struktur, sondern auf andere Eigenschaften des Datensatzes. So gibt es breit angelegte, der wissenschaftlichen Gemeinschaft für Sekundäranalysen zur Verfügung stehende Paneldatensätze, die sich nicht nur durch ihr Format, sondern auch durch hohe Qualität von Stichprobe und Daten auszeichnen. Beispielsweise gibt es für den deutschsprachigen Raum keinen Querschnittsdatensatz, der bezüglich der Einkommens- und Erwerbsmessung das Niveau und die Genauigkeit des *Sozio-oekonomischen Panels* (SOEP) erreicht, welches vom Deutschen Institut für Wirtschaftsforschung (DIW) herausgegeben wird. Natürlich könnte der an Effekten zeitinvarianter Variablen interessierte Arbeitsmarktforscher nun auch eine einzelne Welle des SOEP als Querschnittsdatensatz verwenden. Wie bereits in der Einleitung erwähnt, wäre diese Strategie im Sinne einer möglichst optimalen Nutzung der vorhandenen Information allerdings hochgradig ineffektiv.

Möglicherweise will der Forscher auch wissen, wie sich Querschnittseffekte, beispielsweise der Einkommensunterschied zwischen Frauen und Männern, im Zeitverlauf verändern. Das zu dieser Frage korrespondierende Datenformat wäre eigentlich der *gepoolte* (d. h. sich aus zeitversetzt erfolgten Messungen unterschiedlicher Einheiten zusammensetzende) *Querschnittsdatensatz*. Allerdings sind solche Datensätze rar (oder werden im Sinne einer möglichst breiten Verwendbarkeit direkt als Paneldatensatz angelegt), so dass auch hier die Verfügbarkeit inhaltlicher Information die Auswahl des Paneldatensatzes begründet.

Die Verwendung von Paneldaten bei Vorliegen einer Querschnittfragestellung ist auch dann notwendig, wenn die Operationalisierung der untersuchten unabhängigen Merkmale auf Längsschnittinformation beruht. Ein Forscher, der beispielsweise das Armutsrisiko von Wiedereinsteigern in den Arbeitsmarkt analysieren will, wird zur validen Bestimmung der Untersuchungsgruppe Informationen mehrerer Zeitpunkte verknüpfen und daher auf Panel- oder Ereignisdaten zurückgreifen. Auch dann, wenn sich unabhängige und abhängige Variable auf verschiedene Zeitpunkte in der Biographie beziehen (wenn beispielsweise der Effekt von frühkindlicher Betreuungssituation auf spätere Arbeitsmarkt- oder Bildungsergebnisse untersucht werden soll) ist die Verwendung von Längsschnittdaten angezeigt, obgleich Unterschiede in der unabhängigen Variablen (hier: „frühkindliche Betreuungssituation") auf inter- und nicht intraindividueller Ebene angesiedelt sind.

Insbesondere in der vergleichenden Politikwissenschaft dient die Verwendung von Paneldaten häufig auch einer Vergrößerung der Stichprobe. Dieses liegt daran, dass hier Anzahl der Untersuchungselemente (in der Regel: *Länder*) begrenzt ist. Gleiches gilt auch für verschiedene Bereiche der Wirtschaftsforschung, in denen die Einheiten der Analyse (*Firmen* oder *Organisationen*) häufig ebenfalls stark limitiert sind. Um nun eine hinreichend große Stichprobe zu erzeugen, müssen mehrere, zeitversetzte Messungen pro Einheit verwendet werden.

In der empirischen Forschungspraxis gibt es also viele Situationen, in denen Paneldaten legitimerweise auch dann verwendet werden, wenn eine Querschnittsfragestellung mit zeitkonstanten unabhängigen Variablen vorliegt. Die Unterschiede im Motiv zur Verwendung von Paneldaten führen nun allerdings dazu, dass die Ansprüche an die Analysemethode grundsätzlich andere sind als bei einer Längsschnittfragestellung. Dieses sei wiederum auf der Grundlage des Beispieldatensatzes (Tabelle 3.1) verdeutlicht. Zusätzlich zum *Einkommen* ist nun die zeitkonstante Variable *Geschlecht* aufgeführt.

Tabelle 3.1: Datenmatrix der fiktiven Panelerhebung mit den Merkmalen „Geschlecht" und „Einkommen"

| i | t | Geschlecht | Einkommen |
|---|---|---|---|
| 1 | 1 | 0 | 3600 |
| 1 | 2 | 0 | 3700 |
| 1 | 3 | 0 | 4200 |
| 1 | 4 | 0 | 5000 |
| 1 | 5 | 0 | 5700 |
| 1 | 6 | 0 | 6200 |
| 2 | 1 | 1 | 2900 |
| 2 | 2 | 1 | 3300 |
| 2 | 3 | 1 | 3500 |
| 2 | 4 | 1 | 3800 |
| 2 | 5 | 1 | 4250 |
| 2 | 6 | 1 | 4800 |
| 3 | 1 | 1 | 1200 |
| 3 | 2 | 1 | 1800 |
| 3 | 3 | 1 | 2100 |
| 3 | 4 | 1 | 3700 |
| 3 | 5 | 1 | 3700 |
| 3 | 6 | 1 | 3800 |

Die Ausprägung *männlich* ist hierbei mit „0", *weiblich* mit „1" codiert. Person 1 des Datensatzes ist also ein Mann, Personen 2 und 3 sind Frauen. Es sei angenommen, dass der Forscher keinen geeigneten Querschnittsdatensatz gefunden hat. Daher will er nun auf der Grundlage dieses Paneldatensatzes den Zusammenhang zwischen *Geschlecht* und *Einkommen* ermitteln. Auf der Grundlage eines Streudiagramms stellt sich dieser Zusammenhang wie folgt dar:

Abbildung 3.1:   Streudiagramm der bivariaten Verteilung von „Geschlecht" und „Einkommen" mit Regressionsgerade (Daten siehe Tabelle 3.1)

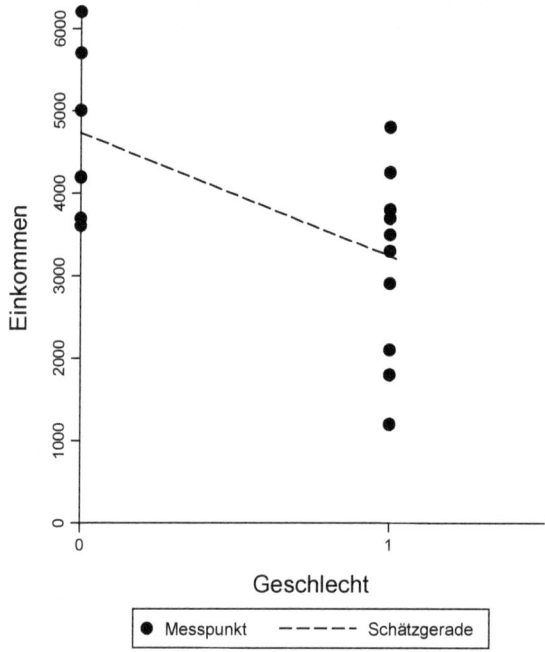

Die Messungen, die zu Männern gehören, liegen offenbar deutlich höher als die Messungen der Frauen. Dieses verdeutlicht auch die eingezeichnete OLS-Regressionsgerade. Deren Gleichung lautet:

*Einkommen* = 4733 − 1496 • *Geschlecht* (3.1)

Im Beispieldatensatz verdienen also Frauen im Schnitt 1496 Euro weniger als Männer. Dieses Ergebnis erhält zunächst keine Angaben zur Präzision bzw. zur statistischen Relevanz des ermittelten Koeffizienten. Die Generalisierbarkeit und Aussagekraft des Ergebnisses hängt aber maßgeblich davon ab, wie viele unterschiedliche Personen die Messungen im Datensatz erzeugt haben. Ginge man davon aus, dass das Ergebnis tatsächlich die Realisation einer Querschnittsstichprobe 18 verschiedener Personen ist, würde man das Resultat eher für relevant halten als mit dem Wissen, dass faktisch lediglich 3 Personen mehrfach befragt wurden.

Behandelt der Forscher entsprechend die Daten wie 18 unabhängige Messungen, überschätzt er also die Relevanz und die Verallgemeinerbarkeit des Koeffizienten. Technisch formuliert erhält er bei Anwendung des *einfachen OLS-Verfahrens* einen Standardfehler, welcher die tatsächliche Variation von Stichprobenparametern unterschätzt und daher negativ verzerrte Konfidenzintervalle generiert.

Formal kann dieses Problem unter Rückgriff auf die grundlegende Gleichung eines Panelmodells dargestellt werden (vgl. Kapitel 1):

$$y_{it} = b_1 \bullet x_{it} + b_2 \bullet z_i + w_{it}, \quad w_{it} = e_{it} + u_i \qquad (3.2)$$

Ein Teil des Fehlerterms, nämlich der einheitenspezifische Effekt $u$, bleibt über die Messungen jeweils einer Einheit konstant. Folglich sind sich Fehler, die zu einer Einheit gehören, mit großer Wahrscheinlichkeit ähnlicher als Fehler zwischen verschiedenen Einheiten. Unkorrelierte, zufällig verteilte Fehlerterme sind allerdings eine der Grundbedingungen der OLS-Regression. Sobald die Verteilung der Fehlerterme eine Systematik aufweist, sind die berechneten Standardfehler und die entsprechende Teststatistik verzerrt und damit ungültig.

Bei Anwendung von Längsschnittmethoden (FE, FD) stellt die Korrelation der Fehlerterme von Paneldaten kein Problem dar, da der einheitenspezifische Effekt $u$ durch die entsprechenden Transformationen eliminiert wird. Fragestellungen mit zeitkonstanten Variablen (bzw. Querschnittsfragestellungen) können allerdings *nicht* mit Längsschnittmethoden analysiert werden[44]. Die Abhängigkeit der Messungen birgt hier also keinen Mehrwert, sondern muss als substanzielles statistisches Problem gedeutet werden. *Die zwei Komponenten des Fehlerterms, die bei Verwendung von Paneldaten sichtbar werden, implizieren bei Längsschnittfragestellungen ein Potenzial zur Kontrolle von Heterogenität. Bei*

---

44 Die einzige Längsschnittmethode, welche zur Analyse von Querschnittsfragen verwendet werden kann, ist die Integration von Kontextvariablen. Bei diesem Verfahren verbleibt aber ebenso wie bei der OLS-Regression der einheitenspezifische Effekt $u_i$ im Fehlerterm.

*Querschnittsfragestellungen* stellen sie dagegen ein inferenzstatistisches Problem dar.
In diesem Abschnitt werden Verfahren zur Lösung dieses Problems vorgestellt. Zunächst wird noch einmal demonstriert, weshalb die auf den ersten Blick reizvolle Option, Querschnittsfragen mit Längsschnittmethoden (FE, FD) zu analysieren und so den störenden Einheiteneffekt zu eliminieren, nicht fruchtbar, in vielen Fällen sogar höchst problematisch ist (Abschnitt 3.1). Als nächstes werden Verfahren zur Korrektur von Standardfehler und Teststatistik nach erfolgter einfacher OLS-Regression vorgestellt (Abschnitt 3.2). Schließlich werden Möglichkeiten erörtert, mittels derer die Abhängigkeit der Fehlerterme modelliert werden kann, ohne dabei die Berechnung der Effekte zeitkonstanter Merkmale unmöglich zu machen (Abschnitte 3.3 bis 3.5). Solche Verfahren werden in der Ökonometrie unter dem Begriff *Random Effects Regressionen* diskutiert und werden im Rahmen vieler sozialwissenschaftlicher Anwendungen als *Mehrebenenanalysen* bezeichnet. Schließlich werden in zwei zusätzlichen Abschnitten noch die Potenziale der *Between Regression* sowie des bereits aus Abschnitt 2.4 bekannten *Hybrid-Verfahrens* zur Berechnung von Querschnittseffekten diskutiert (Abschnitte 3.6 bis 3.8).

## 3.1 Fixed Effects für Querschnittsfragestellungen?

Im Rahmen der *Fixed Effects*-Transformation wird der Einheiteneffekt vollständig eliminiert und so der zufällig variierende, idiosynkratische Fehler freigelegt. Warum also sollte diese Eigenschaft des Verfahrens nicht auch bei Querschnittsfragen, die mit Paneldaten analysiert werden, ausgenutzt werden, um das Problem korrelierter Fehlerterme zu beseitigen?

Ein Blick auf die Datenmatrix mit entmittelten Werten der zeitkonstanten Variablen verdeutlicht schnell, weshalb dieser Ansatz nicht sinnvoll ist. Tabelle 3.2 veranschaulicht diese Prozedur am Beispiel der in Tabelle 3.1 präsentierten Daten. Berücksichtigt wurden wiederum die Merkmale *Geschlecht* ($x$) und *Einkommen* ($y$).

Querschnittsfragestellungen mit Paneldaten

Tabelle 3.2: Datenmatrix der fiktiven Panelerhebung, mit personenspezifischen Mittelwerten und Fixed Effects-transformierten Daten (Fett)

| i | t | $x_{it}$ | $\bar{x}_i$ | $x_{it} - \bar{x}_i$ | $y_{it}$ | $\bar{y}_i$ | $y_{it} - \bar{y}_i$ |
|---|---|---|---|---|---|---|---|
| 1 | 1 | 0 | 0 | 0 | 3600 | 4733 | **−1133** |
| 1 | 2 | 0 | 0 | 0 | 3700 | 4733 | **−1033** |
| 1 | 3 | 0 | 0 | 0 | 4200 | 4733 | **−533** |
| 1 | 4 | 0 | 0 | 0 | 5000 | 4733 | **267** |
| 1 | 5 | 0 | 0 | 0 | 5700 | 4733 | **967** |
| 1 | 6 | 0 | 0 | 0 | 6200 | 4733 | **1467** |
| 2 | 1 | 1 | 1 | 0 | 2900 | 3758 | **−858** |
| 2 | 2 | 1 | 1 | 0 | 3300 | 3758 | **−458** |
| 2 | 3 | 1 | 1 | 0 | 3500 | 3758 | **−258** |
| 2 | 4 | 1 | 1 | 0 | 3800 | 3758 | **42** |
| 2 | 5 | 1 | 1 | 0 | 4250 | 3758 | **492** |
| 2 | 6 | 1 | 1 | 0 | 4800 | 3758 | **1042** |
| 3 | 1 | 1 | 1 | 0 | 1200 | 2717 | **−1517** |
| 3 | 2 | 1 | 1 | 0 | 1800 | 2717 | **−917** |
| 3 | 3 | 1 | 1 | 0 | 2100 | 2717 | **−617** |
| 3 | 4 | 1 | 1 | 0 | 3700 | 2717 | **983** |
| 3 | 5 | 1 | 1 | 0 | 3700 | 2717 | **983** |
| 3 | 6 | 1 | 1 | 0 | 3800 | 2717 | **1083** |

Wie auch schon in Gleichung (2.3) gezeigt, sind die entmittelten Messungen der abhängigen Variablen um den personenspezifischen Mittelwert zentriert. Es verbleiben also keine Niveauunterschiede zwischen Personen in den FE-transformierten Einkommenswerten, welche durch das personenspezifische Merkmal *Geschlecht* erklärt werden könnten. Zudem nehmen sämtliche entmittelten Werte eines zeitkonstanten Merkmals zwangsläufig den Wert null an, so dass die Kategorien der unabhängigen Variablen nicht mehr voneinander unterschieden werden können[45].

Eine Regression über die FE-transformierten Variablen wäre in diesem Fall zwar ergebnislos, aber nicht wirklich problematisch, da die Widersinnigkeit des Vorgehens in den Ergebnissen offensichtlich wird bzw. Statistikprogramme mit

---

45 Diese Zusammenhänge gelten aufgrund der Äquivalenz der Prozeduren nicht nur für das *Fixed Effects*-Verfahren, sondern auch für die anderen Längsschnittverfahren. Eine Ausnahme bildet die Integration von Kontextvariablen. Im Rahmen dieses Verfahrens wird allerdings das Problem korrelierter Fehlerterme nicht gelöst.

Fehlermeldungen reagieren. Große Probleme bekäme der Forscher allerdings dann, wenn sich im Rahmen der Stichprobe zufällig eine oder mehrere Personen befinden, die während des Erhebungszeitraums ihr Geschlecht umgewandelt haben (oder bei denen Messfehler vorliegen).

Bei diesen Personen liegen nämlich Abweichungen vom einheitenspezifischen Mittelwert der Geschlechtervariablen vor, auf deren Grundlage dann ein Koeffizient berechnet wird. Der so ermittelte Koeffizient misst den Geschlechtereffekt also ausschließlich für diese sehr spezielle Subgruppe, deren Einkommensdynamiken allerdings kaum als repräsentativ für den generellen Geschlechtereffekt sind. Der gesuchte Geschlechtereffekt wird also durch das auf diese Weise generierte Ergebnis hochgradig verzerrt wiedergegeben.

Solche, sog. *quasi-zeitkonstante unabhängige Variablen*, welche im theoretischen Modell als zeitkonstante Variablen angelegt sind, aber in Ausnahmefällen Variation aufweisen, gibt es viele[46]. In solchen Fällen ist die Anwendung von Längsschnittmethoden problematisch und sollte nur in dem genauen Bewusstsein der Implikation der generierten Ergebnisse durchgeführt werden. Ein weiteres Beispiel dafür ist die Analyse der unabhängigen Variablen *Bildungsjahre* aus dem Praxisdatensatz: Die *Fixed Effects*-Regression über die Merkmale *Bildung* und *Lebenszufriedenheit* in einer Stichprobe von erwachsenen Personen (Tabelle 2.2) misst ausschließlich den Effekt von zusätzlichen Bildungsmaßnahmen auf dem zweiten Bildungsweg, nicht jedoch den üblicherweise mit der Idee des "Bildungseffektes" assoziierten Zusammenhang zwischen Schulbildung und Lebenszufriedenheit. Schließlich bleibt die Bildungsvariable für alle Personen, die nach der primären Bildungsphase keine weiterführenden Bildungsabschlüsse erwerben, konstant, wird also durch die *Fixed Effects*-Transformation eliminiert.

Ein weiteres, im sozialwissenschaftlichen Kontext relevantes Beispiel betrifft den Wohnort, insbesondere die Differenzierung zwischen Ost- und Westdeutschland. Auch hier wird der mit FE operierende Forscher einen Koeffizienten zum Einkommenseffekt erhalten, welcher aber *nicht* das Lohndifferential zwischen Ost- und Westdeutschen misst, sondern den Effekt eines Wohnortwechsels zwischen den Landesteilen. Dieses *kann* unter Umständen gewollt und in der Forschungsfrage angelegt sein, reflektiert allerdings nicht das, was klassischerweise unter dem „Regioneneffekt" verstanden wird. In diesem, wie in den anderen genannten Beispielen wird also nicht der Querschnittseffekt ermittelt, sondern ein Längsschnitteffekt, der eine völlig andere Bedeutung hat. *Daher*

---

46 Neben realen Veränderungen können solche „residualen" Ausschläge (eigentlich zeitkonstanter) unabhängiger Variablen natürlich auch Messfehler reflektieren.

Querschnittsfragestellungen mit Paneldaten 77

*sollten Längsschnittmethoden grundsätzlich nicht auf Querschnittsfragestellungen angewendet werden*[47]. Es müssen also andere Verfahren gefunden werden.

### 3.2 OLS mit korrigiertem Standardfehler

Verzerrte Standardfehler nach einer einfachen OLS-Regression über Paneldaten können durch *korrigierte Standardfehler* ersetzt werden. *Korrigierte* (bzw. *robuste*) Berechnungen von Standardfehlern berücksichtigen, dass jeweils mehrere Messungen zu einer Einheit gehören und der Informationsgewinn pro Messung somit niedriger ist als bei unabhängigen Messungen. Entsprechend des Verhältnisses von *Einheiten* zu *Messungen* werden die Standardfehler nach oben angepasst und folglich die Konfidenzintervalle in die Breite korrigiert[48].

In der Ökonometrie wurden in den letzten Jahrzehnten viele Techniken zur Anpassung von Standardfehlern bei Verletzungen der Annahme zufallsverteilter Fehlerterme entwickelt. Diese gehen auf ein Korrekturverfahren zurück, welches von Halbert White zur Berechnung von Standardfehlern vorgeschlagen wurde (Rogers 1993), wenn die Varianz der Fehlerterme von der Ausprägung der unabhängigen Variablen abhängig ist (*Heteroskedastizität*). Das in den meisten Statistik-Programmen implementierte Verfahren zur Anpassung des Standardfehlers bei intraindividueller Korrelation in Panelanalysen ist eine Variante dieses sog. *White-Sandwich-Estimators*[49]. Tabelle 3.3 zeigt das Ergebnis einer OLS-Regression *mit korrigierten Standardfehlern* über die Variablen des Praxisdatensatzes[50].

---

47 Auch in der ländervergleichenden Politikwissenschaft werden gelegentlich Fragen zum Querschnittseffekt quasi-zeitkonstanter (Makro-)Variablen gestellt. In diesem Kontext illustrieren Plümper et al. (2005) die problematischen Folgen einer vollständigen Absorption von Querschnittsvariation durch FE-LSDV. Die Argumentation der Autoren ist auf die spezifischen Variationseigenschaften von Ländermerkmalen zugeschnitten und stellt allgemeiner auf Inkonsistenzen zwischen *Fixed Effects*-Regressionen einerseits und der expliziten Frage nach Niveauunterschieden andererseits ab, kommt aber zu dem gleichen Ergebnis wie hier.
48 Daneben gibt es noch eine zweite Form der robusten Standardfehler, nämlich jene, die für Effekte der *Heteroskedastizität* korrigieren. Diese werden in einem Regressionsmodell in STATA mit der Option *robust* angefordert.
49 Diese Anpassungsprozedur generiert gültige Standardfehler der OLS-Regression bei der Analyse von Paneldaten. Die mathematische Technik beruht allerdings auf komplexen matrixalgebraischen Formeln und übersteigt daher den Rahmen dieses Buches. Wir belassen es an dieser Stelle bei der Wirkungsbeschreibung des Verfahrens und verweisen den an einer substanziellen mathematischen Beschreibung interessierten Leser auf den Grundlagentext von Rogers (1993) sowie den Lehrbuchabschnitt 21.2 in Cameron/Trivedi (2005).
50 Erzeugt wurden die Ergebnisse mit folgendem Stata-Befehl:
```
reg lebensz sex anz_kind bildung gesund, cluster (persnr)
```

Tabelle 3.3:  OLS-Regression mit korrigierten Standardfehlern auf die Determinanten der Lebenszufriedenheit, Standardfehler (SF) in Klammern (*lebensz.dta*)

|  | OLS | OLS, robuste SF |
|---|---|---|
|  | b | b |
| sex | 0,056** (0,018) | 0,056* (0,028) |
| anz_kind | -0,071** (0,009) | -0,071** (0,015) |
| bildung | 0,022** (0,004) | 0,022** (0,005) |
| gesund | 0,388** (0,009) | 0,388** (0,014) |
| _cons | -0,243** (0,046) | -0,243** (0,068) |
| N | 10659 | 10659 |
| r² | 0,15 | 0,15 |

*$p < 0.05$, ** $p < 0.01$

Deutlich wird, dass sich bei Verwendung korrigierter Standardfehler die Größe der Koeffizienten nicht ändert; die Berechnung der Regressionsgerade bzw. -ebene bleibt also durch die gewählte zusätzliche Option unangetastet. Die korrigierten Standardfehler berücksichtigen nun allerdings das geringere Ausmaß an Informationsgewinn zusätzlicher Messungen auf Personenebene und werden dementsprechend größer, mit der Folge, dass der Geschlechtereffekt auf die Lebenszufriedenheit nun nicht mehr auf hohem Signifikanzniveau abgesichert werden kann. Auch die Standardfehler der zeitveränderlichen Variablen verändern sich, hier wird allerdings auf der Grundlage der gewählten Irrtumstoleranz keine Differenz in der statistischen Bedeutung der Koeffizienten sichtbar.

Gegen die Verwendung korrigierter Standardfehler werden in der empirischen und statistischen Literatur zwei grundlegende Einwände vorgebracht. *Erstens* gilt die Anpassungsprozedur als *überkonservativ*, d. h. die ermittelten Fehler sind zwar mit Sicherheit nicht mehr unter-, dafür möglicherweise aber überschätzt. Daneben ist *zweitens* die Verwendung robuster Standardfehler eine reine *Symptombehandlung*, denn die eigentliche Quelle des statistischen Problems, nämlich intraindividuelle Korrelation der Fehlerterme, wird im Rahmen der nachträglichen Korrektur nicht modelliert. Dadurch bleibt die Schätzung weiterhin *ineffizient*.

---

Analog kann folgender Befehl angewendet werden, welcher ab Stata Version 11 unterstützt wird:
```
reg lebensz sex anz_kind bildung gesund, vce (cluster persnr)
```

Besonders gravierend sind Effizienzprobleme bei der Analyse unbalancierter Paneldaten, da der relative Informationszuwachs pro Messung bei einzelnen Beobachtungen von Personen mit insgesamt wenigen Messungen höher ist als bei Personen mit vielen Messungen: 5 unabhängige Beobachtungen von Personen mit jeweils einer Messungen enthalten mehr Information als 5 Beobachtungen von einer Person mit 5 Messungen. *Um effiziente Schätzer zu erhalten, muss daher die Information über die Korrelationsstruktur der Daten bereits bei der Berechnung der Koeffizienten berücksichtigt bzw. modelliert werden.* Die statistischen Disziplinen bieten hierfür verschiedene Varianten des *Random Effects*-Verfahrens an.

### 3.3 Random Effects Regression (RE)

Ist man sich der tendenziell überkonservativen Signifikanztests bewusst, sind korrigierte Standardfehler aus unserer Sicht trotz der oben beschriebenen Probleme bei der Analyse von Querschnittsfragen mit Paneldaten gerechtfertigt. Somit wurde nun eigentlich für jede Situation und Fragestellung ein geeignetes Verfahren beschrieben.

Die im Folgenden diskutierte *Random Effects*[51] *Regression* mag aus dieser Perspektive im Panelkontext irrelevant erscheinen. In der empirischen Sozialwissenschaft wird sie dennoch, auch im Kontext der Panelanalyse, relativ oft angewendet. In einigen Fällen geschieht dies aus guten Gründen, nämlich insbesondere dann, wenn die Effizienz der Schätzung im Vergleich zur einfachen OLS-Regression (sei es im Rahmen einer Querschnittsfragestellung oder einer Regression mit Kontextvariablen) bei unbalancierten Daten erhöht werden soll. Oftmals läßt sich jedoch beobachten, dass Anwender das Potenzial des Verfahrens überschätzen und seine impliziten Annahmen überstrapazieren[52].

---

51 Die Bezeichnung *Random Effects* ist irreführend, da sie ein Abgrenzungskriterium suggeriert (nämlich, dass der Einheiteneffekt als Realisation einer Zufallsvariable aufgefasst werden kann), welches auch auf FE oder OLS zutrifft. Die Einschätzung, dass es sich im konkreten empirischen Fall bei der einheitenspezifischen Komponente um eine zufallsverteilte Variable handelt, ist dementsprechend auch keine hinreichende Begründung für die Anwendung des Verfahrens. Viele einschlägige Veröffentlichungen (z. B. Wooldridge 2002, Kapitel 10.2.1 und Allison 2009, Kapitel 9) hadern entsprechend mit dieser (tief verwurzelten) Notation.
52 So zeigt Halaby (2004) in seiner Metaanalyse von mehr als 40 in einschlägigen Zeitschriften erschienenen Artikeln, dass *Random Effects* im Kontext von Panelanalysen das am häufigsten verwendete Verfahren ist und dabei in mehr als der Hälfte aller Fälle Inkonsistenzen zwischen Variablentyp und Analysemethode ignoriert und Annahmeverletzungen in Kauf genommen werden. Besonders problematisch ist dabei die Anwendung vom RE beim Vorliegen einer Längsschnitt-

Ein weiteres, eher pragmatisches Problem der *Random Effects*-Regression ist die komplexe Transformation, die ihm zugrunde liegt. Diese erschwert den didaktischen Zugang zur Mechanik des Verfahrens, da der Bezug zwischen Fragestellung, Variablentyp und Verfahren hier nicht so offensichtlich ist wie bei den bisher eingeführten Verfahren. In folgenden Abschnitten wollen wir versuchen, ein intuitives Verständnis für RE zu entwickeln und so auch dem anwendungsbezogenen, nicht substanziell ökonometrisch ausgebildeten Forscher diese Technik zu verdeutlichen. Dabei gehen wir ausführlich auf die Vor- und Nachteile des Verfahrens und seine Anwendbarkeit bei verschiedenen Fragestellungen und Datenformaten ein.

Es sei noch vermerkt, dass sich in den letzten Jahrzehnten unterschiedliche Varianten des RE-Verfahrens ausgebildet haben, die in der Benennung häufig nicht voneinander abgegrenzt (bzw. lediglich mit dem Oberbegriff gekennzeichnet) sind. Zusätzlich haben sich für identische Varianten in verschiedenen statistischen Teildisziplinen unterschiedliche Bezeichnungen etabliert. Es sei deshalb erwähnt, dass die von uns zur didaktischen Aufbereitung gewählte Variante gelegentlich auch als *Random Effects GLS-Regression* (RE) bezeichnet wird. Hierauf beziehen sich auch (implizit oder explizit) die meisten grundlegenden ökonometrischen Lehrbücher, welche RE verhandeln[53].

Ausgangspunkt von RE ist die Feststellung, dass der Einheiteneffekt von FE kein guter Schätzer des „wahren" Einheiteneffektes ist. RE impliziert also die Idee, dass es auf Grundlage der Stichprobe einen besseren Schätzer für den einheitenspezifischen Durchschnittswert $\bar{y}_{i.}$ gibt als das arithmetische Mittel der Stichprobenwerte dieser Person. Diese Idee sei anhand eines Beispiels illustriert (aus darstellungsökonomischen Gründen wird zur Veranschaulichung ein sog. *leeres Modell*, also eine Panelspezifikation ohne unabhängige Variablen verwendet).

---

fragestellung. Da sich dieser Abschnitt jedoch ausschließlich mit Querschnittfragestellungen befasst, diskutieren wir diese Analysekonstellation separat, in Abschnitt 4.1.
53 z. B. Wooldridge (2005, Kapitel 14.2), Hill et al. (2008, Kapitel 15.5) und Greene (2000, Kapitel 13.4).

Abbildung 3.2: Einkommensmessungen einer fiktiven Panelerhebung mit einheitenspezifischen Mittelwerten

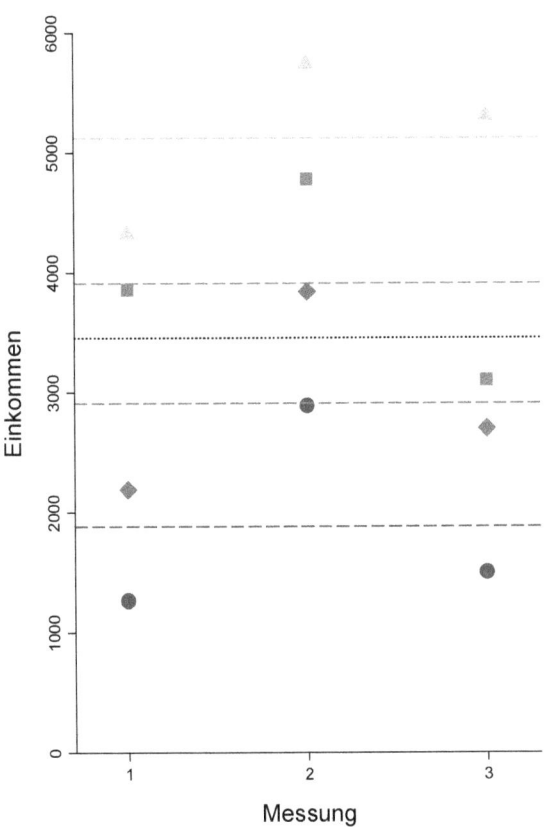

Der Graph beschreibt die Einkommensmessungen eines Panels mit $n = 4$ Personen und $t = 3$ Messpunkten. Einheitliche Markierungen gehören jeweils zu einer Person, gekennzeichnet sind zudem die einheitenspezifischen Mittelwerte durch die gestrichelte Linie. Die gepunktete Linie markiert den Mittelwert aller 12 Messungen, gleichbedeutend mit dem Durchschnitt der 4 einheitenspezifischen Mittelwerte. Die Abweichungen der einheitenspezifischen Mittelwerte zum Gesamtmittel entsprechen den Einheiten- bzw. Personeneffekten, so wie sie bisher definiert wurden.

Die folgende Datenmatrix der fiktiven Einkommenserhebung, der die Darstellung in Abbildung 3.2 zugrunde liegt, enthält neben den gemessenen Einkommenswerten zusätzlich die personenspezifischen Mittelwerte sowie die jeweiligen Einheiteneffekte $u_i$.

Tabelle 3.4: Datenmatrix einer fiktiven Panelerhebung, mit personenspezifischen Mittelwerten und Einheiteneffekt

| i | t | $y_{it}$ | $\bar{y}_{i.}$ | $u_i$ | res ($e_i$) |
|---|---|---|---|---|---|
| 1 | 1 | 1265 | 1883 | −1573 | −618 |
| 1 | 2 | 2885 | 1883 | −1573 | 1002 |
| 1 | 3 | 1500 | 1883 | −1573 | −383 |
| 2 | 1 | 2190 | 2910 | −546 | −720 |
| 2 | 2 | 3840 | 2910 | −546 | 930 |
| 2 | 3 | 2700 | 2910 | −546 | −210 |
| 3 | 1 | 3856 | 3911 | 455 | −55 |
| 3 | 2 | 4777 | 3911 | 455 | 866 |
| 3 | 3 | 3100 | 3911 | 455 | −811 |
| 4 | 1 | 4320 | 5120 | 1664 | −800 |
| 4 | 2 | 5740 | 5120 | 1664 | 620 |
| 4 | 3 | 5300 | 5120 | 1664 | 180 |
| VAR | | | 1915456 | 1915456 | 678440 |
| STD | | | 1384 | 1384 | 824 |

Person 1, deren Messungen im Diagramm als Kreise gekennzeichnet sind, verdient bei der ersten Messung 1265 Euro und kommt über alle Messungen auf einen Durchschnittsverdienst von 1883 Euro. Dieser *einheitenspezifische Durchschnittswert* liegt 1573 Euro unterhalb des Gesamtdurchschnittes von 3456 Euro (vgl. Abbildung 3.2). Der Einheiteneffekt $u$ von Person 1 beträgt daher −1573 Euro. Ferner liegt der Wert bei der ersten Messung 618 Euro unterhalb des personenspezifischen Mittelwertes. Die intraindividuelle Abweichung beträgt hier daher −618 Euro. In den letzten beiden Zeilen der Tabelle sind Varianz und Standardabweichung des personenspezifischen Mittelwertes (bzw. des Einheiteneffektes) sowie der idiosynkratischen Abweichung berichtet.

Sucht man nun einen Schätzwert für das „wahre" durchschnittliche Einkommen von Person 1 erscheint es zunächst plausibel, den personenspezifischen Mittelwert von 1883 Euro aus der Stichprobe zu verwenden. Dieser sei im Folgenden *einfacher Schätzer* genannt.

Doch ist der *einfache Schätzer* tatsächlich auch der *bestmögliche* bzw. *optimale Schätzer* des durchschnittlichen Einkommens einer Person? Zunächst einmal lässt sich feststellen, dass dieser Schätzer mit großer Unsicherheit assoziiert ist. Diese Unsicherheit lässt sich darauf zurückführen, dass zum einen nur sehr wenige Messungen pro Person vorliegen und zum anderen die Variation dieser Messungen verhältnismäßig hoch ist: Es dürfte einleuchten, dass sich auf der Grundlage von nur drei Messungen, die noch dazu eine sehr starke Streuung aufweisen, keine besonders zuverlässige Aussage über den wahren Mittelwert einer Person ableiten lässt.

Doch wie kann dieser unsichere, einfache Schätzwert des einheitenspezifischen Mittels nun verbessert werden? Diese Frage ist der Ausgangspunkt des *Random Effects GLS*-Verfahrens. Dabei impliziert es die Idee, dass man *in dem Maße, in dem der einfache Schätzer des personenspezifischen Mittelwertes mit Unsicherheit assoziiert ist, auf Informationen der anderen Stichprobeneinheiten zurückgreift.*

Der einfache Schätzer des personenspezifischen Mittelwertes wird also im ersten Schritt von RE dem Gesamtmittelwert aller Messungen des Samples angenähert. Das Ausmaß der Annäherung hängt dabei direkt von dem Ausmaß der Unsicherheit (bzw. der Anzahl an personenbezogenen Messpunkten und der personenspezifischen Variation) ab. Je unsicherer also die Prognose der einheitenspezifischen Mittelwerte auf Grundlage der einheitenspezifischen Messpunkte ist, desto stärker wird die Vorhersage auf die Messungen anderer Stichprobenteilnehmer gestützt.

Der optimale Schätzwert des einheitenspezifischen Mittels besteht also zu einem Anteil aus dem *realisierten einheitenspezifischen Mittelwert*, zu einem anderen aus dem *realisierten allgemeinem Mittelwert* des gesamten Samples. Für die abhängige Variable beschreibt dies die folgende Formel (für die unabhängigen Variablen wird analog verfahren):

$$\hat{y}_{it}^{re} = \lambda \bullet \hat{y}_{i.} + (1-\lambda) \bullet \overline{y}_{it} \qquad (3.3)$$

Wie groß die jeweiligen Anteile sind, wird in der Formel durch die Größe von $\lambda$ (*Lambda*) determiniert, welche zwischen 0 und 1 variiert. Das Gewicht $\lambda$ beschreibt also, wie stark der einheitenspezifische Mittelwert der Stichprobe an den Gesamtmittelwert aller Einheiten angenähert wird, um den optimalen Schätzer des wahren einheitenspezifischen Durchschnitts zu erhalten. Je stärker $\lambda$ gegen 0 konvergiert, desto größer die Annäherung an den Gesamtmittelwert. Nimmt $\lambda$ dagegen den Wert 1 ein, entsprechen die *einfachen Schätzer* auch den *optimalen Schätzern* der wahren Mittelwerte. $\lambda$ kann also als ein *Maß der Sicherheit* aufgefasst werden, welches quantifiziert, wie zuverlässig die einheitenspezifischen, „einfachen" Mittelwerte in der Stichprobe die wahren einheitenspezifischen Durchschnittswerte schätzen.

Bleibt noch die Frage, wie $\lambda$ im konkreten Fall zu bestimmen ist. Wie bereits erwähnt, sind zwei Faktoren maßgeblich für die Sicherheit der einfachen Schätzung. Dies sind zum einen die *intraindividuelle Varianz der Messungen im Verhältnis zur Gesamtvarianz* und zum anderen die *Anzahl an Messpunkten pro Person*. Je schwächer die intraindividuelle Korrelation ist und je weniger Messungen pro Person zur Verfügung stehen, desto unsicherer ist der einfache Schätzer des einheitenspezifischen Mittelwertes, und desto kleiner ist folglich $\lambda$. Folgende Formel spezifiziert diesen Zusammenhang:

$$\lambda = 1 - \sqrt{\frac{Var(e)}{T \bullet Var(u) + Var(e)}} \qquad (3.4)$$

Bei der Berechnung von $\lambda$ liegt der Anteil der durch den *idiosynkratischen Fehler bedingten* Varianz an der mit der Zeit gewichteten *gesamten* Fehlervarianz unter der Wurzel. Diese wird von 1 abgezogen. Je größer *Var(e)*, desto stärker neigen die einzelnen Messungen innerhalb der Personen zur „Idiosynkrasie" und desto geringer wird damit die Sicherheit des einfachen Schätzers. Im oben verwendeten Beispiel beträgt die intraindividuelle Varianz *Var(e) = 678440 Euro* und die Varianz der Einheiteneffekte *Var(u) = 1915456 Euro*[54]. Da die Anzahl der Messpunkte *T = 3* ist[55], ergibt sich

$$\lambda = 1 - \sqrt{\frac{678440}{3 \bullet 1915456 + 678440}} = 0{,}68 \qquad (3.5)$$

Im Beispiel lässt sich die Sicherheit der einfachen Schätzung der Mittelwerte also durch die Kenngröße $\lambda$=0,68 quantifizieren. Entsprechend der Formeln (3.4) und (3.5) besteht im Beispiel somit der optimale Schätzer des *wahren* einheitenspezifischen Durchschnittes zu 68 % aus dem einheitenspezifischen Mittelwert und zu 32 % aus dem Gesamtmittelwert der Stichprobe. Die Datenmatrix oben

---

54 Für die Schätzung der Varianzkomponenten wurden hier die einfachen Schätzer der individuellen Mittelwerte verwendet, weil die „wahren" erst nach der Berechnung von $\lambda$ und der entsprechenden Anpassungsprozedur zur Verfügung stehen. Im Rahmen moderner Statistikprogramme wird dieses Dilemma durch ein komplexes Verfahren gelöst. Daher weichen auch der hier berechnete Wert für $\lambda$ und entsprechend auch die Schätzer der „wahren" Mittelwerte geringfügig von denen mit gängiger EDV berechneter ab.
55 Handelt es sich *nicht* um ein balanciertes Panel, liegen also ungleiche Anzahlen an Messungen für die Subjekte vor und unterscheidet sich daher *T* zwischen Personen, so ergeben sich entsprechend unterschiedliche personenspezifische Werte für $\lambda$: Dabei gilt entsprechend der Formel (3.4): Je mehr Messungen für eine Einheit vorliegen, desto größer $\lambda$.

Querschnittsfragestellungen mit Paneldaten 85

lässt sich somit nun um die optimalen Schätzer der wahren Durchschnittswerte erweitern:

Tabelle 3.5: Datenmatrix einer fiktiven Panelerhebung, mit personenspezifischen Mittelwerten und Einheiteneffekt

| i | t | $y_{it}$ | $\bar{y}_{i.}$ | $u_i$ | $\hat{y}_{i.}^{re}$ | $\hat{u}_{i.}^{re}$ |
|---|---|---|---|---|---|---|
| 1 | 1 | 1265 | 1883 | −1573 | 2387 | −1069 |
| 1 | 2 | 2885 | 1883 | −1573 | 2387 | −1069 |
| 1 | 3 | 1500 | 1883 | −1573 | 2387 | −1069 |
| 2 | 1 | 2190 | 2910 | −546 | 3085 | −371 |
| 2 | 2 | 3840 | 2910 | −546 | 3085 | −371 |
| 2 | 3 | 2700 | 2910 | −546 | 3085 | −371 |
| 3 | 1 | 3856 | 3911 | 455 | 3765 | 309 |
| 3 | 2 | 4777 | 3911 | 455 | 3765 | 309 |
| 3 | 3 | 3100 | 3911 | 455 | 3765 | 309 |
| 4 | 1 | 4320 | 5120 | 1664 | 4588 | 1131 |
| 4 | 2 | 5740 | 5120 | 1664 | 4588 | 1131 |
| 4 | 3 | 5300 | 5120 | 1664 | 4588 | 1131 |

Die Schätzer der einheitenspezifischen Mittelwerte $\hat{y}_{i.}^{re}$ derjenigen Personen mit unterdurchschnittlichen Einkommen werden auf Grundlage der verbesserten Berechnung also nach oben, die von Personen mit überdurchschnittlichen Einkommen nach unten korrigiert. Die Beträge der Einheiteneffekte verringern sich dementsprechend. Dieses verdeutlicht folgende Abbildung, in der die angepassten, optimalen Schätzer der einheitenspezifischen Mittelwerte durch die durchgezogenen Linien repräsentiert werden.

Abbildung 3.3: Einkommensmessungen einer fiktiven Panelerhebung, mit angepassten einheitenspezifischen Mittelwerten

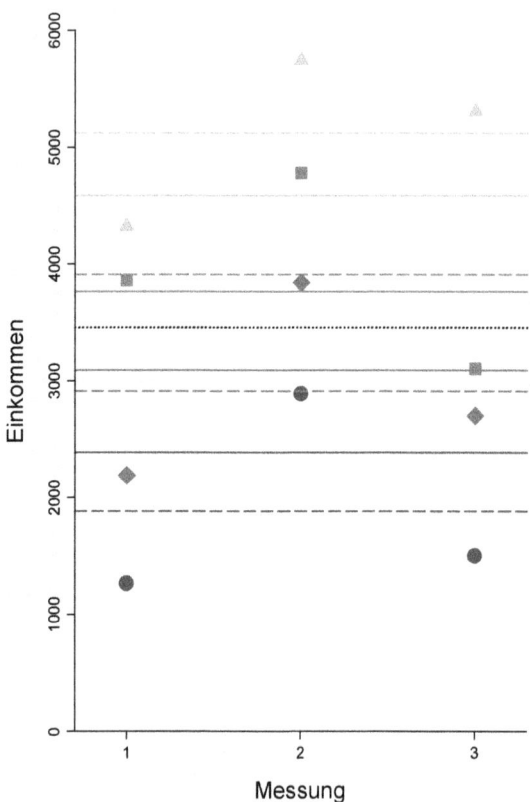

Der erste Schritt von RE besteht also aus der Berechnung *optimaler einheitenspezifischer Mittelwerte* bzw. *optimaler Einheiteneffekte*. Im zweiten Schritt wird dann, analog zum *Fixed Effects*-Verfahren, eine Entmittlung der Daten vorgenommen, allerdings nicht auf Grundlage der *einfachen*, sondern der im ersten Schritt gebildeten *optimalen* Schätzer der einheitenspezifischen Mittelwerte[56]! Folgende Gleichung beschreibt dementsprechend die Transformationsprozedur der *Random Effects GLS*-Regression[57]:

$$(y_{it} - \lambda_i \bullet \bar{y}_{i.}) = b_1 \bullet (x_{it} - \lambda_i \bullet \bar{x}_{i.}) + b_2 \bullet (z_i - \lambda_i \bullet z_i) + w_{it} \quad (3.6)$$

Für den Fehlerterm gilt entsprechend

$$...., w_{it} = (e_{it} + u_i) - \lambda_i \bullet (\bar{e}_{i.} + u_i) \quad (3.7)$$

Die Subtraktionsprozedur dieses Verfahrens eliminiert den optimalen Schätzer der $u_i$, welcher allerdings nicht identisch mit dem in der Stichprobe realisierten Einheiteneffekt der Personen sind. Der Fehlerterm lässt sich auflösen zu

$$(e_{it} + u_i) - \lambda_i \bullet (\bar{e}_{i.} + u_i) = e_{it} + u_i - \lambda_i \bullet \bar{e}_{i.} - \lambda_i \bullet u_i$$
$$= e_{it} - \lambda \bar{e}_{i.} + (1 - \lambda_i) \bullet u_i \quad (3.8)$$

Ein Teil des in der Stichprobe realisierten Einheiteneffektes, nämlich $(1-\lambda_i) \bullet u_i$, verbleibt bei RE also im Fehlerterm. Allerdings gelten die Fehlerterme der Grundgesamtheitsversion des Modells trotzdem als unkorreliert. Der Korrelationsstruktur in der Grundgesamtheit wird also bei der Berechnung der Parameter und der Standardfehler Rechnung getragen. Ein Beweis hierfür findet sich bei Wooldridge (2002, Kapitel 10.4).

---

56 Dieses ist eine vereinfachte Darstellung von RE, welche so nur im beispielhaft verwendeten leeren Modell (und auch dort nur näherungsweise) gilt. Tatsächlich beruht die Berechnung von $\lambda$ nicht auf den Varianzkomponenten der einfachen Verteilung der abhängigen Variablen, sondern den *Fehlervarianzkomponenten*. Diese setzen sich zusammen aus dem Anteil der Varianz der abhängigen Variablen, der nicht durch die integrierten unabhängigen Variablen erklärt wird. Dieser Anteil lässt sich natürlich erst auf der Grundlage geschätzter Modellparameter bestimmen. Die Berechnung der Parameter setzt beim RE-Verfahren allerdings wiederum die vorherige Berechnung der Fehler- bzw. residualen Varianzkomponenten voraus. Dieses Dilemma wird gelöst, indem der Berechnung von $\lambda$ ein weiterer Schritt vorangestellt wird: Die Berechnung eines einfachen OLS-Modells, aus dem auf der Grundlage der intrapersonellen Variation der Residuen Schätzer der Varianzkomponenten abgeleitet werden.
57 Ähnliche didaktische Einführungen in die RE-Technik finden sich bei Wooldridge 2005, Kapitel 14 sowie Hill et al. (2008, Kapitel 15.5). Diese sind allerdings sehr knapp und setzen erst mit der eigentlichen Subtraktionsprozedur ein. Die von uns hier gewählte Form der Motivation von RE ist stark an die Darstellung des Verfahrens im Kontext der Mehrebenenanalyse angelehnt (z. B. Snijders/ Bosker 1999, Kapitel 4). Ökonometrische Lehrbuchliteratur bedient sich bei der Aufbereitung von RE zumeist matrix-algebraischer Darstellungen. Einschlägig sind hier z. B. die Abhandlungen von Wooldridge (2002, Kapitel 10.4) oder Greene (2000, Kapitel 13.4).

Modellgleichung (3.6) verdeutlicht, dass sich im Rahmen von RE die Effekte zeitkonstanter Variablen spezifizieren lassen, denn diese werden nicht vollständig aus dem Modell eliminiert (sofern nicht der unrealistische Fall $\lambda=1$ eintritt). Der in Abbildung 3.3 sichtbare Überhang zwischen dem einfachen und dem optimalen Schätzer des Einheiteneffektes wird also bei einer Regression über RE-transformierte Daten genutzt, um Variationen zwischen den Personen durch unabhängige zeitkonstante Variablen zu erklären.

Somit stellt RE eine Alternative zum in Abschnitt 3.2 beschriebenen Korrekturverfahren der Standardfehler bei der Bearbeitung von Querschnittsfragestellungen mit Paneldaten dar. In Abschnitt 3.5 werden wir den pragmatischen Wert des Verfahrens abschließend diskutieren sowie die spezifischen Vor- und Nachteile von RE gegenüber OLS mit korrigiertem Standardfehler zusammenfassen.

## 3.4 Random Effects Maximum Likelihood (RE ML)

Neben dem oben dargestellten *Random Effects*-Verfahren gibt es eine weitere Schätztechnik, die ebenfalls mit dem Begriff *Random Effects* bezeichnet wird. Dieses ist die *Random Effects Maximum Likelihood-Regression* (RE ML). Die Funktionsweise ist eine andere, die vorhergesagten Parameter allerdings näherungsweise identisch zu RE GLS.

Diese Variante wird selten im Zusammenhang mit Paneldaten, aber häufig im Rahmen von klassischen Mehrebenenanalysen eingesetzt. Nun können Paneldaten als Spezialfall geschachtelter bzw. hierarchischer Daten aufgefasst werden. Sie sind daher grundsätzlich einer Analyse durch Techniken der Mehrebenenanalyse zugänglich. Allerdings unterscheiden sich die analytischen Anforderungen eines mit klassischen hierarchischen Daten operierenden Empirikers von demjenigen, der Paneldaten nutzt. Einschlägige Programme (z. B. HLM) und Programmmodule (z. B. xtmixed in STATA) zur Analyse von Mehrebenenmodellen spielen daher bei der einfachen Analyse von Paneldaten in der Regel keine Rolle. Bestimmte fortgeschrittene Panel-Techniken (auf die in Abschnitt 6 eingegangen wird) lassen sich jedoch am komfortabelsten im Rahmen solcher Programmmodule berechnen. Ein kurzer Exkurs auf RE ML ist daher an dieser Stelle sinnvoll.

Das *Maximum Likelihood*-Verfahren unterscheidet sich grundlegend von OLS-basierten Schätzungen der Koeffizienten. Es zielt nicht explizit auf die Minimierung von Abständen zur Schätzgrade, sondern vielmehr auf eine Maximierung der Erzeugungswahrscheinlichkeit der gegebenen Stichprobe: In einem iterativen Prozess wird dabei diejenige Ausprägungskombination von Grundge-

Querschnittsfragestellungen mit Paneldaten 89

samtheitsparametern gesucht und bestimmt, welche die realisierte Stichprobe mit der größten Wahrscheinlichkeit erzeugt hat (vgl. ausführlicher Kapitel 7).

Beim RE ML gehört nun neben den Koeffizienten der unabhängigen Variablen auch die Varianz der Verteilung der Einheiteneffekte zur Gruppe der Parameter, deren Ausprägungs- und Kombinationsmöglichkeiten in der Grundgesamtheit im Hinblick auf die Erzeugungswahrscheinlichkeit der realisierten Stichprobe miteinander verglichen werden. Dabei behandelt die Schätzoperation die Personeneffekte wie eine normalverteilte Zufallsvariable. Die personenspezifischen Effekte werden beim *Maximum Likelihood*-Verfahren also nicht als manifeste Variablen, sondern nur mittelbar über ihren Beitrag zur Varianz der Verteilung der abhängigen Variablen spezifiziert. Damit wird die Korrelationsstruktur der Daten berücksichtigt und die generierten Standardfehler gelten als unverzerrt[58].

Im Gegensatz zum oben eingeführten *Random Effects GLS*-Verfahren findet also beim RE ML *keine* Transformation der Daten statt. Die Regressionsgleichung entspricht daher der grundlegenden Darstellung eines Zusammenhangs im Panelkontext (vgl. Gleichung 1.5).

$$y_{it} = b_1 \bullet x_{it} + b_2 \bullet z_i + w_{it}, \quad w_{it} = e_{it} + u_i \qquad (3.9)$$

Statt einer Erweiterung durch Transformation wird hier ein weiterer Parameter in das Modell integriert, nämlich die Varianz des Einheiteneffektes, welcher als zufallsverteilt angenommen wird. Dies lässt sich wie folgt im Rahmen der Gleichung abbilden:

$$y_{it} = b_1 \bullet x_{it} + b_2 \bullet z_i + w_{it}, \quad w_{it} = e_{it} + u_i, \quad u_i \in N \; mit \; \sigma(u) \qquad (3.10)$$

## 3.5 Random Effects oder korrigierte Standardfehler?

Die grundlegende Eigenschaft von RE ist die Berechnung optimaler Schätzer einheitenspezifischer Mittelwerte und optimaler Einheiteneffekte. Diese Eigen-

---

58 Diese Zusammenhänge lassen sich auch bei Snijders/Bosker (1999, Kapitel 4.6) nachlesen. Eine kurze, aber sehr verständliche Einführung in die Logik des *Maximum Likelihood*-Verfahrens (welches, als Alternative zum Schätzverfahren der kleinsten Quadrate, bei ganz verschiedenen ökonometrischen Problemstellungen eine wichtige Rolle spielt) findet sich bei Andreß et al. (1997, Kapitel 1.2.4). Eine ausführlichere, mathematischer etwas anspruchsvollere, aber immer recht eingängige Beschreibung von ML bietet Eliason (1993).

schaft ist dann von substanzieller Bedeutung, wenn der Einheiteneffekt im Fokus des Interesses des Forschers steht. Dieses mag beispielsweise in der Biologie oder Landwirtschaftslehre der Fall sein, wenn statistisch valide (bzw. *optimale*) individuenbezogene Aussagen über die Effekte unbeobachtbarer genetischer Merkmale gesucht werden. *RE* wird daher in der angewandten Agrarwissenschaft zur effizienten Steuerung von Selektionsprozessen verwendet, wenn beispielsweise zur Abschätzung des zu erwartenden Reproduktionserfolges der Einheiteneffekt des Milchertrages einer Kuh unter Kontrolle exogener Faktoren bestimmt werden soll. Genau in diesem Kontext ist RE in den 50er Jahren auch entwickelt worden.

In den Sozialwissenschaften hat der einzelne Einheiteneffekt in aller Regel allerdings keine wichtige inhaltliche Bedeutung und keinen direkten Bezug zu den empirisch untersuchten Forschungsfragen. Aus der erhöhten Validität einheitenspezifischer Voraussagen erwächst daher kein unmittelbarer Mehrwert.

Allerdings kann sich der mit Paneldaten operierende Sozialwissenschaftler einen Nebeneffekt der Verwendung solcher optimaler Schätzer der Einheiteneffekte zunutze machen: Die in der Stichprobe vorhandenen Niveauunterschiede werden bei entsprechender Entmittlung nicht vollständig eliminiert, obgleich die Fehlerterme des Modells als unkorreliert gelten. Diese Reste von interpersoneller Heterogenität können daher nun dazu genutzt werden, die Effekte zeitkonstanter Variablen und deren Standardfehler zu berechnen.

Die so generierten *Standardfehler* sind etwas genauer als per OLS berechnete und nachträglich korrigierte Standardfehler. Die *Koeffizienten* echter zeitkonstanter Variablen unterscheiden sich zwischen OLS und RE nur dann, wenn *a)* zusätzlich zeitveränderliche Variablen in das Modell integriert sind oder *b)* das analysierte Panel unbalanciert ist.

In Fall *a)* verschieben sich die statistischen Konsequenzen von Abhängigkeiten innerhalb der unabhängigen Variablen. Variationen zwischen den Koeffizienten zeitkonstanter Variablen zwischen RE und OLS sind dann also ein Folgeeffekt der implizit unterschiedlichen Modellierung zeitveränderlicher Variablen.

Liegt *b)* ein unbalanciertes Panel vor, geht eine Messung bei RE umso stärker in die Berechnung der Koeffizienten ein, desto weniger weitere Messungen von dieser Einheit vorliegen. Dies lässt sich darauf zurückführen, dass mit zunehmender Anzahl an Beobachtungen einer Einheit ihr spezifisches Gewicht $\lambda$ *größer* und somit der Betrag ihrer einzelnen Messungen *kleiner* wird. Je mehr Messungen also von einer Einheit im Rahmen des Panels realisiert wurden, desto stärker erfolgt im Rahmen von RE eine Stauchung ihrer Messungen. Eine RE-Schätzung berücksichtigt folglich implizit, dass der aus einer Makroeinheit resultierende Informationsgewinn mit zunehmender Anzahl einheitenspezifischer Messungen nicht *linear*, sondern *entschleunigt* ansteigt.

Diese Anpassung des Regressionsgewichtes erfolgt bei einer einfachen OLS-Regression nicht. Im Kontext balancierter Strukturen ist dies (in Bezug auf den Koeffizienten) nicht problematisch: Das Ausmaß der Überschätzung des Informationsgehaltes zusätzlicher einheitenspezifischer Messungen ist in diesem Fall für alle Einheiten gleich. Im Falle eines unbalancierten Panels unterscheidet sich jedoch das Ausmaß der Überschätzung zwischen Personen. Bei RE kommt es (wie beschrieben) nicht zu dieser Überschätzung, seine Vorhersagen der Effekte zeitkonstanter Variablen sind daher bei unbalancierten Datenstrukturen *effizienter*.

Im Falle einer Querschnittsfragestellung, welche in erster Linie auf ein zeitkonstantes unabhängiges Merkmal abstellt, empfehlen wir dem mit einem unbalancierten Panel operierenden Forscher daher die Anwendung von RE.

Ist das Panel dagegen bei gleicher Fragestellung balanciert, spricht aus unserer Sicht nichts gegen das einfache OLS-Verfahren mit Standardfehlerkorrektur. Die Entscheidung, ob die in diesem Fall minimal verbesserte Schätzung der Standardfehler die Anwendung des komplizierten RE-Verfahrens rechtfertigt, wollen wir offen- und damit dem Anwender überlassen.

Wichtig ist allerdings der Hinweis, dass diese Empfehlungen nur dann gelten, wenn der Querschnittsfragestellung *echte* zeitkonstante Variablen zugrunde liegen. Variieren die unabhängigen Variablen auf Personenebene, so führt dieses dazu, dass die im Rahmen von RE generierten Koeffizienten den tatsächlichen Querschnittseffekt massiv verzerrt abbilden (und zwar umso stärker, je mehr die Variablen auf Personenebene variieren und je stärker der Querschnitts- vom Längsschnitteffekt der Variablen abweicht). Zwar stellt RE nicht wie FE ausschließlich auf intraindividuelle Variation ab, dennoch wird diese Variation aufgrund der partiellen Eliminierung von Niveauunterschieden stärker gewichtet als bei einer einfachen Regression. Somit werden intraindividuelle Effekte bei zeitveränderlichen Merkmalen überproportional in den Ergebnissen einer *Random Effects*-Regression repräsentiert.

Bei Variablen, die nur minimal auf Personenebene variieren (wie beim *Geschlecht*, der *Bildung*, der *Nationalität* etc.), stellt dieses in der Regel kein substanzielles Problem dar. Soll jedoch der Querschnittseffekt einer relativ stark intrapersonell variierenden Variable (wie beispielsweise der *Wohnort* oder der *Berufsstatus*) ermittelt werden, *ist eine einfache Regression mit korrigiertem Standardfehler dem Random Effects-Verfahren vorzuziehen*.

Tabellen 3.6 und 3.7 vergleichen die Koeffizienten einer RE-Regression mit denen einer einfachen OLS-Regression (berechnet mit und ohne Standardfehlerkorrektur) und illustriert die eben getätigten Empfehlungen. Grundlage ist wiederum der Datensatz *lebensz.dta*. Als unabhängige Variable integriert wurde hier lediglich das zeitkonstante Merkmal *Geschlecht*. Zunächst wurden zudem ausschließlich Berechnungen mit Personen, zu denen 5 vollständige Messungen vorliegen, durchgeführt – also mit einem *balancierten Panel* operiert[59].

Tabelle 3.6: Random Effects Regression der Lebenszufriedenheit auf das Geschlecht, mit Standardfehlern (*lebensz.dta*, balanciertes Panel)

|  | OLS b | OLS, robust b | RE b |
| --- | --- | --- | --- |
| sex | 0,040 | 0,040 | 0,040 |
|  | (0,0206) | (0,0358) | (0,0357) |
| _cons | –0,020 | –0,020 | –0,020 |
|  | (0,0152) | (0,0269) | (0,0264) |
| N | 9255 | 9255 | 9255 |

\* $p < 0.05$, \*\* $p < 0.01$

Da sowohl ein balanciertes Panel vorliegt als auch keine zeitveränderlichen Variablen integriert wurden, unterscheiden sich die Koeffizienten der zeitkonstanten unabhängigen Variablen nicht zwischen OLS und RE. Darüber hinaus ist der Standardfehler der RE-Regression nur minimal geringer als der korrigierte OLS-Standardfehler. Ein Vorteil von RE ist hier daher nicht ersichtlich. Anders verhält es sich, wenn mit allen verfügbaren Messungen operiert bzw. ein *unbalanciertes* Panel analysiert wird (Tabelle 3.7)[60].

---

59 Definiert wurde dazu zunächst eine Variable, welche die Anzahl realisierter Messungen der Lebenszufriedenheit auf Personenebene misst. Verwendet wurde dazu folgender Stata-Befehl:
```
egen anz=count(lebensz), by (persnr)
```
Im nächsten Schritt wurde über alle Personen mit 5 gültigen Messungen die RE-Regression durchgeführt:
```
xtreg lebensz sex if anz==5, re
```
Bei Interesse an der genauen Transformationsprozedur kann über die zusätzliche Option „theta" der Wert (bzw. die Werte) für λ zusätzlich mit angezeigt werden.

60 Berechnet wurde das RE-Modell nun ohne Einschränkung:
```
xtreg lebensz sex, re
```
Bei Analysen über unbalancierte Panel gibt es, wie beschrieben, keinen eindeutigen Wert für λ. In diesem Fall werden bei Wahl der zusätzlichen Option theta die Perzentile der Verteilung von λ mit ausgegeben.

Tabelle 3.7: Random Effects Regression der Lebenszufriedenheit auf das Geschlecht, mit Standardfehlern (*lebensz.dta*, unbalanciertes Panel)

|       | OLS<br>b | OLS, robust<br>b | RE<br>b |
|-------|---------|-----------------|---------|
| sex   | 0,017   | 0,017           | 0,001   |
|       | (0,018) | (0,029)         | (0,028) |
| _cons | -0,011  | -0,011          | -0,001  |
|       | (0,013) | (0,021)         | (0,021) |
| N     | 12922   | 12922           | 12922   |

* $p < 0.05$, ** $p < 0.01$

In diesem Fall unterscheiden sich die Koeffizienten von RE und OLS. Dies ist darauf zurückzuführen, dass bei beim RE-Verfahren Messungen von Personen, die insgesamt wenige Beobachtungen beitragen, implizit stärker gewichtet werden als solche von Personen mit vielen Beobachtungen. Dieses ist eine wünschenswerte Eigenschaft von RE, da der Informationsgewinn pro zusätzlicher personenbezogener Messung de facto nicht linear ist, sondern (in dem Maße, in dem die Lebenszufriedenheit intraindividuell korreliert) abnimmt. RE berücksichtigt also besser als OLS die statistischen Eigenschaften des Datensatzes und ist in diesem Fall (*unbalanciertes Panel & zeitkonstante unabhängige Variablen*) überlegen.

## 3.6 Between Regression (BE)

Gelegentlich wird zur Ermittlung des Querschnittseffektes im Panelkontext die so genannte *Between Regression* (BE) empfohlen. Dabei wird im ersten Schritt eine neue Datenmatrix gebildet, welche die zeitveränderlichen Messungen jeder Makroeinheit in einer Zeile zusammenfasst. Diese Zeilen enthalten nun Angaben zu den einheitsspezifischen Mittelwerten der Variablen. Auf Basis dieser Datenmatrix wird anschließend eine einfache Regression über die interessierenden Variablen gerechnet. Bei der *Between Regression* handelt es sich also um eine

OLS-Regression über einheitenspezifische Mittelwerte[61]. Dieses verdeutlicht Gleichung (3.11)[62]:

$$\overline{y}_{i.} = b_1 \bullet \overline{x}_{i.} + b_2 \bullet z_i + w_i \quad (3.11)$$

Der Fehlerterm reflektiert wie gehabt die Transformation der integrierten Variablen. Da der einheitenspezifische Mittelwert der idiosynkratischen Abweichungen 0 ist, besteht der Fehlerterm einer *Between Regression* ausschließlich aus dem einheitenspezifischen Fehler, es ist also

$$\ldots, w_i = u_i \quad (3.12)$$

Die technische Interpretation eines BE-Koeffizienten ist einfach: Er schätzt, wie sich der Mittelwert der abhängigen Variablen zwischen Person A und Person B (im Schnitt) voneinander unterscheidet, wenn der Mittelwert der unabhängigen Variablen bei Person B um eine Einheit höher liegt.

Wichtig ist allerdings der Hinweis, dass Längsschnittinformationen bzw. *intraindividuelle Effekte* im Rahmen von BE nicht vollständig eliminiert, sondern lediglich *geglättet* werden: Ruft auf Einheitenebene die Veränderung einer unabhängigen Variablen einen Ausschlag der abhängigen Variablen hervor, so wirkt sich dieses sowohl auf den einheitenspezifischen Mittelwert der unabhängigen, als auch auf den der anhängen Variablen aus. Der intraindividuelle Effekt von $x$ auf $y$ spiegelt sich also auch in den personenspezifischen Mittelwerten $\overline{x}_{i.}$ und $\overline{y}_{i.}$ wieder, welche folglich neben dem Querschnittseffekt auch den intraindividuellen Effekt transportieren.

### 3.7 BE als Alternative zu den vorgestellten Verfahren für Querschnittsfragestellungen?

Auf Grundlage dieses Einblicks in die Konstruktion des BE-Koeffizienten soll im Folgenden kurz die Eignung des Verfahrens zur Analyse von Querschnittsfragestellungen erörtert werden. Dabei sollen Szenarios mit zwei verschiedenen

---

61 Das Verfahren der *Between Regression* wird in Lehrbüchern zur Panelanalyse meistens nicht (oder nur am Rande) erörtert. Ausnahmen sind die Texte von Rabe-Hesketh/Skrondal (2005, Kapitel 2.6) sowie Cameron/Trivedi (2005, Kapitel 21.2).

62 $z$ ist hier nicht explizit als Mittelwert gekennzeichnet, da bei einer zeitkonstanten Variablen per Definition jede Ausprägung dem einheitenspezifischen Mittelwert entspricht.

Typen von unabhängigen Variablen (*echte* und *quasi* zeitkonstante Variablen) unterschieden werden.

*Fall 1: Querschnittsfragen mit einer echten zeitkonstanten unabhängigen Variablen*

Werden die unabhängigen Merkmale durch echte zeitkonstante Variablen abgebildet, entspricht der Koeffizient von BE exakt denen von OLS (und RE). Allerdings gilt dieses nur dann, wenn die Analyse auf der Grundlage eines balancierten Panels durchgeführt wird. In einem unbalancierten Panel weichen dagegen die Koeffizienten (zumeist geringfügig) voneinander ab. Dieses lässt sich darauf zurückführen, dass der Beitrag einer Untersuchungseinheit zum BE-Koeffizienten unabhängig von der Anzahl einheitenspezifischer Messungen ist: Der Mittelwert einer Person mit 5 Messungen bekommt im Rahmen des Verfahrens genauso viel Gewicht wie derjenige einer Person mit lediglich einer Messung. BE ignoriert daher, dass ein einheitenspezifischer Mittelwert, der auf der Basis vieler Messungen berechnet wurde, sehr viel mehr Information trägt als einer, der sich aus wenigen Einzelwerten zusammensetzt.

Im Gegensatz zu OLS, welches den Informationszuwachs zusätzlicher einheitenspezifischer Messungen überbewertet, wird dieser bei Anwendung von BE also implizit unterschätzt. Lediglich RE nimmt, wie in Abschnitt 3.5 geschildert, eine adäquate implizite Gewichtung vor. Daher generiert RE bei unbalancierten Datenstrukturen und zeitkonstanten unabhängigen Variablen effizientere Koeffizienten als BE (und OLS). Auch vor dem Hintergrund der zusätzlichen eingeführten BE-Regression bleibt also RE im hier diskutierten Fall das Verfahren der Wahl.

*Fall 2: Querschnittsfragen mit einer quasi-konstanten unabhängigen Variablen*

Wie bereits in Abschnitt 3.5 geschildert, wirft die Anwendung von RE bei der Analyse quasi-zeitkonstanter unabhängiger Variablen Probleme auf. So verbleiben OLS und BE in diesem Fall als Analyseoptionen. Die Koeffizienten dieser Verfahren unterscheiden sich in der Regel bei der Berechnung des Querschnittseffektes quasi-konstanter unabhängiger Variablen. Dieses gilt auch dann, wenn die Daten balanciert sind. Welches der beiden Verfahren aber beschreibt nun den gesuchten Querschnittseffekt?

Der OLS-Koeffizient erlaubt in jedem Fall eine klare inhaltliche Interpretation: Dieser bildet ab, wie stark sich die abhängige Variable zwischen den Kategorien der unabhängigen Variablen unterscheidet. Im Zusammenhang einer Analyse zwischen Wohnort und Einkommen zeigt er beispielsweise an, wie sich der

Einkommensmittelwert aller Messungen in Ostdeutschland vom Mittelwert aller westdeutschen Messungen unterscheidet. Bei einem Querschnittsdatensatz bezieht sich diese Angabe dabei auf einen Zeitpunkt, bei gepoolten Querschnitts- oder Paneldaten dagegen auf einen Zeitraum. Sofern Merkmale analysiert werden, deren univariate Verteilungen im Zeitverlauf nicht variieren (was in der Regel der Fall ist), gleicht dabei der auf Basis des gesamten Paneldatensatzes berechnete OLS-Koeffizient dem durchschnittlichen wellenspezifischen OLS-Koeffizienten.

Der BE-Koeffizient entzieht sich dagegen zumeist einer klaren inhaltlichen Interpretation. So haben wir beispielsweise in Kapitel 2.4 versucht, den Koeffizienten eines personenbezogenen Mittelwertes der Kindervariablen zu deuten. Dazu mussten wir stark von dem zugrunde liegenden Merkmal abstrahieren und den personenbezogenen Mittelwert als Indikator eines latenten Konstrukts, nämlich der „Fertilitätsneigung", interpretieren. Eine sinnvolle Deutung des personenspezifischen Mittelwertes einer unabhängigen Variablen ist allerdings im Panelkontext oft nicht möglich, die Anwendung von BE daher fragwürdig[63].

## 3.8 OLS KV für Querschnittsfragestellungen?

Bei einer Analyse von Querschnittsfragestellungen böte sich zudem eine Regression mit Kontextvariablen als weitere Alternative zur Messung des Effektes quasi-zeitkonstanter Merkmale an (vgl. Abschnitt 2.4). In diesem Fall würden die Kontextvariablen ihre Funktion als bloße statistische Instrumente, die die *Within*-Schätzer auspartialisieren, verlieren; vielmehr dienten in diesem Fall umgekehrt die originären zeitveränderlichen Variablen als Kontrollvariablen und zur Isolierung der *Between*-Effekte.

Diese Spezifikation wirft natürlich die Frage auf, welcher der beiden expliziten Mittelwertschätzer (BE vs. OLS KV) denn nun den gesuchten Querschnittseffekt besser misst. Wir meinen: Dieses ist der Koeffizient der Kontextvariablen. Schließlich greift der BE-Koeffizient immer noch anteilig Längsschnitteffekte auf (siehe Kapitel 3.6), während bei OLS KV intraindividuelle Variation vollständig kontrolliert wird. Anders formuliert: Nur im Rahmen einer Regression mit Kontextvariablen werden, im Gegensatz zu BE, *Within*- und *Between*-Effekt sauber und vollständig voneinander getrennt. Wenn also zuguns-

---

63 Anders verhält es sich, wenn im Kontext eines Mehrebenendesigns „Within"- und „Between"- Effekte anderweitig gruppierter Daten (z. B. Schüler in Klassen) modelliert werden. In solchen Fällen handelt es sich bei dem gruppenspezifischen Mittelwert der UV (z. B. der Anteil an männlichen Schülern) um ein inhaltlich relevantes Merkmal, dessen Effekte (z. B. auf die individuelle Leistung) man sinnvoll interpretieren kann.

ten der vollständigen Freilegung des Mittelwert-Effektes die klare Interpretierbarkeit des einfachen OLS-Koeffizienten aufgegeben werden soll, ist OLS KV (statt BE) angezeigt. Tabelle 3.8 vergleicht die Ergebnisse von BE, OLS KV und einfachem OLS auf Basis von *lebensz.dta*[64].

Tabelle 3.8: Determinanten der Lebenszufriedenheit (*lebenz.dta*)

|             | OLS, robust | BE       | OLS KV    |
|-------------|-------------|----------|-----------|
|             | b           | b        | b         |
| sex         | 0,056**     | 0,031    | 0,060**   |
| anz_kind    | −0,071**    | −0,096** | 0,073     |
| bildung     | 0,022**     | 0,018**  | −0,072    |
| gesund      | 0,388**     | 0,430**  | 0,248**   |
| anz_kind_kv |             |          | −0,162**  |
| bildung_kv  |             |          | 0,092*    |
| gesund_kv   |             |          | 0,191**   |
| _cons       | −0,243**    | −0,158*  | −0,212**  |
| N           | 10659       | 3289     | 10659     |
| r²          | 0,15        | 0,2      | 0,16      |

$* p < 0.05, ** p < 0.01$

Die Effekte der personenspezifischen Mittelwerte bei OLS KV weichen von denen der *Between Regression* ab, was darauf zurückzuführen ist, dass die Effekte der Kontextvariablen bei OLS KV unter Kontrolle bzw. Konstanthaltung der jeweiligen Originalvariable berechnet werden. Allerdings fällt auf, dass die Summe der Effekte von Original- und Kontextvariable (näherungsweise) dem Effekt der entsprechenden Variable bei BE gleichen[65]. Der Effekt der Kontextvariablen bei OLS KV misst also die Differenz von FE- und BE-Koeffizient[66].

Da es sich bei *lebensz.dta* um einen unbalancierten Datensatz handelt, werden Messungen in BE und OLS unterschiedlich gewichtet, so dass die Verfahren abweichende Geschlechtereffekte anzeigen. Wie beschrieben, würde man im

---

64 Verwendet wurde für die *Between Regression* folgendes Stata-Kommando
    xtreg lebensz sex anz_kind bildung gesund,be
65 Die geringfügige Abweichung im Beispiel ist dem unbalancierten Datensatz geschuldet. Im balancierten Panel gilt die formulierte Regel ohne Einschränkung.
66 Ein einfacher Beweis für diesen Sachverhalt findet sich bei Snijders/Bosker (1999, Kapitel 3.6).

Falle eines zentralen Interesses am Geschlechtereffekt (sofern die Variable, wie im Beispiel gegeben, keine intraindividuelle Variation aufweist und der Datensatz unbalanciert ist) das in dieser Tabelle nicht aufgeführte RE-Verfahren anwenden.

Die Koeffizienten der zeitveränderlichen Variablen zwischen OLS und BE liegen relativ nah beieinander, trotz der stärkeren Berücksichtigung von Längsschnittinformation bei OLS. Dieses lässt sich darauf zurückführen, dass bei den hier untersuchten Merkmalen die Variation zwischen Personen dominiert und Veränderungen auf Personenebene residualen Charakter haben[67].

Begreift man das Bildungsmerkmal als quasi-zeitkonstante Variable, so stellt sich nun natürlich die Frage, welcher der drei ausgewiesenen Koeffizienten den Querschnittseffekt auf die Lebenszufriedenheit am besten abbildet. Wie beschrieben, fällt der BE-Koeffizient als Option heraus, da er *weder* klar zu interpretieren ist, *noch* den vollständig isolierten *Between*-Effekt wiedergibt. Letzteres Problem ist auch beim OLS-Koeffizienten gegeben; dafür liefert dieser eine klare Interpretation: Innerhalb des Analysefensters liegt der Unterschied in der Lebenszufriedenheit zwischen zwei Personen mit einem Bildungsunterschied von einem Jahr bei durchschnittlich 0,02 Einheiten der Standardabweichung.

Im Rahmen der Regression mit Kontextvariablen bietet der Koeffizient des personenspezifischen Mittelwertes nun eine um Längsschnitteffekte bereinigte Version des Querschnittsschätzers an. Dessen Interpretation ist allerdings sperrig und zunächst wenig intuitiv: Unter Konstanthaltung des tatsächlichen, zu einem bestimmten Zeitpunkt realisierten Bildungsniveaus liegt das Gefälle in der Lebenszufriedenheit zwischen zwei Personen, deren durchschnittliche Bildungsdauer sich um ein Jahr unterscheidet, im Schnitt bei 0,09 Einheiten der Standardabweichung. Abstrahiert man von der genuinen Bedeutung der Variablen, könnte dieser Koeffizient als *Nettoeffekt der Bereitschaft zur Bildungsinvestition* interpretiert werden.

---

67 Diese Behauptung kann leicht auf der Grundlage einer Varianzkomponentenanalyse der unabhängigen Variablen überprüft werden. Für diese, aus der Mehrebenenanalyse stammende Technik, stellt Stata spezifische Module bereit (xtmixed, glamm). Allerdings lässt sich bei einfachen hierarchischen Strukturen auch das xtreg Kommando verwenden, denn die Varianzaufteilung einer Variable wird bei Spezifikation des leeren Modells durch die ausgegebenen Parameter *sigma(u)* und *sigma(e)* beschrieben (*Rho* lässt sich in diesem Fall als Anteil der durch die Personenzugehörigkeit erklärten Varianz der Variable deuten). Die Aufschlüsselung der Varianz einer Variablen in „Within" und „Between" Komponenten im Panelkontext bietet zudem das Kommando xtsum. Das Verfahren der Varianzkomponentenanalyse und die verschiedenen EDV-Techniken werden ausführlich bei Rabe-Hesketh/Skrondal (2005) aufbereitet.

# 4 Weitere Möglichkeiten zur Analyse von Längsschnittfragestellungen

Bisher wurde RE ausschließlich als Technik zur Analyse von Querschnittsfragestellungen mit zeitkonstanten unabhängigen Variablen eingeführt. In der empirischen Forschung beobachtet man gelegentlich die Anwendung von RE auf explizite Längsschnittfragestellungen. Diese Konstellation ist im Kontext des Lehrbuches bisher nicht behandelt worden. Mit den Problemen dieser Vorgehensweise wollen wir uns im folgenden Abschnitt 4.1 auseinandersetzen. Im Abschnitt 4.2 wird zudem besprochen, inwiefern sich RE im Rahmen einer Regression mit Kontextvariablen (Abschnitt 2.4) zur Korrektur der Standardfehler eignet.

## 4.1 Random Effects statt Fixed Effects?

Während die in Kapitel 3.3 dargestellte *Random Effects*-Regression im Kontext von Querschnittsfragestellungen mit zeitkonstanten Variablen oftmals nützlich ist, ist dies bei der Bearbeitung von Längsschnittfragestellungen mit zeitveränderlichen unabhängigen Variablen zumeist nicht der Fall. Schließlich impliziert die *Random Effects*-Transformation keine unmittelbare technische Umsetzung einer Längsschnittfragestellung, denn intraindividuelle Variation wird nicht vollständig isoliert. Während also FE und FD Vorher/Nachher-Vergleiche auf Personenebene im Regressionsformat umsetzen, stellt der RE-Koeffizient auch auf Unterschiede *zwischen* Personen ab.

Eng damit verbunden ist eine weitere Erklärung, welche diesen Sachverhalt auf die formal-statistische Ebene überführt und stärker das Motiv hinter einer Längsschnittfrage bemüht. Dieses ist, zumindest implizit, die Kontrolle von unbeobachteter Heterogenität bzw. die Elimination des Einheiteneffektes $u$ aus dem Fehlerterm (vgl. Kapitel 2).

Bei einer RE-Transformation verbleibt ein Teil personenspezifischer Heterogenität in den transformierten Variablen (und somit ein Teil von $u$ im Fehlerterm): Es bestehen – trotz der teilweisen Entmittlung – weiterhin Niveauunterschiede zwischen den individuellen Verläufen der RE-transformierten Meßreihen. Diese Niveauunterschiede spiegeln die Einflüsse zeitkonstanter Merkmale wider. Daher transportiert ein RE-Koeffizient die Effekte sämtlicher im Modell nicht kontrollierter, jedoch mit der unabhängigen Variablen korrelierter zeitkonstanter Merkmale. Sobald also die unabhängige Variable mit einem unbeobachteten zeitkonstanten Merkmal korreliert ist, sind RE-Koeffizienten verzerrt[68].

Die Verwendung von RE beruht also ebenso wie einfaches OLS auf der Annahme, dass es *keine korrelierten zeitinvarianten Drittvariablen* gibt. Diese Annahme ist nicht nur problematisch, sondern widerspricht dem impliziten Motiv bei der Formulierung einer Längsschnittfragestellung bzw. dem Motiv zur Verwendung von Paneldaten[69]: Die Möglichkeit der Kontrolle unbeobachteter Heterogenität bzw. zeitkonstanter Drittvariablen, welche die Erhebung und Verwendung von Paneldaten begründet, wird bei RE nicht in Anspruch genommen.

Tabelle 4.1 stellt auf Basis des Praxisdatensatzes *lebensz.dta* die Parameterschätzungen von OLS, FE und RE gegenüber und verdeutlicht dabei die Eigenschaften und Probleme der *Random Effects*-Regression bei Längsschnittfragestellungen.

---

68 Diese Zusammenhänge werden auch ausführlich bei Hsiao (2003, Kapitel 3.4) erläutert.
69 Vergleiche von FE und RE, die sich ebenfalls kritisch mit der Verwendung des Random Effects Verfahrens im Kontext sozialwissenschaftlicher Längsschnittfragestellungen auseinandersetzen, finden sich auch bei Allison (2004, 2005) und bei Halaby (2004). Ersterer stellt dabei stark auf die Probleme bei der Annahme unkorrelierter Fehlerterme ab, Zweiterer bezieht sich auf die Inkonsistenz zwischen dem Motiv zur Verwendung von Paneldaten und dem RE-Mechanismus.

Analyse von Längsschnittfragestellungen

Tabelle 4.1: Determinanten der Lebenszufriedenheit, berechnet mit OLS, FE und RE (*lebensz.dta*)

|          | OLS<br>b    | FE<br>b   | RE<br>b     |
|----------|-------------|-----------|-------------|
| sex      | 0,056**     | -         | 0,034       |
| anz_kind | −0,071**    | 0,073*    | −0,045**    |
| bildung  | 0,022**     | −0,072*   | 0,021**     |
| gesund   | 0,388**     | 0,248**   | 0,325**     |
| cons     | −0,243**    | 0,813*    | −0,227**    |
| N        | 10659       | 10659     | 10659       |
| r²       | 0,15        | 0,05      | 0,15        |
| sigma u  |             | 0,85      | 0,64        |
| sigma e  |             | 0,68      | 0,68        |
| rho      |             | 0,61      | 0,46        |

\* $p < 0.05$, \*\* $p < 0.01$

Die Koeffizienten der zeitveränderlichen Variablen unterscheiden sich deutlich zwischen FE und RE. Bei der *Kinderanzahl* und den *Bildungsjahren* verändert sich sogar die Effektrichtung. Hier zeigt sich, dass durch die unvollständige Elimination personenspezifischer Heterogenität die RE-Koeffizienten einen Großteil der Querschnittseffekte (die vom einfachen OLS-Schätzer abgebildet werden) mittransportieren. Die RE-Koeffizienten der zeitveränderlichen Variablen können daher hier als diffuse, nicht sinnvoll interpretierbare Kreuzung aus Quer- und Längsschnitteffekt aufgefasst werden[70]. Entsprechend liegen die RE-Koeffizienten jeweils zwischen denen von OLS und FE[71].

Dieses lässt sich auf technischer Ebene durch das Element $\lambda$ in der RE-Gleichung (3.6) erklären, welches auch als *Gewichtungsmoment zwischen Längs- und Querschnittseffekt* begriffen werden kann: Gilt $\lambda = 1$, findet eine vollständige Entmittlung der Daten statt, RE reproduziert in diesem Falle den

---

70 Denkt man nicht in den Kategorien von Quer- und Längsschnitteffekt, sondern begreift den Längsschnitteffekt implizit als Abbild des „tatsächlichen" Effektes, so fasst man die RE-Koeffizienten als Parameter auf, welche unbeobachtete zeitkonstante Drittvariablen mittransportieren und daher ungültig sind. Beide Perspektiven drücken letztlich denselben Sachverhalt aus – dass nämlich die Längsschnitteffekte in diesem Modell durch die RE-Koeffizienten stark verzerrt abgebildet werden.
71 Allison (2005, Kapitel 2.5) veranschaulicht diesen Zusammenhang zwischen OLS, RE und FE ebenfalls auf der Grundlage eines empirischen Beispiels.

FE-Schätzer. Ist dagegen $\lambda = 0$, werden die Ausgangswerte faktisch nicht transformiert und das RE-Verfahren entspricht einer einfachen OLS-Regression. Die Größe von $\lambda$ zeigt also an, wie stark die RE-Koeffizienten den FE-Koeffizienten angenähert sind[72].

Auffällig ist zudem, dass die geschätzte Standardabweichung des Einheiteneffektes (*sigma (u)*) zwischen RE und FE stark variiert. Dieses hängt einerseits damit zusammen, dass hier zwei unterschiedliche Konzepte das gleiche Etikett bekommen haben: Bezieht sich *sigma (u)* im *Fixed Effects*-Modell auf die *absoluten* Einheiteneffekte (also die Variation der einheitenspezifischen Mittelwerte), spezifiziert der entsprechende Schätzer im RE-Modell die Variation der *residualen* Einheiteneffekte (bezieht sich also auf *nicht durch die unabhängigen Variablen erklärten* Unterschiede zwischen den einheitenspezifischen Mittelwerten). Letztere ist natürlich, sofern erklärungskräftige Variablen in das Modell integriert wurden, kleiner. Zudem bezieht sich der RE-Parameter auf optimierte, also dem Gesamtmittelwert angenäherte Einheiteneffekte, so dass selbst in einem leeren Modell die Schätzungen der Varianzparameter zwischen RE und FE voneinander abweichen (vgl. Abbildung 3.3).

## 4.2 *Random Effects* bei einer Integration von Kontextvariablen (RE KV): Eine Hybridmethode

Die *Integration von Kontextvariablen* wurde in Kapitel 2 den Längsschnittmethoden zugerechnet, welche zur Modellierung der Effekte zeitlich variierender unabhängiger Merkmale geeignet sind[73]. Auch hier verbleibt zwar wie bei RE ein Anteil des Einheiteneffektes im Fehlerterm, dieser Anteil ist aber nicht problematisch hinsichtlich der Exogenitätsannahme (weshalb die Integration von Kontextvariablen die Koeffizienten einer *Fixed Effects*-Regression reproduziert): Die *Kontextvariablen-Regression* eliminiert gerade den Anteil unbeobachteter Heterogenität, welcher mit den unabhängigen Variablen korreliert ist, während die

---

72 Die Ergebnisse in Tabelle 4.1 verdeutlichen allerdings, dass nicht nur $\lambda$ für die Positionierung des RE-Koeffizienten (zwischen OLS und FE) verantwortlich ist: So ist der RE-Schätzer der Bildungsvariable sehr stark dem entsprechenden OLS-Effekt angenähert, während der RE-Koeffizient der Gesundheitsvariable in etwa dem Mittelwert von OLS und FE entspricht. Dieses liegt daran, dass die Bildungsjahre wesentlich stärker *zwischen* als *innerhalb* von Personen variieren. Der Längsschnittschätzer im FE-Modell wurde also auf der Basis sehr weniger Messungen ermittelt, welche im Kontext der RE-Schätzung (gegenüber den vielen verwertbaren Information im Querschnitt) nur einen verschwindend geringen Einfluss auf die Berechnung der Effektgröße haben.
73 In Kapitel 3 wurde zudem das Potenzial dieser Technik zur Analyse quasi-zeitkonstanter Variablen diskutiert. Die folgenden Ausführungen gelten hier analog für diesen Fall.

*Random Effects*-Transformation den Teil des Einheiteneffektes absorbiert, der für die intraindividuelle Korrelation der Fehlerterme verantwortlich ist. OLS KV produziert also unverzerrte Schätzer, während RE die Validität von Standardfehlern und Teststatistik sicherstellt.

Somit liegt ein großer Reiz gerade in der Kombination beider Verfahren[74]. Häufig wird als Vorteil des kombinierten Vorgehens (auch *Hybrid-Regression* genannt) die Möglichkeit der Integration zeitkonstanter Variablen angeführt[75]. Besteht also nicht nur ein Interesse an den Koeffizienten zeitveränderlicher Variablen, sondern ein zusätzliches inhaltliches Interesse an den Effekten oder Mediationseigenschaften zeitkonstanter Variablen, so ist die Verwendung der *Hybrid-Regression* angezeigt.

---

[74] Allison (2009, Kapitel 2) führt diese Kombination ebenfalls als *Hybrid-Verfahren* ein und stellt es explizit als Alternative zur klassischen FE-Regression vor.
[75] Allerdings ist die Integration zeitkonstanter Merkmale bei der Analyse zeitlich variierender Variablen in der Regel nicht inhaltlichem Interesse an den entsprechenden Effekten geschuldet, sondern liegt in dem Motiv der statistischen Kontrolle zeitkonstanter Störmerkmale begründet. Gerade diese Kontrolle erfolgt aber im Rahmen einer *Fixed Effects*-Regression automatisch vollständig.

Tabelle 4.2: Determinanten der Lebenszufriedenheit mit Standardfehlern (*lebensz.dta*)

| | FE<br>b | OLS KV<br>b | RE KV<br>b |
|---|---|---|---|
| sex | - | 0,060** | 0,043 |
| | - | (0,018) | (0,027) |
| anz_kind | 0,073* | 0,073 | 0,073* |
| | (0,030) | (0,040) | (0,030) |
| bildung | −0,072* | −0,072 | −0,072* |
| | (0,033) | (0,044) | (0,032) |
| gesund | 0,248** | 0,248** | 0,248** |
| | (0,013) | (0,018) | (0,013) |
| kv_anz_kind | | −0,162** | −0,166** |
| | | (0,041) | (0,033) |
| kv_bildung | | 0,092* | 0,091** |
| | | (0,044) | (0,033) |
| kv_gesund | | 0,191** | 0,186** |
| | | (0,021) | (0,020) |
| _cons | 0,813* | −0,212** | −0,176** |
| | (0,388) | (0,069) | (0,069) |
| N | 10659 | 10659 | 10659 |
| $r^2$ | 0,05 | 0,16 | 0,16 |

$*p < 0.05, **p < 0.01$

Tabelle 4.2 zeigt die Koeffizienten von RE KV und OLS KV[76] und vergleicht diese mit denen einer FE-Regression. Verwendet wurde wiederum der Praxisdatensatz *lebensz.dta*. Deutlich wird, dass RE KV nicht mehr nur die Koeffizien-

---

76 Auch für die *Hybrid-Regression* haben wir einen ADO-File als Add-on zum Statistikprogramm Stata programmiert, der zu jeder in dem Regressionsbefehl enthaltenen Variablen automatisch die entsprechende Kontextvariable integriert. Dieses Zusatzmodul lässt sich über folgenden Befehl auf virtuellem Wege herunterladen:
    http://www.barkhof.uni-bremen.de/~mwindzio/xtregkv.ado
Nach der Installation können die Ergebnisse aus der Tabelle mit folgendem Befehl reproduziert werden:
    xtregkv lebensz sex anz_kind bildung gesund

Analyse von Längsschnittfragestellungen 105

ten von FE reproduziert, sondern auch (näherungsweise) den Standardfehler[77]. Der Effekt der zeitkonstanten Variable *sex* variiert zwischen RE KV und OLS KV, was sich wiederum auf die unterschiedlichen Eigenschaften der beiden Schätzer bei unbalancierten Datenstrukturen zurückführen lässt (zur Erinnerung: Bei einem balancierten Datensatz sind OLS- und RE-Koeffizienten zeitkonstanter Variablen identisch, siehe Abschnitt 3.5).

---

77 Im Zusammenhang mit diesem Sachverhalt ist allerdings bemerkenswert, dass die Standardfehler von RE KV hier *kleiner* sind als die von OLS KV. Dieses lässt sich darauf zurückführen, dass die Fehlerterme im einfachen OLS-Modell größer sind als im RE-Modell, was bei der vorliegenden speziellen Variablenkonstellation dazu führt, dass die Standardfehler der einfachen OLS-Regression nicht (wie im Panelkontext üblich) *unter*- sondern *über*schätzt sind.

# 5 Zusammenfassung: Die Wahl des angemessenen Verfahrens

In Abbildung 5.1 sind die Ausführungen, Erklärungen und Empfehlungen der Kapitel 1 bis 4 zur Methodenwahl im Panelkontext auf einen einfachen Entscheidungsbaum heruntergebrochen. Dabei wird noch expliziter als in den Kapiteln auf die Variationseigenschaften der unabhängigen Variablen als Kriterium abgestellt. Dieser Baum bietet Anfängern der Panelanalyse einen zusammenfassenden Überblick über die Verfahren, bezieht allerdings gleichzeitig Stellung im wissenschaftlichen Diskurs über die Eignung verschiedener Methoden zur Analyse von Paneldaten. Dieser Diskurs behandelt insbesondere die Frage, inwieweit Methoden der Mehrebenenanalyse, womit konkret *Random Effects*-Regressionen gemeint sind, den klassischen Verfahren (*Fixed Effects*, robuste OLS-Regression) überlegen sind. Als Vorteile von RE werden dabei die verbesserte Schätzung der einheitsspezifischen Achsenabschnitte, die Möglichkeit zur Differenzierung der Fehlerkomponenten sowie die Messbarkeit des Einflusses zeitkonstanter Variablen berichtet.

Gerade letztgenanntem Argument wird häufig die Dissonanz mit dem Motiv zur Verwendung von Paneldaten entgegengehalten und die Modellierbarkeit zeitinvarianter Variablen entsprechend als Scheinvorteil deklariert. Die unterschiedlichen Argumente werden dabei durch Verweise auf Simulationsstudien oder technische Hilfsmittel, wie den *Hausman-Test,* untermauert. Entsprechend kann in der Empirie beobachtet werden, dass diese Tests häufig das logische Herleiten der angemessenen Methode ersetzen.

Mittlerweile hat sich allerdings im Kontext der Analyse von Paneldaten eine alternative Sichtweise durchgesetzt, die stark um Konsistenz zwischen Fragestellung und Variableneigenschaften einerseits und Analysemethode andererseits bemüht ist[78]. Diese Haltung haben wir uns in diesem Buch zueigen gemacht: Wer eine Längsschnittfrage stellt (bzw. an den Effekten zeitveränderlicher Variablen interessiert ist), sollte dementsprechend auch eine Methode verwenden,

---

[78] Hervorgehoben seien in diesem Zusammenhang die Forderung von King (1990) nach stärkerer Berücksichtigung der inhaltlichen Implikationen der Mechanik eines Verfahrens bei der Methodenwahl sowie die Ausarbeitung dieser Forderung von Plümper et al. (2005) im Panelkontext.

welche den Längsschnitt modelliert und ausschließlich intrapersonelle Unterschiede zur Konstruktion des Koeffizienten verwendet. Gerade im sozialwissenschaftlichen Bereich bietet sich hierfür aufgrund der Robustheit gegenüber Spezifikationsfehlern und der geringen Variationseigenschaften relevanter Merkmale die *Fixed Effects*-Regression an (vgl. Kapitel 2).

Abbildung 5.1: Entscheidungsschema, grundlegende Analysetechniken für Paneldaten

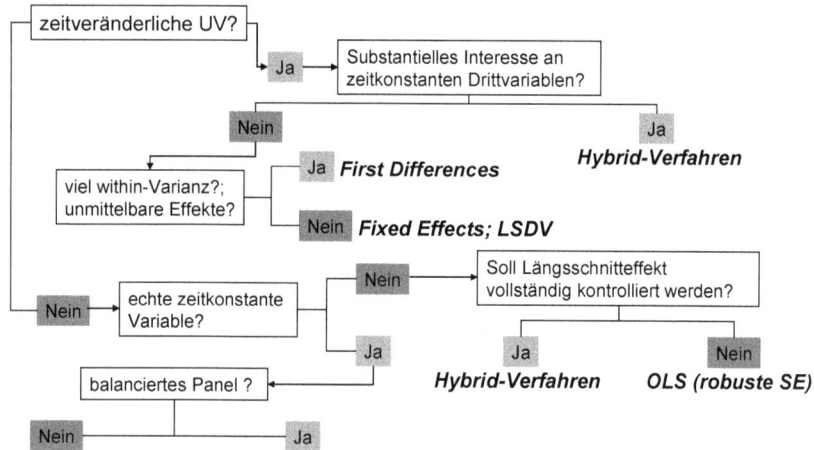

Besteht über die Effekte von zeitlich variierenden Merkmalen hinaus ein substanzielles inhaltliches Interesse an zeitkonstanten Merkmalen, kann alternativ das *Hybrid-Verfahren*, eine Kombination aus der Integration von Kontextvariablen und der *Random Effects*-Regression, angewendet werden (vgl. Abschnitt 4.2).

Dieses Verfahren eignet sich außerdem zur Durchführung von regressionsbasierten Mediations- bzw. Drittvariablenanalysen, in denen die Wirkungsmechanismen hinter beobachteten bivariaten Zusammenhängen aufgeklärt werden sollen. So kann die nacheinander erfolgende, stufenweise Spezifikation von a.) *zeitveränderlichen Variablen*, b.) *zeitkonstanten Kovariaten* und c.) *personenspezifischen Mittelwerten* im Rahmen einer RE-Regression die Erklärungsanteile a.) *zeitpunktbezogener Merkmale*, b.) *beobachtbarer personenspezifischer Merkmale* und c.) *unbeobachtbarer personenspezifischer Merkmale* am Brutto-Zusammenhang im bivariaten Modell aufdecken.

Liegt der Analyse von Paneldaten dagegen eine Querschnittsfragestellung mit zeitkonstanten Variablen zugrunde, müssen Methoden verwendet werden, die auf Niveauunterschiede abstellen und entsprechend *inter*individuelle Kovariation aufgreifen. Längsschnittmethoden (FE, FD) sind in diesem Fall ungeeignet, da diese Niveauunterschiede vollständig eliminieren: Bei echten zeitkonstanten unabhängigen Variablen führt dies zum Ausfall der Merkmale, bei quasi-zeitkonstanten Variablen wird ausschließlich auf residuale intraindividuelle Varianz abgestellt (vgl. Abschnitt 3.1). Stattdessen sollte eine einfache OLS-Regression mit robusten Standardfehlern oder eine *Random Effects*-Regression durchgeführt werden (vgl. Abschnitte 3.2 bis 3.4). Aufgrund der stärkeren Gewichtung der Messungen von Einheiten mit wenigen Beobachtungen bietet letztere gegenüber OLS insbesondere dann einen Vorteil, wenn unbalancierte Datenstrukturen analysiert werden (vgl. Abschnitt 3.5).

RE muss allerdings dann mit großer Vorsicht angewendet werden, wenn die untersuchten Merkmale in der Stichprobe durch quasi-konstante Variablen gebildet werden, welche faktisch intraindividuelle (Rest-)Variation aufweisen. In diesem Fall sollten die RE-Ergebnisse zumindest abgesichert und mit denen einer einfachen OLS-Regression verglichen werden (vgl. Abschnitt 3.5). Ergeben sich hier substanzielle Differenzen, greift der RE-Schätzer zu viel des Längsschnitteffektes auf und sollte nicht verwendet werden. Falls der *intra*individuelle Effekt der quasi-zeitkonstanten Variablen explizit kontrolliert werden soll, muss eine Spezifikation mit Kontextvariablen, bevorzugt im RE-Framework (und somit als *Hybridmodell*), gewählt werden. Nur so können inter- und intrapersoneller Effekt systematisch und vollständig voneinander isoliert werden (vgl. Abschnitte 3.8 und 4.2).

Die Anwendung dieser Entscheidungsheuristik impliziert, dass das letztlich angewendete empirische Verfahren auf die theoretische Fragestellung und die Eigenschaften der analysierten Variablen abgestimmt ist. Wer hier auf Konsistenz achtet, ist auf statistische Testverfahren im Grunde nicht angewiesen. Solche Tests können jedoch bei entsprechender Anforderungssituation dazu verwendet werden, die getroffene Analyseentscheidung zusätzlich formal-statistisch abzusichern.

## 5.1 Der Hausman Test

Insbesondere bei der Entscheidung zwischen RE (bzw. OLS mit korrigiertem Standardfehler) und FE hat sich der *Hausman-Test* als Kriterium etabliert. Dieser überprüft, ob die Schätzer zweier identischer Spezifikationen, die mit unterschiedlichen Verfahren berechnet wurden, statistisch signifikante Unterschiede aufweisen. Weichen die Koeffizienten von RE (oder OLS) dementsprechend bedeutsam von FE ab, so kann dieses als Hinweis darauf gedeutet werden, dass die per RE und OLS generierten Koeffizienten systematisch verzerrt sind[79]. Der Test indiziert in diesem Fall die Notwendigkeit von FE, FD oder RE KV. Dass es bei Längsschnittfragestellungen überhaupt zu einem (scheinbaren) Entscheidungsdilemma zwischen diesen beiden Verfahren kommt, hängt damit zusammen, dass RE bestimmte überlegene statistische Eigenschaften zugeschrieben werden. Dieses betrifft die höhere Effizienz des *Random Effects*-Verfahrens bei der Analyse zeitabhängiger Variablen, wenn sich Quer- und Längsschnitteffekt entsprechen.

In diesem Fall entsteht ein Effizienzgewinn dadurch, dass bei RE neben der Längsschnittinformation auch Unterschiede im Querschnitt zur Berechnung der Koeffizienten herangezogen werden und das Regressionsergebnis somit *präziser* (weil auf mehr Information gestützt) ist. Besteht also auf individueller Ebene zu wenig Variation, um Längsschnitteffekte präzise zu bestimmen, so können durch Anwendung von RE Querschnittszusammenhänge dazu instrumentalisiert werden, die Vorhersage der Längsschnitteffekte auf eine etwas breitere Basis zu stellen[80].

Dieser spezifische Mehrwert von RE ist nur bei einer Äquivalenz von inter- und intraindividuellem Effekt gegeben, setzt also die Annahme voraus, dass die untersuchten Effekte völlig unabhängig von unbeobachtbaren zeitkonstanten Drittvariablen sind. In der Regel kann diese Annahme bei panelbasierten Mikrostudien verworfen werden, da *erstens* die erklärenden Faktoren hier fast immer an bestimmte einheitenspezifische Bedingungen geknüpft sind und *zweitens* die Anzahl an Einheiten in personenbezogenen Datensätzen so groß ist, dass Längsschnitteffekte auf der Grundlage intraindividueller Kovariation relativ präzise geschätzt werden können[81]. Deswegen signalisiert der *Hausman-Test* fast immer systematische Abweichungen zwischen den Ergebnissen von FE und RE und verweist entsprechend auf die Annahme der *Fixed Effects*-Koeffizienten[82].

---

79 Der Hausman-Test richtet sich also gegen die Nullhypothese, dass RE unverzerrte Schätzer generiert. Die Anwendung von FE, obgleich RE möglich wäre, wird also implizit als Fehler erster Art definiert. Damit wird die Beweislast des mit RE operierenden Forschers umgekehrt.
80 Dieser Vorteil besteht allerdings nicht mehr, wenn im Rahmen des RE-Frameworks Kontextvariablen spezifiziert werden, da hier die Information über den Querschnittseffekt der zeitabhängigen Variablen vollständig von den Kontextvariablen absorbiert wird.
81 Grade der zweite Punkt ist im Kontext länderbezogener Makro-Analysen häufig nicht gegeben, so dass in der vergleichenden Politikwissenschaft oftmals keine überzufälligen Unterschiede zwischen intra- und interindividuellem Effekt angezeigt werden (siehe auch Abschnitt 7.5).
82 Baltagi (2005, Kapitel 4.3) führt in seinem Lehrbuch mehrere konkrete Beispiele aus der sozialwissenschaftlichen Praxis auf, in denen ein Hausman-Test zur Indikation des angemessenen Verfahrens durchgeführt wurde. In sämtlichen zitierten Analysen, in denen Personen die Makroeinheiten des Datensatzes bilden, verwirft der Hausman-Test den RE-Schätzer. Lediglich in einigen

Die Wahl des angemessenen Verfahrens

Die Logik des *Hausman-Tests* sei am verwendeten Beispiel aus dem Praxisdatensatz *lebensz.dta* noch einmal illustriert. Dazu verwenden wir hier das Abbild der Stata-Ausgabe zum entsprechenden Test-Kommando[83] (Tabelle 5.1).

Tabelle 5.1: Vergleich von RE und FE-Koeffizienten auf die Determinanten der Lebenszufriedenheit, mit Hausman-Test. (Abbild einer Stata Ausgabe).

```
                   ──── Coefficients ────
                    (b)         (B)           (b-B)        sqrt(diag(V_b-V_B))
                    FE          RE            Difference   S.E.

      anz_kind     ,073045     -,0446457      ,1176907     ,0266634
      bildung     -,0720147     ,0206585     -,0926732     ,0320459
      gesund       ,2482246     ,3251598     -,0769352     ,0084731

              b = consistent under Ho and Ha; obtained from xtreg
              B = inconsistent under Ha, efficient under Ho; obtained from xtreg

    Test:   Ho:  difference in coefficients not systematic

                 chi2(3) = (b-B)'[(V_b-V_B)^(-1)](b-B)
                         =     113,49
              Prob>chi2 =      0,0000
```

Im oberen Teil der Ausgabe werden zunächst die (vergleichbaren) Koeffizienten der beiden Verfahren sowie deren Differenzen aufgeführt. Aus diesen Differenzen sowie deren Standardfehlern wird schließlich ein empirischer Testwert be-

---

wenigen Fällen, in denen andere Makroeinheiten die Stichprobe bilden, ist die Angemessenheit des RE-Schätzers angezeigt. Selbstverständlich hat dieser Vergleich nicht die Aussagekraft einer nach wissenschaftlichen Kriterien durchgeführten Metaanalyse, die illustrierten Zusammenhänge entsprechen aber auch unserer Erfahrung.

83 Um die Koeffizienten zweier Modelle mit Stata untereinander zu vergleichen, müssen die erzeugten Schätzparameter zunächst separat in den Arbeitsspeicher des Programms gespeichert werden:
```
xtreg lebensz sex anz_kind bildung gesund, fe
estimation store FE
xtreg lebensz sex anz_kind bildung gesund, re
estimation store RE
```
Anschließend kann dann der Hausman-Test auf Signifikanz der Parameterunterschiede durchgeführt werden.
```
hausman FE RE
```
Das Programm begreift die mit der ersten Nennung bezeichneten Ergebnisse als unverzerrt und testet durch den Vergleich der Parameter die nachfolgend genannten Ergebnisse auf Verzerrungen. Bei der Spezifikation des Kommandos im Panelkontext ist daher immer darauf zu achten, dass die Bezeichnung der FE-Ergebnisse zuerst und die der RE-Ergebnisse als zweites genannt wird.

rechnet, welcher die relative Stärke der Abweichungen quantifiziert[84]. Unter Annahme der Nullhypothese, dass der Längsschnitteffekt bei RE unverzerrt abgebildet wird und die in der Stichprobe beobachtete Abweichung somit zufällig ist, bilden die empirischen Testwerte eine Chi-Quadrat Verteilung. Die Stichprobenrealisation der Abweichung in *lebensz.dta* entspricht einem Chi-Quadrat Wert von 113,49. Das Auftreten eines solchen Wertes ist unter Annahme der Nullhypothese sehr unwahrscheinlich (p < 0,0001), diese kann daher auf (nahezu) beliebig hohem Signifikanzniveau verworfen werden. Der *Hausman-Test* zeigt somit an, dass RE nicht verwendet werden sollte, sofern im Rahmen der Analyse eine Längsschnittfragestellung untersucht wird.

Problematisch ist die Verwendung des Testes bei der Analyse von Querschnitsfragestellungen mit quasi-konstanten unabhängigen Variablen, die Variation auf individueller Ebene aufweisen. Auch in diesen Fällen wird der *Hausman-Test* in der Regel auf stark signifikante Unterschiede in den Koeffizienten verweisen, da die analysierten Zusammenhänge innerhalb der Subgruppe mit intraindividueller Variation (z. B. *Geschlechtsumwandler*, *Wohnortwechsler*) fundamental von den Zusammenhängen im Querschnitt abweichen (vgl. Abschnitt 4.1). Wenn aber gerade die *inter*individuellen Differenzen in der Theorie hergeleitet und begründet werden, wohlmöglich sogar explizit in der Fragestellung spezifiziert sind, führt die strikte Befolgung des statistischen Indikators zu extrem verzerrten Ergebnissen. *Als ultimatives Entscheidungskriterium sollte der Hausman-Test daher nicht fungieren, da dieser für sich ohne jede Aussagekraft ist und sein Ergebnis erst noch, im Kontext von Fragestellung, Stichprobe und Variablentyp, gedeutet werden muss.*

Angenommen, ein Forscher ist an dem Effekt der Bildung auf die Lebenszufriedenheit interessiert. Er bezieht sich dabei auf das Bildungsniveau im Allgemeinen und nicht speziell auf Zusatzqualifikationen, die auf dem zweiten Bildungsweg erworben werden. Seine Thesen möchte er auf Basis des SOEP überprüfen. Bei der Auswahl des Verfahrens stützt er sich auf den *Hausman-Test*. Tabelle 5.2 zeigt die Stata-Ausgabe zu dem entsprechenden Vergleich auf Basis von *lebensz.dta*[85]:

---

[84] Eine ausführliche Darstellung des Testverfahrens findet sich bei Baltagi (2005, Kapitel 4.1). Eine kurze Einführung in die Testmechanik sowie ein (ebenfalls mit Stata gerechnetes) Praxisbeispiel legt außerdem Hübler (2005) vor.

[85] Erzeugt wurde das Ergebnis mit folgender Kommandofolge:
```
xtreg lebensz bildung, fe
estimation store FE
xtreg lebensz bildung, re
estimation store RE
hausman FE RE
```

Die Wahl des angemessenen Verfahrens 113

Tabelle 5.2: Vergleich von RE- und FE-Koeffizienten auf die Determinanten der Lebenszufriedenheit, mit Hausman-Test. (Abbild einer Stata-Ausgabe)

|  | ── Coefficients ── | | | |
|---|---|---|---|---|
|  | (b)<br>FE | (B)<br>RE | (b-B)<br>Difference | sqrt(diag(V_b-V_B))<br>S.E. |
| bildung | -,0707054 | ,0354526 | -,106158 | ,0321452 |

```
                    b = consistent under Ho and Ha; obtained from xtreg
          B = inconsistent under Ha, efficient under Ho; obtained from xtreg
    Test:  Ho:  difference in coefficients not systematic

              chi2(1) = (b-B)'[(V_b-V_B)^(-1)](b-B)
                      = 10,91
              Prob>chi2 = 0,0010
```

Auch hier zeigt der Test einen hochsignifikanten Unterschied der Koeffizienten von RE und FE an, der Forscher leitet aus dem Test nun, fehlgeleitet, die Angemessenheit des FE-Schätzers ab und berichtet einen negativen Effekt von der Bildung auf die Lebenszufriedenheit. Hierbei liegt er allerdings falsch, da der Längsschnittschätzer in der vorliegenden Stichprobe erwachsener Personen ausschließlich den Effekt zusätzlicher Bildungsjahre auf dem zweiten Bildungsweg misst. Er ignoriert, also, dass die Verwendung des *Hausman-Tests* als Entscheidungsgrundlage auf der Annahme beruht, dass der gesuchte Koeffizient durch FE korrekt abgebildet wird. Dabei übersieht er, dass das FE-Modell auf die spezifische Fragestellung der Effekte von intraindividueller Veränderungen gerichtet ist. Vor dem Hintergrund seiner (Querschnitts-)Fragestellung setzt er also den *Hausman-Test* unberechtigterweise ein und berichtet folglich einen aus seiner Perspektive verzerrten Koeffizienten. Dieses Beispiel verdeutlicht noch einmal, dass der *Hausman-Test* lediglich anzeigt, ob sich RE- und FE-Koeffizienten überzufällig voneinander unterscheiden. Als Entscheidungshilfe kann er daher nur dann eingesetzt werden, wenn explizit eine Längsschnittfragestellung untersucht wird.

# 6 Weiterführende Verfahren: Die Modellierung intraindividueller Fehler-Strukturen

Mit den bisher eingeführten Methoden sind die in der Praxis angewendeten statistischen Instrumente zur Analyse von Paneldaten (zumindest für kontinuierliche abhängige Variablen) erschöpfend dargestellt. In der Methodenlehre werden jedoch noch weitere, *fortgeschrittene Verfahren* behandelt. Das Interesse an solchen Methoden speist sich dabei nicht zuletzt aus der Bereitstellung entsprechender Schätzinstrumente im Rahmen moderner Statistikprogramme und erscheint in diesem Lichte (auch) als Folge technischen Fortschrittes.

Die Anwendung solch fortgeschrittener Verfahren wollen wir nicht per se diskreditieren: Manche führen tatsächlich zu etwas besseren, präziseren Vorhersagen der Koeffizienten. Allerdings würde eine erschöpfende Darstellung – selbst bei Beschränkung auf die wichtigsten der fortgeschrittenen Methoden – den Rahmen des Buches sprengen. Auch ergeben sich in der praktischen Anwendung oft nur marginale Abweichungen zu den Ergebnissen der bisher vorgestellten, grundlegenden Verfahren.

Die hier unter dem Begriff der *fortgeschrittenen Verfahren* zusammengefassten Techniken lassen sich allesamt als Mittel zur Feinjustierung der Modellierung auffassen. Es handelt sich also nicht um eigenständige Verfahren, sondern vielmehr um Erweiterungen der vorgestellten grundlegenden Modellierungen. Im Gegensatz zu diesen sind die fortgeschrittenen Verfahren nicht an die inhaltliche Fragestellung gebunden bzw. direkt aus dieser ableitbar. Dementsprechend modellieren sie auch nicht den Niveauunterschied zwischen den Makroeinheiten des Datensatzes, sondern beziehen sich auf Strukturen *innerhalb der Messungen* der Makroeinheiten. Im Folgenden beschreiben wir kurz drei verschiedene Muster solch *idiosynkratischer Fehlersystematiken* und verweisen auf passende Analysemöglichkeiten.

*Serielle Abhängigkeit der idiosynkratischen Fehler*

Viele der fortgeschrittenen Verfahren greifen explizit eine bisher nicht behandelte Eigenschaft von Paneldaten auf, nämlich die *temporale Anordnung der Messungen*. Diese führt dazu, dass die Ähnlichkeit zweier Fehlerterme häufig nicht nur davon abhängt, ob sie zu denselben oder zu verschiedenen Personen gehören, sondern auch durch ihren zeitlichen Abstand zueinander determiniert ist. Diese Form der *seriellen Abhängigkeit* kann beispielsweise im Rahmen einer *Prais-Winston*-Transformation der Paneldaten (auf Basis einer FE- oder RE-Regression) modelliert werden[86]. Die Anwendung dieser Prozedur (und die damit verbundene Berücksichtigung der intraindividuellen Korrelationsstruktur) führt in der Praxis häufig zu einer Modifikation der Ergebnisse, die aber selten die Schwelle statistischer oder inhaltlicher Aussagekraft überschreitet. Alternativ kann serielle Abhängigkeit durch die Integration vorgelagerter Werte der abhängigen Variablen spezifiziert werden[87]. Solche sog. *dynamischen Modellierungen* sind allerdings mit bestimmten statistischen Problemen behaftet und werden nahezu ausschließlich im Kontext einer *large t*-Situation (also einem Panel, welches durch die Zeitdimension dominiert wird) diskutiert[88].

*Varianzunterschiede zwischen Einheiten*

Auch ist es denkbar, dass *die Varianz der Fehlerterme von Einheit zu Einheit variiert*. Dadurch fließen die Messungen verschiedener Einheiten in unterschiedlicher Stärke in die Berechnung der Koeffizienten ein. Diese spezielle Form der *Heteroskedastizität* kann entweder durch Gewichtungen der Daten ausgeglichen, oder durch Verwendung robuster Berechnungen der Standardfehler berücksichtigt werden[89].

---

86 Bei der Anwendung mit Stata steht für dieses erweiterte FE-Modell das Kommando `xtregar(,fe)` zur Verfügung. Erläutert wird die Prozedur ausführlich bei Baltagi/Wu (1999).
87 Dynamische Modellierungen und die Prais-Winston Transformation implizieren dabei unterschiedliche Annahmen über den Prozess, welcher die Abhängigkeit der idiosynkratischen Fehlerterme generiert. Die Prais-Winston-Transformation geht davon aus, dass serielle Autokorrelation durch Effekte von unbeobachteten, zeitveränderlichen Variablen (gewissermaßen außerhalb des Modells) erzeugt wird. Die Integration einer vorgelagerten Variablen setzt dagegen voraus, dass autoregressive Prozesse auf Merkmalen innerhalb des Modells, deren Effekte sich über mehrere Intervalle strecken, generiert werden. Siehe dazu auch Beck/Katz (2004).
88 Da bei einer systematischen Spezifikation des Personeneffektes die vorgelagerte Variable einen Teil des vorgelagerten Fehlerterms transportiert, ist für dynamische Modelle die Exogenitätsannahme verletzt, wie beispielsweise Greene (2000) oder Wooldridge (2002) ausführen. In den zurückliegenden Jahren sind allerdings Verfahren zur Lösung dieses Problems (z. B. von Arrellano/Bond (1991)) entwickelt worden, welche mit Hilfe von instrumentellen Variablen operieren und auch in modernen Statistikprogrammen integriert sind. Zur Diskussion dieser Verfahren verweisen wir auf Beck/Katz (2004). Grundlegende Verweise auf *dynamische Modellierungen* finden sich außerdem bei Baltagi (2005).
89 Im Rahmen des Programmpaketes Stata kann hierfür beispielsweise die Option *cluster* verwendet werden.

## Effektunterschiede zwischen Einheiten

Ausführlicher diskutieren möchten wir in diesem Kapitel eine dritte Quelle intraindividueller Fehlersystematiken, nämlich *Effektheterogenität*. Unterschiede in den Mustern der Residualverteilung werden dabei als Konsequenz von Variation der Effektstärke einer unabhängigen Variablen zwischen den Untersuchungseinheiten aufgefasst. Dieses Phänomen erscheint insbesondere bei Trendvariablen plausibel: So mag sich beispielsweise der Effekt der *Zeit* oder der *Berufserfahrung* auf das Einkommen von Person zu Person unterscheiden. Ein Teil der Effektvariation kann dabei im FE-Modell in der Regel systematisch über die Integration von Interaktionstermen von zeitkonstanten Merkmalen und Trendvariablen spezifiziert werden, aber ein weiterer Teil bleibt dabei fast immer unerklärt. Mit der Möglichkeit der Integration sog. *Random Slopes* in RE oder in hybriden Modellen steht nun ein starkes Instrument zur Verfügung, solche *unbeobachtete Effektvariation* (und die daraus resultierenden Fehlerstrukturen) zu modellieren.

Die Spezifikation von *Random Slopes* wird häufig als integraler Bestandteil der *Mehrebenenanalyse* aufgefasst und dementsprechend oft im Rahmen spezifischer Kommandos zur Analyse hierarchischer Daten bereitgestellt[90]. Dieser Zusammenhang hat dazu geführt, dass der Begriff *Random Slopes* (zusammen mit *Random Effects*) häufig synonym zum Ausdruck *Mehrebenenanalyse* verwendet wird. Die Behandlung des Verfahrens lässt sich jedoch problemlos in den ökonometrisch geprägten Fluss des Lehrbuches integrieren. Wir stellen *Random Slopes* daher ohne den expliziten Verweis auf die Mehrebenenanalyse, sondern als direkte Erweiterung der vorgestellten FE- und RE-Verfahren dar.

Theoretisch eignen sich beide grundlegenden Verfahren (RE und FE) gleichermaßen zur Erweiterung durch *Random Slopes*. Die starke Verankerung von *Random Slopes* in der Tradition der Mehrebenenanalyse und die entsprechende Einbettung im Rahmen gängiger Statistiksoftware[91] erzwingt allerdings die Verwendung des *Random Effekts*-Schätzers, wenn gleichzeitig ein *Random Slope* spezifiziert werden soll. Natürlich kann dabei der FE-Schätzer im Rahmen eines Hybrid-Ansatzes durch die Integration von Kontextvariablen reproduziert werden.

---

90 In Stata z. B. über das Kommando xtmixed
91 Dies wiederum lässt sich darauf zurückführen, dass Random Effects-Modelle in der klassischen Mehrebenenanalyse (anders als in der Panelanalyse) eine wesentlich größere Rolle spielen als Fixed Effects-Schätzungen.

## 6.1 Mehrebenenanalyse: Die Integration von Random Slopes

### 6.1.1 Anwendungsmotiv: Trendheterogenität

Die Vermutung, dass Effekte bestimmter unabhängiger Variablen zwischen Einheiten variieren, lässt sich leicht erklären: Bei nahezu allen Faktoren, die einen Einfluss auf das Niveau einer einheitenspezifischen Messreihe haben, lassen sich auch plausible Überlegungen zum Einfluss auf einheitenspezifische Effekte konstruieren.

Besonders plausibel erscheint die Annahme personenspezifischer Effekte allerdings in Bezug auf *Trendvariablen*. So determinieren viele Merkmale mit Einfluss auf das durchschnittliche Einkommen einer Person auch die Steigungsrate des Einkommens: Eine überdurchschnittlich ehrgeizige Person wird nicht nur ein hohes Einstiegsgehalt erhalten, sondern auch schnelle Beförderungen und damit verbundene starke Einkommenszuwächse erfahren.

Die durch institutionalisierte Einkommensverläufe erzeugte *Trendheterogenität* ließe sich in diesem Beispiel nun problemlos durch die Integration des Interaktionsterms *Besoldungsgruppe * Zeitpunkt* aufklären. Allerdings erscheint es nahezu unmöglich, alle Faktoren, die den Trendverlauf einer Person determinieren, zu erfahren. Merkmale wie *Ehrgeiz, Leistungsorientierung* oder *soziale Kompetenz* sind schwer zu erheben und außerdem in den Datensätzen, die für sozialwissenschaftliche Sekundäranalysen zur Verfügung stehen, selten enthalten.

Ein Teil der Effektvarianz in Paneldatensätzen bleibt also in der Regel unerklärt und führt zu Systematiken *bzw. überzufälligen Mustern* in der Fehlertermstruktur. Diese wiederum können als Verstoß gegen grundlegende Regressionsannahmen und somit als behandlungswürdig durch die Integration eines Random Slopes aufgefasst werden.

Illustriert seien die Zusammenhänge auf der Grundlage des konstruierten Beispieldatensatzes (vgl. Tabelle 1.1). Abbildung 6.1 zeigt die gemeinsame Verteilung der Variablen *Jahre seit Schulabschluss* und *Einkommen*. Zusätzlich zu der per FE-LSDV berechneten Regressionsgeraden (vgl. Abschnitt 2.2) sind individuelle Einkommensverläufe auf Basis personenspezifischer Schätzungen eingezeichnet.

Modellierung intraindividueller Fehlerstrukturen 119

Abbildung 6.1: Streudiagramm der bivariaten Verteilung von „Jahre seit Schulabschluss" und „Einkommen" mit FE-Regressionsgerade sowie individuellen, separat berechneten Schätzgeraden

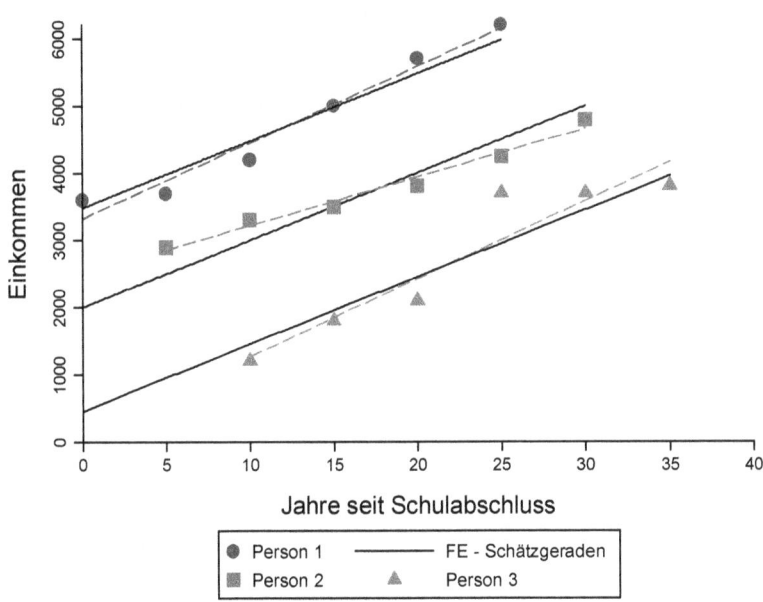

Deutlich wird, dass die per FE-Regression ermittelte Regressionsgerade den Effekt der unabhängigen Variablen zwar im Mittel korrekt widerspiegelt, auf individueller Ebene jedoch Abweichungen in der Effektstärke, also *Effektheterogenität* besteht: Die Einkommen von Person 1 und 3 wachsen stärker als durch die FE-Regression vorhergesagt, das Einkommen von Person 2 wächst dagegen unterdurchschnittlich. Möglicherweise erklärt sich ein Teil der Effektvarianz in diesem Fall durch unterschiedliche Ausprägungen einer Bildungsvariablen: So mag Person 2 lediglich einen Realschulabschluss besitzen, während Person 1 und 3 Akademiker sind und daher einen stärkeren Einkommenswachstum zu verzeichnen haben. Allerdings liegen zur Bildung im Rahmen dieses Datensatzes keine Informationen vor. Zudem ist unklar, ob sich die Unterschiede in der Ausprägung des „Jahre seit Schulabschluss" - Effektes tatsächlich vollständig auf

Bildungsunterschiede zurückführen lassen. Die Effektheterogenität muss in dem konstruierten Beispiel also unerklärt bleiben.

Da es offensichtlich nicht möglich ist, Effektheterogenität über die zur Verfügung stehenden Variablen vollständig zu erklären, könnte man zu diesem Zweck nun theoretisch *einheitenspezifische Steigungsgeraden* spezifizieren. Dieses Vorgehen ähnelt der *Fixed Effects Dummy Variable*-Regression (vgl. Kap. 2.2) – mit dem Unterschied, dass nicht nur einheitenspezifische *Dummies*, sondern auch einheitenspezifische Interaktionsterme integriert werden. Die berechneten einheitenspezifischen Regressionsgeraden glichen im Beispiel oben (Abbildung 6.1) dann den individuellen, gestrichelten Regressionsgeraden.

Eine Modellierung mit einheitenspezifischen Steigungsgeraden wirft allerdings ein großes Problem auf: Durch die systematische Spezifikation individueller Effekte werden alle Unterschiede in der Effektheterogenität erklärt, es verbleibt also keine Effektvariation zur Erklärung durch zeitinvariante Eigenschaften. Integriert man einheitenspezifische Steigungsgeraden zu einer Altersvariable, so können nun beispielsweise keine geschlechts- oder länderspezifischen Effekte des Alters mehr gemessen werden. Gerade an solchen Interaktionseffekten besteht aber häufig ein substanzielles Forschungsinteresse.

### 6.1.2 Die Spezifikation von Effektheterogenität durch Random Slopes (RS)

Alternativ zur unmittelbaren Integration von *einheitenspezifischen Effekten* kann Effektheterogenität im Rahmen einer *Maximum Likelihood*-Regression als *latente Variable* $u_{(S)}$ mit $Var(u_{(S)}) = \sigma(u_{(S)})$ modelliert werden. Der Einfluss unbeobachteter Merkmale auf den Effekt von *x* (also beispielsweise der Altersvariablen) wird dabei nicht systematisch, sondern *latent*, also über seinen Beitrag zur nicht erklärten Varianz der abhängigen Variablen spezifiziert. Snijders/Bosker (1999) beschreiben so modellierte personenspezifische Trends als *random variable-by-individual-Interaction* und den Term $u_{(S)i}$ als *Random Slope*. Die indirekte Spezifikation eines personenspezifischen Parameters über seine Varianz ist bereits aus Kapitel 3.4 bekannt; dort ging es jedoch nicht um *personenspezifische Steigungskoeffizienten* $u_{(S)}$, sondern um *personenspezifische Achsenabschnitte* (ab hier zur besseren Unterscheidung $u_{(I)}$ genannt).

Die Annahme eines einheitenspezifischen Effektes setzt natürlich Variation auf der Einheitenebene voraus. *Random Slopes* beziehen sich daher zwingend auf zeitveränderliche Variablen. In der Logik unseres Lehrbuchtextes erscheint es daher zunächst zweckmäßig, das *Random Slopes*-Verfahren als Erweiterung von *Fixed Effects* aufzufassen. Aus pragmatischer Perspektive ist dies jedoch nicht sinnvoll: Die Spezifikation von *Random Slopes* ist in der Tradition der Mehrebenenanalyse verankert und wird von gängiger Statistiksoftware auch in diesem Kontext angeboten. Die Mehrebenenanalyse wiederum stellt auf das

Modellierung intraindividueller Fehlerstrukturen 121

*Random Effekts*-Verfahren in seiner *Maximum Likelihood*-Variante (Abschnitt 3.4) ab. Obgleich es im Kontext der Panelanalyse nach modelltheoretischen Erwägungen häufig nicht angezeigt ist, muss RS daher in der Praxis auf dem RE-ML-Verfahren aufsetzen. Die Gleichung zu RS wird dementsprechend als Erweiterung von Gleichung (3.10) dargestellt.

$y_{it} = b_1 \bullet x_{it} + b_2 \bullet z_i + w_{it}$,

$w_{it} = e_{it} + u_{(I)i} + u_{(S)i} \bullet x_{it}$, $u_{(I)i} \in N$ mit $\sigma(u_{(I)})$, $u_{(S)i} \in N$ mit $\sigma(u_{(S)i})$ (6.1)

*Random Slopes* sind in (6.1), genau wie $u_{(I)i}$, nur indirekt, über ihren Beitrag zur Varianz spezifiziert und somit Elemente des aufgesplitteten Fehlerterms bzw. des „*Random Part of the Model*", wie der erweiterte Fehlerterm in der Mehrebenenanalyse genannt wird. Bei RE-ML mit Random Slope gehört also neben der Varianz des Einheiteneffektes $\sigma(u_{(I)})$ die Varianz des einheitenspezifischen Steigungskoeffizienten $\sigma(u_{(S)})$ zur Gruppe der Parameter, welche im Rahmen der *Maximum Likelihood*-Regression auf Grundlage der Stichprobenrealisation optimiert werden. Der iterative Prozess, der die Wahrscheinlichkeit der Ausprägungskombinationen maximiert, berücksichtigt also die Parameter $b_1$, $b_2$, $\sigma(e)$, $\sigma(u_{(I)})$ und $\sigma(u_{(S)})$. Auf diese Weise werden Koeffizienten und Standardfehler unter Berücksichtigung von Effektheterogenität berechnet[92].

### 6.1.3 Random Slopes in der Praxis

Wenn wir *Random Slopes* nicht auf Basis einer RE-Regression, sondern als Erweiterung eines FE-Modells spezifizieren wollen, so kann dies nun über die Integration von Kontextvariablen im Rahmen eines *Hybridmodells* (vgl. Kapitel 4.2) erfolgen. Im folgenden Beispiel wird dieses Verfahren auf der Basis von *lebensz.dta* (vgl. Tabelle 1.2) angewendet. Spezifiziert wird der *Random Slope* hier für die Variable *Anzahl Kinder im Haushalt*[93]. Theoretisch lässt sich dies damit begründen, dass Größe und Richtung des kinderspezifischen Einkommenseffekts mutmaßlich von einer Reihe beobachtbarer (z. B. *Bildung, Er-*

---

92 Ausführlichere Darstellungen finden sich in einschlägiger Literatur zur Analyse klassischer hierarchischer Modelle. Das Phänomen einheitenspezifischer Effekte sowie deren formale Modellierung wird grundlegend bei Snijders/Bosker (1999) dargestellt. Die konkrete Anwendung der Maximum Likelihood-Schätzung bei Modellen mit komplexen Fehlervarianzstrukturen wird z. B. bei Raudenbush/Bryk (2002) erläutert.
93 Denkbar (allerdings in der Praxis selten zu beobachten) wäre natürlich auch die Spezifikation mehrerer *Random Slopes* im Rahmen eines Modells. So könnte auf Basis des Datensatzes *lebensz.dta* für sämtliche zeitveränderliche unabhängige Variablen ein entsprechender Varianzparameter geschätzt werden.

*werbsmodell*), aber auch unbeobachteter Merkmale (*Einstellungen, Werte* etc.) abhängen.

Tabelle 6.1 zeigt das Ergebnis der entsprechenden Regression mit *Random Slopes*[94]. Um die Unterschiede in der Spezifikation der Varianzparameter zwischen den verschiedenen Verfahren zusammenfassend zu illustrieren, sind zudem die Ergebnisse einer FE-, RE- und der einfachen RE KV-Regression (ohne *Random Slopes*) aufgeführt. Der per FE geschätzte Standardfehler des Einheiteneffektes beträgt 0,85 und liegt damit deutlich höher als im RE-Modell (0,64). In Abschnitt 4.1 wurde dies bereits aufgeklärt: Einerseits basiert die RE-Vorhersage auf korrigierten, konservativeren Berechnungen der Einheiteneffekte, andererseits werden bei der Varianzschätzung des RE Modells *residuale* statt, wie bei einer FE-Schätzung, *absolute* Einheiteneffekte zugrunde gelegt: Die beobachteten Niveauunterschiede in den Zufriedenheitsverläufen zwischen Personen werden im Rahmen einer *Random Effects*-Modellierung also partiell durch die integrierten konstanten Variablen erklärt.

---

[94] Zur Erstellung eines Sets von Kontextvariablen haben wir einen ADO-File als Add-on zum Statistikprogramm Stata programmiert, der zu jeder im Befehl spezifizierten Variable automatisch den entsprechenden einheitenspezifischen Mittelwert generiert. Dieses Zusatzmodul lässt sich über folgenden Befehl auf virtuellem Wege herunterladen:
    http://www.barkhof.uni-bremen.de/~mwindzio/meanvar.ado
Nach der Installation können die Kontextvariablen mit folgendem Befehl erstellt werden:
    meanvar [panel id] [varlist]
Mit „panel id" ist die Variable gemeint, welche die Makroeinheiten des Datensatzes kennzeichnet. In der hier illustrierten Analyse lautet der Befehl entsprechend:
    meanvar persnr anz_kind bildung gesund
Die Ergebnisse aus der Tabelle können nun mit folgendem Befehl reproduziert werden:
    xtmixed lebensz sex anz_kind bildung gesund anz_kind_kv
    bildung_kv gesund_kv || persnr: anz_kind

Modellierung intraindividueller Fehlerstrukturen

Tabelle 6.1: Determinanten der Lebenszufriedenheit, berechnet mit FE, RE, RE KV und RE KV/RS (*lebensz.dta*)

|  | FE | RE | RE KV | RE KV/RS |
|---|---|---|---|---|
|  | b | b | b | b |
| sex |  | 0,034 | 0,044 | 0,048 |
| anz_kind | 0,073* | −0,045** | 0,073* | 0,065* |
| bildung | −0,072* | 0,021** | −0,072* | −0,078* |
| gesund | 0,248** | 0,325** | 0,248** | 0,249** |
| anz_kind_kv |  |  | −0,166** | −0,161** |
| bildung_kv |  |  | 0,091** | 0,094** |
| gesund_kv |  |  | 0,186** | 0,185** |
| _cons | 0,813* | −0,227** | −0,177** | −0,150* |
| Std($u_{(I)}$) | 0,85 | 0,64 | 0,62 | 0,59 |
| Std($u_{(S)\ anz\_kind}$) |  |  |  | 0,29 |
| Std(e) | 0,68 | 0,68 | 0,68 | 0,67 |
| N | 10659 | 10659 | 10659 | 10659 |

Der gleiche Sachverhalt liegt der abnehmenden Varianz des residualen Einheiteneffektes vom RE zum RE KV-Modell zugrunde: Diese lässt sich auf die Erklärungskraft der nun zusätzlich eingeführten zeitkonstanten Kontextvariablen zurückführen[95].

Der Unterschied in der residualen Varianzstruktur zwischen RE/KV und RE/KV + RS beruht allerdings *nicht* auf der Integration weiterer erklärender Variablen, sondern ist Ergebnis der nun komplexeren Modellierung des Fehlerterms: Die fortgeschrittene Aufsplittung der residualen Varianzstruktur durch die Integration von *Random Slopes* führt einerseits dazu, dass die Varianz des Einheiteneffektes weiter reduziert wird. Zudem zeigt sich die Standardabweichung der intrapersonellen Fehler verkleinert – ein Teil der idiosynkratischen Fehlerstruktur wird also (wie vermutet) durch personenspezifische Effekte der *Kinder im Haushalt*-Variable erzeugt.

---

[95] Nochmals wird zudem deutlich, dass das RE KV-Modell die Vorhersagen der auf Entmittlung beruhenden FE-Schätzung reproduziert, gleichzeitig aber die Integration zeitkonstanter Variablen zulässt.

Worin besteht nun im behandelten Beispiel der Gewinn einer Modellierung mit *Random Slopes*? Im Kontext von Panelanalysen liegt der Anwendung dieser Technik zumeist das Motiv eines besseren Modellfits zugrunde, womit indirekt auf die Erhöhung der Effizienz der Schätzungen (sowie die Vermeidung einer fehlerhaften Teststatistik) abgestellt wird.

Ein zeilenweiser Vergleich der Koeffizienten zeigt, dass die vorhergesagten Koeffizienten der RE/KV+RS-Regression tatsächlich vom einfachen RE/KV-Modell abweichen: Die Koeffizienten der Variablen *Anzahl Kinder im Haushalt* sowie *Bildungsjahre* sind nun kleiner, Gesundheits- und Geschlechtereffekt werden größer als zuvor geschätzt. Diese Veränderungen können durchaus als Ergebnis einer verbesserten Schätzung, die Koeffizienten dementsprechend als *effizienter* aufgefasst werden.

Allerdings überschreiten die Unterschiede zwischen RE/KV und RE/KV + RS nirgends die Schwelle inhaltlicher oder statistischer Bedeutsamkeit. Daher würde der Praktiker die Ergebnisse der Spezifikation mit *Random Slopes* vermutlich nicht explizit berichten, sondern lediglich darauf hinweisen, dass solche Schätzungen zwar durchgeführt, aber aufgrund der unbedeutenden inhaltlichen Abweichungen zu einfacheren Modellen nicht zur Präsentation verwendet werden. Aus der Modellfit-Perspektive ließe sich in diesem (typischen) Fall der Mehrwert der komplexen RS-Verfahrens also auf Fußnotengröße herunterbrechen.

Neben (oder anstelle) eines besseren Modellfits wird gelegentlich inhaltliches Interesse an den residualen Varianzparametern als grundlegendes Motiv zur Spezifikation von *Random Slopes* angeführt. Im Beispiel beträgt die geschätzte Standardabweichung des personenspezifischen Steigungskoeffizienten 0,29. Dieser Wert kann wie folgt interpretiert werden: Im Schnitt weicht der Einfluss eines zusätzlichen Kindes im Haushalt auf die Lebenszufriedenheit um 0,29 Einheiten von dem vorhergesagten allgemeinen Koeffizienten (0,065) ab. Unter der Annahme, dass $u_{(S)}$ normalverteilt ist, wird somit bei 16 % aller Personen die Lebenszufriedenheit nach dem Ereignis "zusätzliches Kind im Haushalt" um 0,29 Einheiten höher ausfallen, als von den spezifizierten Variablen vorhergesagt (und bei weiteren 16 % entsprechend niedriger). Im Lichte eines stärker explorativ gefärbten Interesses an den Daten mag diese Information weitergehende Analysen zu den Determinanten der Effektheterogenität motivieren – auf konkrete, pro ante formulierte Hypothesen wird sie sich allerdings kaum beziehen lassen. Der inhaltliche Mehrwert des zusätzlich geschätzten Varianzparameters (welcher im Kontext klassischer hierarchischer Modellierungen oft zentral ist) kann also im Rahmen der Panelanalyse als nebensächlich eingestuft werden.

Trotz des überschaubaren Nutzens einer Spezifikation von *Random Slopes* wollen wir den Leser nicht von entsprechenden Modellierungen abhalten. Möglicherweise ergeben sich auf Grundlage der Varianzstruktur Anhaltspunkte für weiterführende Forschungen. Nicht zuletzt kann auch die Stabilität der Koeffizienten im Modellvergleich als Beleg für die Robustheit der verwendeten grundlegenden Schätzung dienen.

# 7 Panelmodelle für binäre abhängige Variablen: logistische Regression

Im folgenden Abschnitt beschäftigen wir uns mit der logistischen Regression für Paneldaten. Die logistische Regression (auch „Logitmodell") kommt zur Anwendung, wenn die Ausprägungen der abhängigen Variablen eine endliche Anzahl an Kategorien bilden. Hier beschränken wir uns auf den einfachen, aber häufig auftretenden Fall einer dichotomen, d. h. zwei Ausprägungen aufweisenden, abhängigen Variablen. Wir wollen zunächst begründen, warum lineare Regressionsmodelle im Kontext solcher Variablen problematisch sind, bevor wir im nächsten Schritt das logistische Regressionsmodell einführen. Schließlich beschreiben wir, analog zur bisherigen Vorgehensweise, Varianten des Logit-Modells, welche zur Analyse von Paneldaten geeignet sind. Zunächst soll aber der in diesem Abschnitt verwendete Beispieldatensatz beschrieben werden.

Wir analysieren einen Datensatz aus der Politikwissenschaft, und zwar einen Ausschnitt aus Klaus Armingeons „Comparative Political Dataset"[96]. Unsere Untersuchung fragt nach den Determinanten dominanter linker Regierungen. Es gibt in der westlichen Welt Länder, in denen zwischen 1960 und 2005 niemals eine linke Partei oder Koalition mit einer mindestens 2 / 3 Mehrheit die Regierungsmacht hatte. So etwa in Italien, Canada, den USA oder in der Schweiz. In den skandinavischen Wohlfahrtsstaaten hingegen sind dominante linke Regierungen keine Ausnahme, in Norwegen und Schweden treten sie sogar häufiger auf als nicht-linke Regierungen. Woran liegt das? Warum sind diese Regierungen in manchen Ländern an der Macht? In der folgenden Tabelle ist die Panelstruktur unserer Übungsdatei anhand eines kleinen Ausschnittes abgebildet.[97]

---

96 http://www.ipw.unibe.ch/content/team/klaus_armingeon/comparative_
political_data_sets/ index_ger.html
97 Diese Tabelle wird mit folgenden STATA-Befehlen erzeugt:
```
use http://www.barkhof.uni-bremen.de/~mwindzio/CPDS.dta
list country year linksreg terti unempl in 1/400, clean
```

# 7 Panelmodelle für binäre abhängige Variablen

Tabelle 7.1: Ausschnitt aus dem verwendeten Paneldatensatz

| country | year | linksreg | terti | unempl |
|---|---|---|---|---|
| Australia | 1992 | 1 | 71.15576 | 10.8046 |
| Australia | 1993 | 1 | 70.52469 | 10.89654 |
| Australia | 1994 | 1 | 71.00188 | 9.748066 |
| Australia | 1995 | 1 | 72.24857 | 8.494266 |
| Australia | 1996 | 0 | 72.58753 | 8.546901 |
| Australia | 1997 | 0 | 72.8613 | 8.450529 |
| Australia | 1998 | 0 | 73.46638 | 7.716552 |
| Australia | 1999 | 0 | 73.85081 | 6.930812 |
| ... | | | | |
| France | 1979 | 0 | 54.96915 | 6.088942 |
| France | 1980 | 0 | 55.61255 | 6.505341 |
| France | 1981 | 0 | 56.64198 | 7.625027 |
| France | 1982 | 1 | 57.33053 | 8.272224 |
| France | 1983 | 1 | 58.38245 | 8.629312 |
| France | 1984 | 1 | 59.44620 | 10.00594 |
| France | 1985 | 1 | 60.47915 | 10.48212 |
| France | 1986 | 0 | 61.39069 | 10.60446 |

Von 1992 bis 1995 wurde Australien von einer dominanten linken Regierung geführt, 1996 und 1997 hingegen nicht. In Frankreich existierte von 1982 bis 1985 eine dominante linke Regierung, 1986 und 1979-1981 jedoch nicht. Offensichtlich haben wir es mit Ursachen zu tun, die sowohl mit Eigenarten der Länder zusammenhängen, als auch mit Faktoren, die innerhalb der Länder über die Zeit variieren. Die beiden Variablen terti (Beschäftigte im Dienstleistungssektor) und unempl (Arbeitslosenquote) sind mögliche zeitveränderliche Erklärungsfaktoren dafür, dass dominante linke Regierungen an der Macht sind. Unsere abhängige Variable ist dichotom kodiert mit einem Wert von 1, wenn in einem Jahr in einem Land eine linke Partei mit 2/3 Mehrheit regiert, sonst 0. Bei einer binären abhängigen Variablen, die zwischen den 0 und 1 variiert, interessieren uns folglich Faktoren, die auf die *Wahrscheinlichkeit* einwirken, dass entweder der Wert 0 oder der Wert 1 auftritt.

## 7.1 Logistische Regression

Betrachten wir das standardmäßige logistische Regressionsmodell zunächst ohne auf die uns eigentlich interessierende Paneldatenstruktur einzugehen. Die bisher diskutierten linearen Regressionsmodelle basieren auf der Annahme, dass die abhängige Variable näherungsweise ein metrisches Skalenniveau aufweist und stetig normalverteilt ist. Beispiele für diese Skalenniveaus sind Messungen des *Einkommens einer Person* oder *Bildungsausgaben, die ein Land pro Kopf und pro Jahr bereitstellt,* oder der *Anteil der Sozialausgaben am Bruttoinlandsprodukt.*[98]

In der Realität der sozialwissenschaftlichen Forschung gibt es allerdings zahlreiche Phänomene, die eine Messung auf diesem hohen Skalenniveau nicht gestatten. Möglicherweise möchte man in der international vergleichenden Politikforschung erklären, von welchen Faktoren es abhängt, ob ein Land in einem Jahr einen Regimewechsel erlebt oder ob eine nationale Regierung in einem Jahr eine bestimmte Entscheidung trifft. Oder man ist in der mikroökonomischen Armutsforschung nicht am Einkommensniveau eines Haushaltes interessiert, sondern an der Information, ob sich ein Haushalt in einer Armutslage befindet, wobei man Armut definieren könnte als ein Haushaltseinkommen, welches geringer ist als 50 % des Durchschnittseinkommens.

In derartigen Fällen sind die abhängigen Variablen nur binär kodiert – was bedeutet, dass das interessierende Merkmal nur zwei mögliche Ausprägungen hat. Liegt ein bestimmter Zustand vor, dann weist die abhängige Variable den Wert 1 auf, liegt er nicht vor, dann weist sie den Wert 0 auf. In einer Regressionsanalyse entspricht die Vorhersage der binären abhängigen Variablen durch die geschätzte Gleichung somit einer Vorhersage von konditionalen *Wahrscheinlichkeiten,* da man für die jeweils spezifische Merkmalskombination der unabhängigen Variablen den Anteilswert jener berechnet, die den Wert 1, und nicht den Wert 0 aufweisen.

Nun möchte man die Ausprägungen dieser binären Variablen durch einen Satz von unabhängigen Variablen erklären, indem man eine Regressionsanalyse durchführt. Kann man dabei einfach auf das bereits bekannte lineare Regressionsmodell zurückgreifen? Ein entsprechendes sog. "lineares Wahrscheinlichkeitsmodell erscheint zwar aus vielen Gründen attraktiv (z. B. durch die klare Interpretation der Koeffizienten als Veränderung der Wahrscheinlichkeit für ein Auftreten der Ausprägung 1 der Zielvariablen), ist aber problembehaftet. Ein wichtiges Problem binärer abhängiger Variablen besteht darin, dass die Anwendungsvoraussetzungen für die Schätzung linearer Regressionsmodelle nicht erfüllt und die Regressionsergebnisse möglicherweise nicht korrekt sind. Dafür gibt es mehrere Gründe.

---

98 Genau genommen sind aber Anteils- oder Prozentwerte auf einen Range von 0 bis 1 bzw. 0 bis 100 % beschränkt. Zur Transformation der Variablen für die Schätzung von Anteilen oder Prozentwerten vgl. Windzio (2004).

1. Würde man ein lineares Regressionsmodell mit einer binären abhängigen Variablen schätzen, hätte man prinzipiell das Problem der *Heteroskedastizität*. Denn die Varianz einer binomial verteilten Zufallsvariable (eine 0/1 kodierte abhängige Variable) berechnet sich durch den Ausdruck

$$\text{var}(y \mid x) = \pi \bullet (1 - \pi), \tag{7.1}$$

wobei $\pi$ der Anteilswert der abhängigen Variablen ist. Sagen wir aber mit einem linearen Regressionsmodell den Anteilswert durch die Linearkombination aus den Werten der Prädiktoren $x$ und den geschätzten Regressionsgewichten $\beta$ vorher, also durch $\beta'\mathbf{x}$, dann ist $\pi$ folglich äquivalent zu $\beta'\mathbf{x}$ (Long 1997: 38). Setzen wir die Vorhersagewerte für $\pi$ in die Formel für die Varianz ein, ergibt das

$$\text{var}(y \mid x) = \beta'\mathbf{x} \bullet (1 - \beta'\mathbf{x}) \tag{7.2}$$

Durch ein einfaches Zahlenbeispiel lässt sich zeigen, wie die Varianz der Erwartungswerte von $y$ mit den erklärenden Variablen $x$ kovariiert. Nach Formel (7.2) erhalten wir Varianzen von 0,9; 0,16; 0,21; 0,24, wenn wir für $x$ die Werte 0,1; 0,2; 0,3; 0,4 und für $\beta$ jeweils den Wert 1 einsetzen. Ein lineares Modell zur Vorhersage von Wahrscheinlichkeiten verstößt daher gegen die Annahme der Homoskedastizität, da sich die Varianz der Residuen, also der empirischen Abweichungen des Erwartungswertes von $y$, mit zunehmenden Werten von $x$ verändert.

2. Ein weiteres Problem der Vorhersage von Wahrscheinlichkeiten binärer abhängiger Variablen durch ein lineares Modell liegt darin, dass die zugrunde gelegte stetige Normalverteilung theoretisch weder eine Ober- noch eine Untergrenze aufweist. Wahrscheinlichkeiten sind jedoch auf ein Intervall von 0 bis 1 festgelegt. Aus der Regression resultierende Schätzwerte ober- oder unterhalb dieses Intervalls lassen sich folglich nicht als Wahrscheinlichkeiten interpretieren: Es besteht eine Inkonsistenz zwischen der genuinen Eigenschaft der abhängigen Variablen und dem Range vorhergesagter Werte.

Für eine stetige abhängige Variable wären Schätzwerte außerhalb des empirischen Wertebereichs der abhängigen Variablen kein Problem. Man könnte auf Basis der geschätzten Regressionsgleichung durchaus über die empirisch gegebene Situation hinausweisende Vorhersagen simulieren. Findet man beispielsweise einen positiven Zusammenhang zwischen den Bruttoinlandsprodukt pro Kopf eines Landes und den Bildungsausgaben pro Kopf, könnte man anhand der Regressionsgleichung *ceteris paribus* (unter ansonsten gleichen Bedingungen) prognostizieren: „Wenn wir in 20 Jahren das Bruttoinlandsprodukt pro Kopf verdoppeln, dann erhöhen wir dadurch auch die Bildungsausgaben pro Kopf auf den Betrag $y$". Dabei spielt es für die Simulation keine Rolle, ob die vorhergesagten Werte in der gegenwärtigen Strichprobe existieren oder nicht. Es ist ja unter Umständen gerade Intention einer Simulation, weit in der Zukunft liegende Szenarien zu prognostizieren, die in der Gegenwart noch nicht realisiert sind. Kurzum: in der Regel stellt es bei stetigen abhängigen Variablen kein Problem dar, wenn die laut Regressionsgerade vorhergesagten Werte von $y$ über den Range der empirisch gemessenen Werte von $y$ hinausweisen. Sie werden dies ohnehin tun, wenn wir in die Vorhersagegleichung hinreichend hohe Werte für $x$ einsetzen.

Was aber passiert, wenn wir auf Basis binär kodierter abhängiger Variablen Wahrscheinlichkeiten vorhersagen, die per Definition auf einen Range zwischen Null und Eins begrenzt sind? Würden wir in ein lineares Modell extrem hohe Werte für $x$ in die Vorhersagegleichung einsetzen, erhielten wir Schätzwerte für die Wahrscheinlichkeit von $y$, die entweder kleiner als Null oder größer als Eins sind. Ein lineares Modell ist also nicht für Schätzungen von Wahrscheinlichkeiten geeignet.

3. Untersuchen wir das Eintreten bestimmter Ereignisse oder das Vorliegen eines Merkmals in Abhängigkeit von einer unabhängigen Variablen $x$, ist es auch theoretisch fragwürdig, einen linearen Zusammenhang anzunehmen. Warum ist das so und welche alternative Formen von Zusammenhängen gibt es? Nehmen wir an, in einer Studie sollen Ursachen aufgezeigt werden, die dazu führen, dass in einem Land eine dominante linke Partei regiert. Da sich in demokratischen Gesellschaften die Regierung im Zeitverlauf ändern kann, ist eine Analyse im Längsschnitt erforderlich. Außerdem ist davon auszugehen, dass der Zustand „dominante linke Regierung" von mehreren Faktoren abhängig ist, die gegeneinander kontrolliert werden müssen. Nehmen wir weiter an, ein einflussreicher Faktor ist der Grad der „Tertiarisierung" eines Landes, d. h. der Anteil der Beschäftigten im Dienstleistungssektor, der positiv auf die Wahrscheinlichkeit dominanter linker Regierungen wirkt. Stellen wir uns zwei Ländertypen vor: eine Gruppe war seit den 1960er Jahren gleichsam chronisch von dominanten linken Parteien regiert, und es gab nur wenige Zwischenphasen nicht linker Regierungen. Tatsächlich war in der Periode von 1960 bis 2005 die Chance (oder das „Risiko" – je nach politischer Präferenz), von dominanten linken Parteien regiert zu werden, in der Gruppe der skandinavischen Wohlfahrtsstaaten Schweden, Dänemark und Norwegen ca. um das 8fache erhöht, wenn man sie mit anderen westlichen Industrieländern vergleicht (dazu später mehr). Etwas übertreibend könnte man fast sagen, diese Ländergruppe ist tendenziell „immun" gegen nichtlinke Regierungen. „Immunität" führt aber dazu, dass der Effekt der Tertiarisie-

rung sich kaum mehr auszuwirken vermag, wenn in diesen Ländern aus anderen Gründen ohnehin meistens dominante linke Regierungen an der Macht sind. Wir beobachten empirisch nur die Realisierung einer binären Zufallsvariable (dominante linke vs. andere Regierung), die ihren Wert von 0 auf 1 wechselt, wenn ein Schwellenwert der latenten Neigung eines Landes zu Linksregierungen überschritten wird. Mit anderen Worten: in den chronisch linken skandinavischen Wohlfahrtsstaaten kommt es auf einen Prozentpunkt mehr oder weniger an Tertiarisierung nicht mehr an, um vorherzusagen, ob eine dominante linke Regierung an der Macht ist.

Stellen wir uns eine andere Ländergruppe vor, die sehr stark durch konservative Regierungen geprägt ist, so dass diese Länder wiederum quasi immun sind, nun aber gegenüber dominanten linken Regierungen. Man könnte wieder sagen, dass es in diesen Ländern auf eine Veränderung der Tertiarisierung nicht ankommt – sie haben ohnehin so gut wie nie dominante linke Regierungen. Auch in dieser Ländergruppe ist der Effekt der Tertiarisierung auf die Wahrscheinlichkeit dominanter linker Regierungen sehr schwach ausgeprägt. Aber was ist bei Ländern, in denen häufige Wechsel zwischen dominanten linken und anderen Regierungen zu beobachten sind, die also, vereinfacht ausgedrückt, eine 50 zu 50 Chance aufweisen, dass in einem zufällig ausgewähltem Jahr eine dominante linke Partei regiert? Diese Länder befinden sich stets unmittelbar am Schwellenwert, so dass womöglich schon eine kleine Veränderung der Tertiarisierung genügt, um einer linken Regierung zur Dominanz zu verhelfen. In diesen sich am Schwellenwert befindlichen Ländern ist der Effekt der Tertiarisierung also am stärksten ausgeprägt. Wir benötigen darum eine Funktion für den Zusammenhang von Tertiarisierung und dominanter linker Regierung, bei der die Steigung von $y$ in Abhängigkeit von $x$ zunächst sehr klein ist (Länder, die tendenziell „immun" sind gegen dominante linke Regierungen), dann ansteigt, ihr Maximum an der Schwelle (50 zu 50) erreicht und schließlich wieder zurück geht, weil einige Länder aufgrund von anderen Faktoren tendenziell immun gegen *nicht*-linke Regierungen sind. Wir benötigen eine Funktion, die beide Probleme löst – die erstens gegen Null und Eins konvergiert und damit innerhalb des Intervalls 0;1 verbleibt und die zweitens am unteren und oberen Ende geringere Steigungen aufweist, als im mittleren Bereich.

Über genau diese beiden Eigenschaften verfügt die so genannte *kumulative logistische Funktion*, die in der Abbildung 7.1 dargestellt ist. Sie zeigt einen S-förmigen Verlauf mit einer zunächst geringen Steigung am unteren Ende, einem steilen Zuwachs in der Mitte und einer Abflachung am oberen Ende.

Logistische Regression 133

Abbildung 7.1: Effekte der Konstanten $\beta_0$ und des Koeffizienten $\beta_1$ auf den Kurvenverlauf in der logistischen Regression

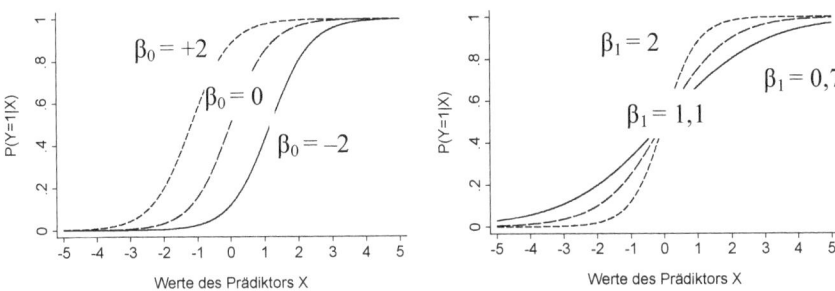

Während in der linearen Regression der Veränderungsbetrag von $y$ bei Veränderung von $x$ um eine Einheit (z. B. einen Prozentpunkt Zuwachs der Tertiarisierung) an jeder Stelle von $x$ derselbe ist – es handelt sich im linearen Fall ja um eine Regressions*gerade* –, sind die Steigungen in Abbildung 7.1 von der *Stelle* der nicht-linearen Funktion abhängig. Es sind im multiplen logistischen Regressionsmodell die Effekte der weiteren im Modell berücksichtigten erklärenden Variablen, die darüber entscheiden, ob ein Land ohnehin eher immun ist gegen dominante linke Regierungen und der Einfluss der Tertiarisierung auf deren Wahrscheinlichkeit nur sehr schwach ausfällt.

Die Abbildungen zeigen anhand des Kurvenverlaufs der logistischen Regressionsfunktion die Wirkung unterschiedlicher Werte der Regressionskonstanten $\beta_0$ und des Regressionsgewichtes $\beta_1$. In der linken Hälfte variiert die Regressionskonstante bei gleich bleibendem Regressionsgewicht von –2 bis +2, was zu einer Verschiebung der Kurve auf der x-Achse nach links führt. Hieraus ergibt sich eine wichtige Eigenschaft der nicht linearen Funktion. Betrachten wir die durchgezogene Linie ($\beta_0 = -2$). Erhöht sich x von –1 auf 0, dann ließe sich durch die Kurve ein bestimmter Veränderungsbetrag $\Delta y$ der Wahrscheinlichkeit auf der y-Achse abtragen. Derselbe Veränderungsbetrag von x (–1→0) erzeugt jedoch einen anderen Veränderungsbetrag, $\Delta y'$, wenn wir diesen durch die grob gestrichelte mittlere Kurve ($\beta_0 = 0$) abtragen, weil der Ausgangspunkt x = –1 an einer höheren Ausgangswahrscheinlichkeit von y ansetzt und damit an einer Stelle der Kurve, die eine deutlich höhere Steigung aufweist. Obwohl die Funktionen in der linken Hälfte der Abbildung 7.1 mit steigendem $\beta_0$ also nur nach links verschoben werden, erzeugt ein Anstieg von x von –1 auf 0 unterschiedliche Veränderungsbeträge von y, je nach Größe der Konstanten $\beta_0$.

In der rechten Hälfte der Abbildung 7.1 ist der Effekt einer Veränderung des Regressionsgewichtes $\beta_1$ der erklärenden Variablen x dargestellt. Je größer $\beta_1$, desto steiler verläuft die Kurve in ihrem mittleren Bereich, der um die Wahrscheinlichkeit von 0,5 herum gelagert ist.

*Wie lässt sich eine „S"-förmige Funktion mathematisch beschreiben?*

Um diese nicht-lineare Funktion für unsere Modellschätzung verwenden zu können, benötigen wir eine mathematische Funktion, die derartige S-förmige Zusammenhänge zwischen Variablen beschreiben kann. Bei der Suche nach dieser Funktion helfen uns zwei in der Statistik geläufige Verteilungen, die in Abbildung 7.2 dargestellt sind. Die erste Verteilung ist die Dichtefunktion der Normalverteilung (gestrichelte Linie), die zweite Verteilung ist die Dichtefunktion der logistischen Verteilung (durchgezogene Linie). Beide Verteilungen lassen sich durch mathematische Formeln beschreiben. Die Dichtefunktion der Normalverteilung durch den Ausdruck

$$f(x) = \frac{1}{\sqrt{2\pi}} \bullet \exp(-x^2/2) \tag{7.3}$$

und die Dichtefunktion der logistischen Verteilung durch

$$f(x) = \frac{\exp(x)}{[1+\exp(x)]^2} \tag{7.4}$$

Die Verteilungen sind standardisiert mit Mittelwerten von 0 und festen Varianzen.[99] Wie kann man diese beiden Kurven in eine S-förmige Funktion überführen? Man nimmt dafür das Integral der jeweiligen Funktionen, was bedeutet, dass die Flächen unter den Dichtefunktionen in Abbildung 7.2 von $-\infty$ bis $+\infty$ kumuliert werden, so dass sich am Ende ein Wert von 1 ergibt, der die Gesamtfläche unter der Kurve darstellt. Die kumulative Dichteverteilung des logistischen Modells in Abbildung 7.1 zeigt also jeweils das Integral der Dichtefunktion einer logistischen Verteilung wie Abbildung 7.2. Oder anders herum: die Dichtefunktion der logistischen Verteilung ist die erste Ableitung der kumulierten Dichtefunktion – und beschreibt damit die Steigung der S-förmigen kumu-

---

[99] Bei der Standardnormalverteilung ist der Mittelwert 0 und die Standardabweichung 1, bei der logistischen Verteilung ist der Mittelwert 0 und die Varianz beträgt $\pi^2/3$.

Logistische Regression

lierten Dichtefunktion in jedem Punkt. Die Steigung der S-förmigen kumulierten Dichtefunktion in Abbildung 7.1 ist zunächst gering, nimmt dann zu, erreicht ihr Maximum bei $P(Y=1|X) = 0{,}5$ und geht anschließend wieder zurück.

Abbildung 7.2:   Dichtefunktionen der Normalverteilung und der logistischen Verteilung

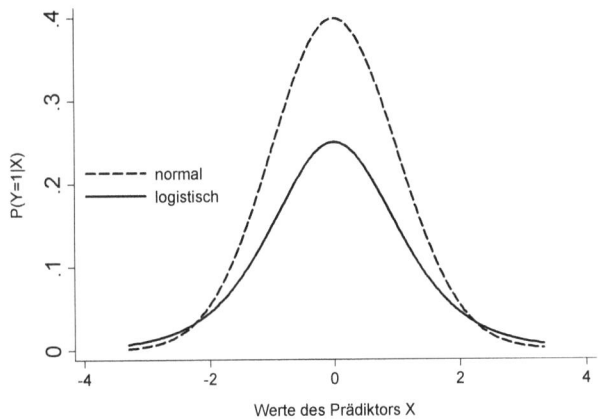

Übrigens lässt sich auch über die Normalverteilung ein Integral bilden, was zu einer kumulierten Verteilungsfunktion führt, die der kumulierten logistischen Verteilungsfunktion sehr ähnlich ist.

Zu welchen mathematischen Formeln führt das Integral über die beiden Dichtefunktionen (7.3) und (7.4)? Die kumulierte Dichtefunktion der Normalverteilung 7.3) lautet

$$F(z) = \int_{-\infty}^{z} \left( \frac{1}{\sqrt{2\pi}} \bullet \exp(-z^2/2) \right) dz \qquad (7.5)$$

Auf dieser Formel basierende Regressionsmodelle für Wahrscheinlichkeiten werden als Probit-Modelle bezeichnet. Die vorhergesagten Werte von $z$ sind so genannte „probits" („probability units"), also Werte der Standardnormalverteilung. Gemäß der geschätzten Regressionsgleichung lässt sich für jede Beobachtung des Datensatzes ein Wert für $z$ vorhersagen. Dieser Wert von $z$ für die Beobachtung $i$ ergibt sich aus einer Linearkombination von Werten der unabhängigen Variablen und empirisch geschätzten Regressionsgewichten, also

$$z_i = \beta_0 + \beta_1 x_{1i} + \beta_2 x_{2i} + ... + \beta_k x_{ki}, \text{ kurz } \beta'x \qquad (7.6)$$

Sagen wir für ein Land aufgrund seiner $x$-Werte und der Schätzgleichung (7.6) einen Wert von z = 0 vorher, erwarten wir, dass in diesem Land mit einer Wahrscheinlichkeit von 0,50 eine linke Partei an der Regierung ist. Denn der z-Wert von 0 ist der Mittelwert und zugleich der Median der Dichtefunktion der Standardnormalverteilung in Abbildung 7.2, bis zu dem das Integral in Gleichung (7.5) die Fläche unter Kurve von –∞ bis $z$ „scheibchenweise" aufkumuliert. Sagen wir für ein Land einen z-Wert von 1,96 vorher (der aus der Statistik geläufig sein dürfte), erwarten wir eine Wahrscheinlichkeit von 0,975, weil ein z-Wert von 1,96 97,5 % der Fläche der Normalverteilung einschließt. Man bezeichnet Formel (7.5) auch als „link-Funktion", die die abhängige Variable, also in diesem Fall die Wahrscheinlichkeiten, in Werte transformiert, die mittels einer Linearkombination β'x vorhergesagt werden können. Diese Linearkombination β'x benötigt man wiederum für eine Regressionsschätzung (Dunteman/Ho 2006: 10).

In den Sozialwissenschaften wird häufig die kumulierte Dichtefunktion der logistischen Verteilung verwendet, weshalb uns dieses im Folgenden näher interessieren wird. Bilden wir das Integral über die Dichtefunktion der logistischen Verteilung (7.4), führt dies zum Ausdruck

$$F(z) = \frac{\exp(z)}{1+\exp(z)} = \frac{1}{1+\exp(-z)} \qquad (7.7)$$

Durch die Regressionsschätzung erhalten wir Werte für $z_i$ ($z_i$ = β'x, bzw. β$_0$ + β$_1$x$_1$ + β$_2$x$_2$ +...+ β$_k$x$_k$), die wir über die logistische Funktion (7.7) in Wahrscheinlichkeiten umrechnen können. In der logistischen Regression werden die durch die Linearkombination β'x berechneten Werte für $z$ als „Log Odds" oder auch „logits" bezeichnet. Die „Log Odds" wiederum errechnen sich aus dem logarithmierten Quotienten der Wahrscheinlichkeit und der Gegenwahrscheinlichkeit von $y$ (Gleichung (7.8)). Die Logarithmierung des Verhältnisses von Wahrscheinlichkeit und Gegenwahrscheinlichkeit wird als auch *Linkfunktion* bezeichnet. Wendet man die Linkfunktion an, lässt sich die zuvor nicht-lineare kumulative Verteilung von Wahrscheinlichkeiten nun durch eine Linearkombination β'x vorhersagen. Somit stellt die abhängige Variable in der logistischen Regression zunächst keine intuitiv sinnvoll interpretierbare Größe dar, sondern ein abstrak-

# Logistische Regression

tes mathematisches Konstrukt, welches aus den im Sample realisierten Werten von $y$ gebildet wird.

$$\ln\left(\frac{P}{1-P}\right) = \beta_0 + \beta_1 x_1 \ldots + \beta_n x_n \tag{7.8}$$

Im Unterschied zur linearen Regression, bei der die Werte von $y$ zumeist für jede Beobachtung direkt gemessen werden (z. B. *Einkommen*), errechnet sich die abhängige Variable hier aus einer Mengenrelation, in unserem Beispiel aus dem logarithmierten Verhältnis von linken Regierungen ($P$) und anderen Regierungen ($1$-$P$). Schätzen wir einen Koeffizienten $\beta_1$ mit +0,34, dann erhöhen sich die Log Odds um 0,34, wenn $x_1$ um eine Einheit zunimmt. In der Literatur ist es durchaus üblich, Ergebnisse logistischer Regressionen als Effekte auf die Log Odds darzustellen. Man kann Signifikanz und Vorzeichen der Effekte interpretieren, wie man es aus der linearen Regression gewohnt ist. Mehr aber eigentlich nicht. Anschaulicher ist die Darstellung der Ergebnisse als „Odds", indem man die linke Seite der Gleichung (7.8) entlogarithmiert.

$$\frac{P}{1-P} = \exp(\beta_0 + \beta_1 x_1 \ldots + \beta_n x_n) \tag{7.9}$$

Äquivalent zu (7.9) ist die Schreibweise in (7.10):

$$\frac{P}{1-P} = \exp(\beta_0) \bullet \exp(\beta_1 x_1) \bullet \ldots \bullet \exp(\beta_n x_n) \tag{7.10}$$

Analog zur Logik der Regression interessieren uns die Verhältnisse der Odds zwischen verschiedenen Gruppen, die als „Odds Ratios" (OR) bezeichnet werden. Sind die erklärenden Variablen in derselben Weise skaliert, also beispielsweise entweder als Dummies oder durch z-Standardisierung, lassen sich die Odds Ratios dieser Erklärungsvariablen auch vergleichen. Dargestellt sind in (7.11) die Verhältnisse der Chancen, dass eine dominante linke Partei an der Regierung ist, und zwar für die skandinavischen Wohlfahrtsstaaten (S_DK_NOR = 1) im Zähler und übrigen westlichen Industrieländern im Nenner:

$$OR = \frac{\exp(\beta_0 + \beta_1[x_1+1])}{\exp(\beta_0 + b_1 x_1)} \quad \text{oder}$$

$$OR = \frac{\exp(\beta_0) \bullet \exp(\beta_1 x_{1=1})}{\exp(\beta_0) \bullet \exp(\beta_1 x_{1=0})} = \frac{\exp(\beta_0) \bullet \exp(\beta_1 \bullet 1_{S\_DK\_NOR=1})}{\exp(\beta_0) \bullet \exp(\beta_1 \bullet 0_{S\_DK\_NOR=0})} = \exp(\beta_1)$$

(7.11)

Dabei ist $S\_DK\_NOR$ eine Dummyvariable. Sie hat den Wert 1, wenn es sich um einen skandinavischen Wohlfahrtsstaat handelt, andernfalls den Wert 0. In (7.11) kürzt sich der Ausdruck $exp(\beta_0)$ heraus und $exp(\beta_1 \bullet 0)$ im Nenner ergibt 1, weshalb $exp(b_1)$ als Odds Ratio übrig bleibt. Um zu verdeutlichen, was es mit Log Odds, Odds und Odds Ratios auf sich hat, bietet sich ein ganz einfacher Zusammenhang zwischen zwei Variablen an, der sich als 2x2 Kreuztabelle darstellen lässt. Die Kreuztabelle enthält in den Spalten die beiden Ländergruppen „sonstige" mit $S\_DK\_NOR$ = 0 und die skandinavischen Wohlfahrtsstaaten mit $S\_DK\_NOR$ = 1. In den Zeilen ist angezeigt, ob das Land (im jeweiligen Jahr) eine dominante linke Regierung aufweist oder nicht.

Tabelle 7.2: Nordische Länder und dominante linke Regierungen, absolute Häufigkeiten und Prozentwerte

| linke Reg. | S_DK_NOR 0 | 1 | |
|---|---|---|---|
| 0 | 738 | 52 | 790 |
| | **84,05 %** | **37,68 %** | 77,76 % |
| 1 | 140 | 86 | 226 |
| | **15,95 %** | **62,32 %** | 22,24 % |
| | 878 | 138 | 1016 |
| | 100 | 100 | 100 |

Berechnen wir zunächst die Odds einer dominanten linken Regierung für die „sonstigen" westlichen Länder. Sie werden gebildet aus $P/(1-P)$ und betragen 15,95 / 84,05 = 0,19. In der Gruppe der skandinavischen Wohlfahrtsstaaten betragen die Odds 62,32 / 37,68 = 1,65. Aus dem Verhältnis dieser beiden Odds-Werte ergeben sich die Odds Ratios einer dominanten linken Regierung: 1,65 / 0,19 = 8,7. Gegenüber den anderen westlichen Ländern ist in den skandinavischen Wohlfahrtsstaaten die Chance, von linken Parteien regiert zu werden, um den Faktor 8,7 erhöht. Wenn wir anstelle der Berechnung „von Hand" auf Basis

# Logistische Regression

der obigen Kreuztabelle den Zusammenhang durch die logistische Regression schätzen lassen, kommen wir zum selben Resultat.[100]

Tabelle 7.3: Effekt der nordischen Länder auf die Chance dominanter linker Regierungen, Log Odds

|  | b |
|---|---|
| nordic | 2.165*** |
|  | (.198) |
| N | 1016 |
| ll | -476.656 |
| r2_p | 0.115 |

*** $p < 0.001$
Standardfehler im Klammern

Wir erhalten einen Effekt der Variable „nordic" (also der skandinavischen Wohlfahrtsstaaten S, DK, NOR) von 2,165. Dargestellt ist in der Tabelle der Effekt auf die log Odds, dass die Variable linksreg den Wert 1 annimmt. Entlogarithmieren wir den Koeffizienten, ergibt das einen Odds Ratio von exp(2,165) = 8,7. Gegenüber den sonstigen westlichen Industrieländern ist die Chance (oder das Risiko) einer linken Regierung um das 8,7 fache erhöht. Wie man sieht, ist das Ergebnis identisch mit dem von Hand auf Basis der obigen Kreuztabelle errechneten Ergebnis.

Man kann aus den durch das Modell geschätzten Effekten auf die Log Odds auch direkt die Wahrscheinlichkeit vorhersagen, dass in einem Land im jeweiligen Jahr eine linke Partei regiert. Hierbei sind die Unterschiede zwischen den mathematischen Darstellungsweisen zu beachten, denn Effekte auf die Log Odds oder Odds Ratios sind natürlich nicht gleichbedeutend mit Effekten auf Veränderungen von Wahrscheinlichkeiten! Um Wahrscheinlichkeiten vorhersagen zu können, müssen die Effekte auf die Log Odds, die sich aus der durch das logistische Regressionsmodell direkt ausgegebenen Linearkombination aus Werten der erklärenden Variablen und der geschätzten Regressionsgewichte ergeben, über die logistische Linkfunktion transformiert werden.

$$P(Y = 1 \mid \mathbf{x}) = \frac{1}{1 + \exp(-z)} \quad (7.12)$$

---

100 Dazu verwenden wir in STATA den einfachen Befehl: logit linksreg nordic

Wir setzen für $z$ die Linearkombination $\beta'x$ ein, die im einfachen Fall des Effektes von „nordic" nur aus der Regressionskonstanten, dem geschätzten Effekt auf die Log Odds sowie aus der Dummyvariable für „nordic" besteht, also $z = -1.66 + 2.165 \bullet 1$ für die skandinavischen Wohlfahrtsstaaten und $z = -1.66 + 2.165 \bullet 0$ für die anderen westlichen Industrieländer.[101]

Vergleicht man die beiden Ergebnisse, dann werden durch die logistische Regressionsschätzung exakt die bereits in der obigen Kreuztabelle ausgegebenen Wahrscheinlichkeiten reproduziert. In den skandinavischen Wohlfahrtsstaaten beträgt in einem Jahr die Wahrscheinlichkeit dominanter linker Regierungen 62,31%, in den anderen westlichen Ländern nur 15,94%. Natürlich handelt es sich hier um ein sehr einfaches Beispiel, da mit der Dummyvariable „nordic" nur ein einziger Prädiktor geschätzt wurde. Komplexere logistische Regressionsmodelle lassen sich insbesondere dann nicht mehr als übersichtliche Kreuztabelle darstellen, wenn sie viele unabhängige Variablen enthalten, die zudem metrisches Skalenniveau aufweisen. Um komplexere Modelle schätzen zu können und dabei auch Standardfehler der Koeffizienten zu erhalten, sind wir auf das Maximum Likelihood Schätzverfahren angewiesen.

## 7.2 Maximum Likelihood

Weil sich bei der kumulierten logistischen Verteilung um eine nicht-lineare Funktion handelt, wird nicht das klassische Schätzverfahren der OLS („ordinary least squares") zur Bestimmung der Koeffizienten verwendet. Das Verfahren, mit dem in der logistischen Regression die Parameter geschätzt werden, nennt man „Maximum Likelihood" (siehe auch den kurzen Exkurs zu Maximum Likelihood in Abschnitt 3.4). Die „Likelihood" ist der Wert einer Funktion, in die systematisch und schrittweise unterschiedliche Werte für die $\beta$–Koeffizienten eingesetzt werden. Dies geschieht solange, bis die Funktion das Maximum der Funktion erreicht ist. Die für die $\beta$–Koeffizienten eingesetzten Werte, die zum Maximum der Funktion führen, sind die gesuchten Schätzkoeffizienten, also die Regressionsgewichte.

Wir haben es also mit einem Maximierungsproblem zu tun, das wir nicht mehr analytisch, sondern nur noch numerisch lösen können, indem mit Hilfe

---

101 Wir können einfach die in STATA interne Taschenrechnerfunktion nutzen, die mit dem Befehl „display", oder verkürzt „disp", verwendet wird.
```
disp 1/( 1+exp(-(-1.662301+2.165405*1)) ) = .6231
disp 1/( 1+exp(-(-1.662301+2.165405*0)) ) = .1594
```

# Logistische Regression

eines Algorithmus iterativ solange Zahlen für die Unbekannten der Gleichung in die Likelihoodfunktion eingesetzt werden, bis die Funktion ihr Maximum erreicht hat – bei gegebenen bekannten Größen in der Gleichung. Dahinter steht die Idee, dass man jene Werte für die $\beta$-Koeffizienten findet, die bei gegebenen Werten für $x$ und $y$ die Ziehungswahrscheinlichkeit der realisierten Stichprobe maximieren. Anders formuliert: Gesucht werden unter allen möglichen Wertekombinationen für die Grundgesamtheitsparameter diejenigen, für die die Wahrscheinlichkeit am größten ist, die realisierte Stichprobe erzeugt zu haben. Für die logistische Regression hat die Likelihoodfunktion folgende Form:

$$L(\beta, y, \mathbf{x}) = \prod_{i=1}^{n} P_i \qquad (7.13)$$

Die Likelikood $L$ hängt ab von den unbekannten Größen $\beta$ sowie von der Verteilung der Werte der abhängigen Variablen $y$ und der unabhängigen Variablen $x$. Wenn wir im Datensatz $n$ Beobachtungen haben, leistet jede einzelne von ihnen ihren Beitrag zum Gesamtprodukt der Likelihood. Bei voneinander unabhängigen Ereignissen werden die Ziehungswahrscheinlichkeiten $P_i$ der Einzelbeobachtungen miteinander multipliziert, was durch das Produktzeichen $\prod$ zum Ausdruck gebracht wird. Beträgt die Ziehungswahrscheinlichkeit sowohl für Beobachtung A als auch für Beobachtung B 0.10, ist die Wahrscheinlichkeit, *sowohl* A *als auch* B zu ziehen, 0.10 • 0.10 = 0.01. Erweitern wir dies auf 100 Beobachtungen, die wir zufällig in die Stichprobe gezogen haben, resultiert daraus ein sehr kleiner Wert für die Wahrscheinlichkeit, dass sich die Stichprobe aus Land 1 *und* Land 2 *und* Land 3 usw. zusammensetzt. In der Likelihoodfunktion geht man jedoch nicht von für alle Beobachtungen gleichen Wahrscheinlichkeiten aus, sondern berechnet über den folgenden Ausdruck für jede Beobachtung ihre „individuelle Wahrscheinlichkeit", die sie zur Likelihoodfunktion beiträgt.

$$L(\beta, y, \mathbf{x}) = \prod_{i=1}^{n} \left\{ \left[ \frac{1}{1+\exp(-(\beta_0 + \beta_1 x_1 + .. + \beta_k x_k))} \right]^{y_i} \bullet \left[ 1 - \frac{1}{1+\exp(-(\beta_0 + \beta_1 x_1 + .. + \beta_k x_k))} \right]^{(1-y_i)} \right\}$$

$$(7.14)$$

Die Likelihoodfunktion (7.14) hat zwei Komponenten, nämlich $P$ für Beobachtungen mit $y=1$ und $1-P$ für Beobachtungen mit $y=0$. Für jede Beobachtung wird $P$ durch die logistische Linkfunktion berechnet, wobei die Potenzen $y$ oder $1-y$ wie ein „Schalter" wirken, der nur jenen Teil der Funktion aktiviert, zu der die

Beobachtung aufgrund von $y = 1$ oder $y = 0$ gehört. Immer wenn der Exponent $y$ oder ($y$ - 1) aufgrund des jeweils vorliegenden Wertes von $y$ den Wert Null ergibt, ist der jeweilige Term $P$ oder $1 - P$ der Funktion neutralisiert, indem er den Wert 1 annimmt. Allerdings können wir die Ziehungswahrscheinlichkeit eines Subjektes nicht direkt messen. Aber wir können versuchen, sie über die logistische Linkfunktion (7.7) bzw. (7.12) zu berechnen. Denn wir kennen ja für jedes Subjekt die empirischen Werte für $y$ und $x$. Was uns in Gleichung (7.14) „nur noch" fehlt, um die individuellen Beiträge zur Likelihoodfunktion zu erhalten, sind die Werte für $\beta$. Aber genau darum geht es ja: Für alle *betas* werden solange Werte in die Gleichung eingesetzt, bis die linke Seite der Likelihoodfunktion ein Maximum aufweist. In der praktischen Anwendung wird die Gleichung logarithmiert, wodurch Produkte zu Summen werden und die Berechnung sich deutlich vereinfacht. Anstelle von sehr, sehr kleinen Gesamtwahrscheinlichkeiten für das gesamte Sample, die wir durch die Likelihoodfunktion erhalten würden (multiplizieren Sie 300 oder mehr Wahrscheinlichkeiten auf!), ergeben sich aus der log-likelihood nun negative aufsummierte Werte.

## 7.3 Logistische Regression für Paneldaten

Bisher wurde die logistische Regression für den allgemeinen Fall voneinander unabhängiger Beobachtungen behandelt und nicht berücksichtigt, dass die verwendeten Daten eine Längsschnittstruktur aufweisen. Wir haben somit wieder die bereits in Kapitel 2 ausführlich beschriebenen Besonderheiten zu berücksichtigen. Möchten wir angesichts der innerhalb der einzelnen Subjekte (Länder) geclusterten Beobachtungen allein die korrekte Schätzung der Standardfehler sicherstellen, ist es ratsam, es bei der Korrektur der Standardfehler zu belassen (Kapitel 3.2).

Paneldaten sind für unsere binäre abhängige Variable „dominante Linksregierung" ein angemessener Datentyp, da im historischen Zeitverlauf die Regierung in einem demokratischen Land wahrscheinlich hin und wieder wechselt. Ebenso gilt bei der logistischen Regression wie auch für die linearen Modelle, dass Paneldaten den großen Vorteil aufweisen, bei der Schätzung der Koeffizienten die Kontrolle der unbeobachteten Heterogenität zu ermöglichen. Wir können bei der Erweiterung der logistischen Regression auf Situationen mit Paneldaten direkt an Modelle anschließen, die wir bereits aus Kapitel 2 kennen, in dem lineare Panelmodelle behandelt wurden. Allerdings müssen wir bei der logistischen Regression einige Besonderheiten beachten. Zunächst können wir auch bei binären abhängigen Variablen von den bereits bekannten Random und Fixed Effects Modellen ausgehen.

## 7.4 Das Fixed Effects Modell der logistischen Regression

Formal dargestellt wird das Fixed Effects Modell der logistischen Regression durch eine Erweiterung der logistischen Regression um den Term $\alpha_{i(FE)}$:

$$P(y_{it} = 1 \mid \mathbf{x}; \alpha_{i(FE)}) = \frac{1}{1 + \exp(-(\alpha_{i(FE)} + \boldsymbol{\beta}'\mathbf{x}_{it}))}$$

bzw. äquivalent

$$\ln\left(\frac{P(y_{it} = 1 \mid \mathbf{x}; \alpha_{i(FE)})}{P(y_{it} = 0 \mid \mathbf{x}; \alpha_{i(FE)})}\right) = \alpha_{i(FE)} + \boldsymbol{\beta}'\mathbf{x}_{it}.$$

Attraktiv ist das Modell wiederum deshalb, weil es keine Annahmen hinsichtlich der Verteilungsform der unbeobachteten Heterogenität $\alpha_{i(FE)}$ erfordert und keine Unkorreliertheit der Residuen mit den erklärenden Variablen $x$ voraussetzt. Allerdings ist es in der logistischen Regression nicht möglich, als Fixed Effects länderspezifische Dummies in das Modell aufzunehmen, bzw. würde man dies tun, erhielte man verzerrte Schätzungen (Petersen 2004: 343; Allison 2005: 56 f.; Rabe-Hesketh/Skrondal 2008: 271).

Die Kontrolle unbeobachteter, einheitsspezifischer Heterogenität kann also nicht analog zum linearen LSDV Modell (vgl. Kap. 2) erfolgen, denn untersucht man eine Vielzahl von Subjekten, erhöht sich bei Kontrolle von n-1 Dummyvariablen die Anzahl der zu schätzenden Parameter in einer Weise, die die Annahmen der asymptotischen Theorie der Maximum Likelihood Schätzung verletzen (Allison 2009: 32). Diese als „incidental parameters" Problem bezeichnete Komplikation lässt sich durch einen technischen Trick beheben, bei dem eine Likelihood-Funktion gebildet wird, in die für jede Messung eines Landes $i$ die Anzahl der über den gesamten beobachteten Zeitraum realisierten Einsen (d. h. $\Sigma Y$) als Bedingung berücksichtigt ist. Chamberlain (1980) hatte die Idee, dass die Berücksichtigung der Anzahl der Einsen der abhängigen Variablen $y$ innerhalb eines Subjektes des Panels ausreicht, um den subjektspezifischen Faktor $\alpha_{i(FE)}$ zu eliminieren. Darin besteht ja auch im linearen Fall der wesentliche Gewinn des Fixed Effects Modells. Im Prinzip ist damit die unbeobachtete Heterogenität kontrolliert, ohne dass die $\alpha_{i(FE)}$ in die Gleichung einbezogen werden müssen. Im Fixed Effects Modell der logistischen Regression wird für jede Beobachtung der Beitrag zur Likelihood aus Formel (7.14) „konditioniert" auf die Summe der

Einsen innerhalb eines Subjektes, weshalb man von einem „konditionalen Logitmodell" spricht[102] (Greene 2000: 840; Baltagi 2005: 210). Es handelt sich also um eine Bedingung, bei der die Wahrscheinlichkeit von $y_{i1},...,y_{iT}$ berechnet wird gegeben die jeweilige Summe der Einsen. Die für ein Subjekt jeweils spezifische Sequenz von Nullen und Einsen bei der abhängigen Variablen im Zeitverlauf wird durch die Konditionierung auf den Nenner in (7.17) *unabhängig* von der absoluten Zahl der Einsen. Diese absolute Zahl ist, so die Annahme, eine Folge der subjekt-spezifischen Neigung, aufgrund von unbeobachteten Faktoren entweder eher dem Wert Null oder eher zu dem Wert Eins zuzuneigen. Bedingte Wahrscheinlichkeiten werden mittels einer Division durch die Bedingung berechnet.[103]

$$L_c(\boldsymbol{\beta}, y, \mathbf{X}) = \prod_{i=1}^{n} P_i \left( \frac{y_{i1},...,y_{iT}}{\sum_{i=1}^{T} y_{it}} \right) \tag{7.15}$$

In der ökonometrischen Literatur wird der Ausdruck

$$\sum_{i=1}^{T} y_{it}$$

als „sufficient statistic" für $\alpha_{i(FE)}$ bezeichnet. Eine „sufficient statistic" liegt vor, wenn ihre Einbeziehung in das Modell dazu führt, dass die Verteilung der $y_{it}$ Werte unabhängig von $\alpha_{i(FE)}$ werden. Um Gleichung (7.16) zu verstehen, ist

---

102 Wenngleich mathematisch durchaus verwandt, ist dieses Modell nicht mit dem in der Entscheidungsforschung häufig angewandten konditionalen Logitmodell (Long 1997: 178) zu verwechseln, welches als Variante des multinomialen Logitmodells für ein und dieselbe Beobachtung unterschiedliche Werte einer erklärenden Variablen verwendet. So ist bei der Verkehrsmittelwahl die Fahrzeit davon abhängig, welches der Transportmittel man wählt, x variiert für eine Person also über die Kategorien der abhängigen Variablen (z. B. PKW vs. Bus vs. Fahrrad), während der *Effekt* der Fahrzeit als Entscheidungskriterium für jede der drei Kategorien dasselbe Gewicht hat.
103 Beispiel: nehmen wir ein Sample von 10 Personen, 5 Frauen, 5 Männer [P(F = 1) = 0.5]. Von den Männern sind 3 erwerbstätig, von den Frauen nur 1. Die unkonditionale (d. h. unbedingte) Wahrscheinlichkeit, aus diesem Sample eine erwerbstätige Frau zu ziehen, beträgt *0,1 [P(F = 1, E = 1) = 0,1]*. Dagegen wird die konditionale Wahrscheinlichkeit unter der Bedingung, dass man nur das Subsample der Frauen *(P = 0,5)* betrachtet, *0,1 / 0,5 = 0,2*. Formal: *P(E = 1 | F = 1) = P(E = 1) /P(F = 1) = 0,1 / 0,5 = 0,2*. In derselben Weise, wie in diesem Beispiel der Einfluss der Männer „herausgerechnet" ist, wird durch Konditionierung nach Gleichung (7.16) aus der Sequenz der Nullen und Einsen der Einfluss unbeobachteter subjekt-spezifischer Merkmale herausgerechnet.

Logistische Regression

zunächst die Betrachtung der *un*konditionalen Likelihood in (7.17) für einen Fall mit nur zwei Messungen hilfreich (Baltagi 2005: 210).

$$L(\beta, y, \mathbf{X}) = \prod_{i=1}^{n} P_i(y_{i1})P_i(y_{i2})$$ (7.16)

Für jedes Subjekt wird das Produkt der Wahrscheinlichkeiten für $y = 1$ aus beiden Messzeitpunkten gebildet, welches wiederum in die über alle Subjekte multiplizierte Likelihood eingeht. Es lässt sich zeigen, dass bei zwei Messungen genau zwei Konstellationen von realisierten Werten für $y$ *keinen* Beitrag zur Likelihoodfunktion leisten. Bei zwei Messungen pro Subjekt beträgt die Summe der Werte von $y$, also ($y_{i1} + y_{i2}$), entweder 0, 1 oder 2. Ergibt die Summe 0, müssen sowohl $y_{i1}$ als auch $y_{i2}$ gleich 0 sein. Beträgt die Summe 2, müssen sowohl $y_{i1}$ als auch $y_{i2}$ den Wert 1 aufweisen. Formal lässt sich das für den ersten Fall darstellen als

$$P(y_{i1} = 0, y_{i2} = 0) \mid y_{i1} + y_{i2} = 0) = 1$$ (7.17)

und für den zweiten Fall als

$$P(y_{i1} = 1, y_{i2} = 1) \mid y_{i1} + y_{i2} = 2) = 1$$ (7.18)

In Worten: Im ersten Fall ist die Wahrscheinlichkeit, dass sowohl $y_{i1}$ und $y_{i2}$ gleich *0* sind unter der Bedingung, dass die Summe aus beiden $y$-Werten Null beträgt, gleich 1. Im zweiten Fall ist die Wahrscheinlichkeit, dass sowohl $y_{i1}$ und $y_{i2}$ gleich 1 sind unter der Bedingung, dass die Summe aus beiden $y$-Werten 2 beträgt, ebenfalls gleich 1. Diese beiden Wahrscheinlichkeiten ergeben also jeweils den Wert 1 und tragen nichts zur Likelihoodfunktion (7.18) bei, denn ein Subjekt $i$ mit $P = 1$ multipliziert das bisherige über alle Fälle gebildete Produkt nur mit dem Wert 1 und verändert folglich nichts am Betrag der Likelihoodfunktion. Genau so verhält es sich auch, wenn wir die Log-likelihood betrachten, bei der *ln(P = 1)* Null ergibt und ebenfalls keinen Beitrag (nun zur Gesamtsumme der Log-likelihoodfunktion) leistet. Wie bereits erwähnt, wird in der Praxis durch Logarithmieren der Likelihoodfunktion die Berechnung stark vereinfacht, weil die Produkte dadurch zu Summen werden. Liegen nur zwei Beobachtungen für jedes Subjekt $i$ vor, haben nur jene Fälle einen Einfluss auf die Likelihood, bei denen aus der Summe $y_{i1} + y_{i2}$ der Wert 1 resultiert, nämlich

$$P(y_{i1} = 1, y_{i2} = 0) \mid y_{i1} + y_{i2} = 1) \quad \text{und}$$ (7.19)

$$P(y_{i1} = 0, y_{i2} = 1) \mid y_{i1} + y_{i2} = 1) \tag{7.20}$$

Da diese beiden Ereignisse sich gegenseitig ausschließen, lässt sich die Bedingung als Summe beider Einzelwahrscheinlichkeiten formulieren (Baltagi 2005: 210): $P(y_{i1} + y_{i2} = 1) = P(y_{i1} = 0, y_{i2} = 1) + P(y_{i1} = 1, y_{i2} = 0)$. In Worten: die Wahrscheinlichkeit, dass die Summe beider $y$-Werte 1 beträgt, errechnet sich aus der Wahrscheinlichkeit, dass $y_{i1}=1$ und $y_{i2}=0$ ist, plus die Wahrscheinlichkeit, dass $y_{i1} = 0$ und $y_{i2} = 1$ beträgt.

Schreiben wir die Bedingung $y_{i1} + y_{i2}=1$ in den Nenner, führt dies bei der Ereignisabfolge $P(y_{i1} = 0, y_{i2} = 1)$ zu

$$P(y_{i1} = 0, y_{i2} = 1 \mid y_{i1} + y_{i2} = 1) = \frac{P(y_{i1} = 0, y_{i2} = 1)}{P(y_{i1} = 1, y_{i2} = 0) + P(y_{i1} = 0, y_{i2} = 1)} \tag{7.21}$$

Gleichung (7.22) beschreibt also eine bestimmte Ereignissequenz, bei der $y$ im Verlauf der beiden Beobachtungszeitpunkte von 0 auf 1 wechselt. Äquivalent könnten wir die Wahrscheinlichkeit der Sequenz darstellen, bei der sich $y$ von 1 auf 0 verändert, also $P(y_{i1} = 1, y_{i2} = 0)$. Nun ist die Wahrscheinlichkeit des Auftretens zweier voneinander unabhängiger Ereignisse, nämlich erst $y = 0$, dann $y = 1$, das Produkt der Wahrscheinlichkeit beider Einzelereignisse:

$$P(y_{i1} = 0, y_{i2} = 1) = P(y_{i1} = 0) \cdot P(y_2 = 1) \tag{7.22}$$

In Gleichung (7.23) setzen wir nun die logistischen Funktionen ein, mit denen die Wahrscheinlichkeiten einer jeweiligen Sequenz berechnet werden.[104]

$$P(y_{i1} = 0, y_{i2} = 1 \mid y_{i1} + y_{i2} = 1) =$$

$$\frac{\dfrac{1}{1+\exp(a_i + \beta' \mathbf{x}_{i1})} \cdot \dfrac{\exp(a_i + \beta' \mathbf{x}_{i2})}{1+\exp(a_i + \beta' \mathbf{x}_{i2})}}{\dfrac{\exp(a_i + \beta' \mathbf{x}_{i1})}{1+\exp(a_i + \beta' \mathbf{x}_{i1})} \cdot \dfrac{1}{1+\exp(a_i + \beta' \mathbf{x}_{i2})} + \dfrac{1}{1+\exp(a_i + \beta' \mathbf{x}_{i1})} \cdot \dfrac{\exp(a_i + \beta' \mathbf{x}_{i2})}{1+\exp(a_i + \beta' \mathbf{x}_{i2})}}$$

$$\tag{7.23}$$

---

104 Dabei ist jeweils das fehlende Minuszeichen im Nenner zu beachten, da der Ausdruck 1 / [exp(a$_i$ + β'X$_{i2}$)] äquivalent ist zu 1 − [ 1 / ( exp( −( a$_i$ + β'X$_{i2}$) ) ) ], also die Gegenwahrscheinlichkeit, dass nämlich ein jeweiliges Ereignis *nicht* eintritt.

# Logistische Regression

Gleichung (7.24) sieht auf dem erstem Blick komplex aus, doch sie stellt nicht anderes dar als eine Ausformulierung von Gleichung (7.23), mit dem Unterschied, dass nun die jeweiligen logistischen Funktionen zur Berechnung der Wahrscheinlichkeiten $P$ eingesetzt wurden. Im Zähler steht die Wahrscheinlichkeit, dass erst $y = 0$ und anschließend $y = 1$ eintritt, im Nenner die Wahrscheinlichkeit, dass die Summe $y_{i1} + y_{i2} = 1$ beträgt, die als Summe der sich gegenseitig ausschließenden Wahrscheinlichkeiten der Sequenzen $P(y_{i1} = 1, y_{i2} = 0)$ und $P(y_{i1} = 0, y_{i2} = 1)$ dargestellt ist.

Ganz analog erfolgt die Berechnung für die Sequenz $P(y_{i1} = 1, y_{i2} = 0)$. Sicherlich wird es als Erleichterung empfunden, dass sich Gleichung (7.24) mit etwas Algebra deutlich vereinfachen lässt (Greene 2000: 840; Baltagi 2005: 211) zu

$$P(y_{i1}=0, y_{i2}=1 \mid y_{i1}+y_{i2}=1) = \frac{\exp(\beta' \mathbf{x}_{i2})}{\exp(\beta' \mathbf{x}_{i1}) + \exp(\beta' \mathbf{x}_{i2})} = \frac{\exp[\beta'(\mathbf{x}_{i2}-\mathbf{x}_{i1})]}{1+\exp[\beta'(\mathbf{x}_{i2}-\mathbf{x}_{i1})]}$$
(7.24)

---

*Exkurs: algebraische Vereinfachung des konditionalen Logit-Modells*

Wie kommt man von Gleichung (7.24) zu Gleichung (7.25)? Gleichung (7.24) lässt sich durch Kürzen in Zähler und Nenner deutlich vereinfachen und man kann sich dadurch des subjektspezifischen Faktors $\alpha_i$ entledigen. Vollziehen wir dies wieder anhand eines Panels mit zwei Messzeitpunkten nach:

$$P(y_{i1}=0, y_{i2}=1 \mid y_{i1}+y_{i2}=1) =$$

$$= \frac{\frac{1}{1+\exp(\alpha_i+\beta' \mathbf{x}_{i1})} \cdot \frac{\exp(\alpha_i+\beta' \mathbf{x}_{i2})}{1+\exp(\alpha_i+\beta' \mathbf{x}_{i2})}}{\frac{\exp(\alpha_i+\beta' \mathbf{x}_{i1})}{1+\exp(\alpha_i+\beta' \mathbf{x}_{i1})} \cdot \frac{1}{1+\exp(\alpha_i+\beta' \mathbf{x}_{i2})} + \frac{1}{1+\exp(\alpha_i+\beta' \mathbf{x}_{i1})} \cdot \frac{\exp(\alpha_i+\beta' \mathbf{x}_{i2})}{1+\exp(\alpha_i+\beta' \mathbf{x}_{i2})}}$$

$$= \frac{\exp(\alpha_i+\beta' \mathbf{x}_{i2})}{\exp(\alpha_i+\beta' \mathbf{x}_{i1}) + \exp(\alpha_i+\beta' \mathbf{x}_{i2})} = \frac{\exp(\alpha_i) \cdot \exp(\beta' \mathbf{x}_{i2})}{\exp(\alpha_i) \cdot \exp(\beta' \mathbf{x}_{i1}) + \exp(\alpha_i) \cdot \exp(\beta' \mathbf{x}_{i2})}$$

$$= \frac{\exp(\beta' \mathbf{x}_{i2})}{\exp(\beta' \mathbf{x}_{i1}) + \exp(\beta' \mathbf{x}_{i2})}$$

Nach dem Herauskürzen von exp($a_i$) ist das Modell nun unabhängig von allen zeitkonstanten subjektspezifischen Einflüssen. Wir können das Ergebnis dieser Vereinfachung noch weiter umformen, um zu verdeutlichen, dass tatsächlich nur Veränderungen der erklärenden Variablen $x$ auf Veränderungen der abhängigen Variablen y wirken (Gleichung 7.25). Wir orientieren uns dabei an der Herleitung einer alternativen Darstellung des multinomialen Logitmodells (Long 1997: 165). Zunächst erweitern wir den Term mit 1 durch exp(-$\beta'x_{i1}$) / exp(-$\beta'x_{i1}$) und erhalten so die Möglichkeit, $\beta'$ auszuklammern. Im Nenner wird aus $exp(\beta'x_{i1} - \beta'x_{i1})$ der Wert 1, weil die Differenz innerhalb der Klammer Null ergibt:

$$= \frac{\exp(\beta'\mathbf{x}_{i2})}{\exp(\beta'\mathbf{x}_{i1}) + \exp(\beta'\mathbf{x}_{i2})} \bullet \frac{\exp(-\beta'\mathbf{x}_{i1})}{\exp(-\beta'\mathbf{x}_{i1})} = \frac{\exp(\beta'\mathbf{x}_{i2} - \beta'\mathbf{x}_{i1})}{\exp(\beta'\mathbf{x}_{i1} - \beta'\mathbf{x}_{i1}) + \exp(\beta'\mathbf{x}_{i2} - \beta'\mathbf{x}_{i1})}$$

$$= \frac{\exp(\beta'[\mathbf{x}_{i2} - \mathbf{x}_{i1}])}{1 + \exp(\beta'[\mathbf{x}_{i2} - \mathbf{x}_{i1}])}$$

Ein alternativer Ansatz der Herleitung des konditionalen Fixed Effects Logitmodells bei zwei Zeitpunkten basiert darauf, dass unter der Bedingung $y_{i1} + y_{i2} = 1$ nur Veränderungen entweder von 0 auf 1 oder von 1 auf 0 im Datensatz belassen werden (Allison 2005: 50). Damit ist die Gegenwahrscheinlichkeit 1-$P$ zur Sequenz 0→1 gleich der Wahrscheinlichkeit der Sequenz 1 → 0. Setzen wir dies in die bereits bekannten Log Odds (nämlich $ln[P / (1-P)]$) ein und definieren vereinfachend $P_1$ für $P(y_{i1}=1)$ sowie $P_2$ für $P(y_{i2}=1)$, und erinnern uns schließlich, dass z. B. $P(y_{i1} = 0, y_{i2} = 1) = P(y_{i1} =0) \bullet P(y_{i2} = 1)$, erhalten wir folgenden Ausdruck:

$$\ln\left(\frac{P(y_{i1}=0, y_{i2}=1 \mid y_{i1} + y_{i2} = 1)}{P(y_{i1}=1, y_{i2}=0 \mid y_{i1} + y_{i2} = 1)}\right) = \ln\left(\frac{(1-P_1) \bullet P_2}{P_1 \bullet (1-P_2)}\right)$$

$$= \ln(1-P_1) + \ln(P_2) - \ln(P_1) - \ln(1-P_2) = \ln(P_2) - \ln(1-P_2) + \ln(1-P_1) - \ln(P_1)$$

$$= \ln\left(\frac{P_2}{1-P_2}\right) + \ln\left(\frac{1-P_1}{P_1}\right) = \ln\left(\frac{P_2}{1-P_2}\right) - \ln\left(\frac{P_1}{1-P_1}\right)$$

Hierbei wird berücksichtigt, dass bei Logarithmierung Produkte zu Summen und Quotienten zu Differenzen werden [z. B. $ln(x) - ln(y)=ln(x/y)$]. Außerdem ist $ln(x/y) = - ln(y/x)$. Wir können jetzt für das jeweilige $ln[P / (1-P)]$ die entsprechende Linearkombination aus Gleichung (7.8) einsetzen und sehen, wie sich der Term $a_i$ eliminiert:

Logistische Regression 149

$$= (\alpha_i + \beta'\mathbf{x}_{i2}) - (\alpha_i + \beta'\mathbf{x}_{i1}) = \alpha_i + \beta'\mathbf{x}_{i2} - \alpha_i - \beta'\mathbf{x}_{i1} = \beta'\mathbf{x}_{i2} - \beta'\mathbf{x}_{i1} = \beta'(\mathbf{x}_{i2} - \mathbf{x}_{i1})$$

Setzen wir das Resultat wieder in die logistische Funktion (7.12) ein, erhalten wir wieder das Resultat von Gleichung (7.25).

Das Resultat in Gleichung (7.25) zeigt, dass sich $\alpha_i$ herauskürzen lässt und für die Berechnung der Wahrscheinlichkeiten nicht mehr benötigt wird. Schließt man alle Subjekte aus der Analyse aus, die bei $y$ entweder nur Nullen oder Einsen aufweisen und bildet man die Differenzen der $x$-Werte über die Zeit, lässt sich das Fixed Effects Logitmodell mit Standardsoftware für Logistische Regressionen schätzen (Allison 2005: 51). Verwenden wir die Software STATA, ist diese umständliche Umformung der Daten nicht notwendig.

Unser Beispiel mit zwei Messzeitpunkten lässt sich auf $T > 2$ erweitern. Intuitiv kann man den Ansatz von Chamberlain dadurch beschreiben, dass die unbeobachtete Heterogenität $\alpha_{i(FE)}$ die gesamte Anzahl der Einsen von $y$ innerhalb eines Subjektes bestimmt, während die Prädiktoren ($x_{i2} - x_{i1}$) bestimmen, „wann" diese Einsen von $y$ im Zeitverlauf eintreten. Jedes Subjekt trägt zur Likelihoodfunktion die Wahrscheinlichkeit bei, dass z. B. bei 2 Ereignissen in 3 Jahren für $y$ genau jene Sequenz von Nullen und Einsen eintritt, die empirisch tatsächlich vorliegt (Cameron/Trivedi 2005: 797; Allison 2009: 32). Dies können die Sequenzen {0, 1, 1}, {1, 0, 1} oder {1, 1, 0} sein, je nachdem, welche empirische Konstellation beim jeweiligen Subjekt unter den Bedingungen $\Sigma y = 2$ und $T = 3$ empirisch vorhanden ist. Allerdings wird die Schätzung mit steigendem $T$ recht aufwendig, da die Anzahl der möglichen Sequenzen zunimmt. Einige Autoren empfehlen darum, von einer Schätzung des Fixed Effects Logitmodells abzusehen, wenn die Anzahl der Messzeitpunkte $T = 10$ deutlich übersteigt (Frees 2004: 338).

Neben der fehlenden Möglichkeit, Effekte zeitkonstanter Variablen auf Länderebene zu schätzen, weisen Fixed Effects Logitmodelle allerdings eine weitere wichtige Besonderheit auf: Es fallen alle jene Länder aus der Untersuchung heraus, die entweder *niemals* oder *in jedem* beobachteten Jahr eine dominante linke Regierung haben (Cameron/Trivedi 2005: 796). Im linearen Fall des Fixed Effects Modells wird man auf dieses Problem selten stoßen, da eine stetig normal verteilte abhängige Variable (*Einkommen*, *Lebenszufriedenheit* etc.) zumeist innerhalb eines Landes oder innerhalb einer Person über die Zeit variiert. Werden im binären Fall alle Subjekte mit invarianten $y$ ausgeschlossen, basiert die Schätzung unter Umständen auf einer Teilstichprobe, die sehr systematisch von der eigentlichen Stichprobe abweicht. Darin liegt aber nicht zwangsläufig ein Problem, denn möglicherweise ist der Effekt von Veränderungen in $x$ auf

Veränderungen in *y* ja das explizite Interesse der Forschenden. Man sollte sich aber genau überlegen, ob die Schätzung auf Basis eines Fixed Effects Modells unter theoretischen Gesichtspunkten angemessen ist oder nicht.

### 7.5 Das Random Effects Modell der logistischen Regression

Wie für die lineare Panelanalyse existiert auch für die logistische Regression ein Random Effects Modell. Es scheint dem Fixed Effects Modell auf den ersten Blick sehr ähnlich zu sein. Es lässt sich formal darstellen als

$$P(y_{it} = 1 \mid \mathbf{x}; \alpha_{i(RE)}) = \frac{1}{1 + \exp(-(\alpha_{i(RE)} + \boldsymbol{\beta}'\mathbf{x}_{it}))} \quad (7.25)$$

und unterscheidet sich von dem Standardmodell der logistischen Regression dadurch, dass die Anzahl der unterschiedlichen Werte für $\alpha_{i(RE)}$ der Anzahl der Subjekte im Sample entspricht. Man kann $\alpha_{i(RE)}$ durch den Ausdruck $\alpha_i = b_0 + u_i$ darstellen, wobei $\beta_0$ in der Perspektive der Log Odds der Mittelwert aller Schnittpunkte mit der y-Achse ist, d. h. die mittlere Regressionskonstante, während $u_i$ die länderspezifische Abweichung von diesem Mittelwert darstellt. $u_i$ wird allerdings in diesem Modell wiederum nicht systematisch spezifiziert, sondern ausschließlich über seinen Beitrag zur (unerklärten) Varianz der Verteilung der abhängigen Variablen berücksichtigt.[105] Analog zu Abschnitt 3.3 könnte man wiederum in Frage stellen, ob es sich bei dem Random Effects Modell überhaupt um ein Verfahren der Längsschnittanalyse handelt, oder bloß um eine logistische Regression mit zeitkonstanten und zeitveränderlichen Variablen, die zusätzlich das Problem der Abhängigkeit der Beobachtungen innerhalb der Subjekte korrigiert. Folgen wir aber zunächst der Logik des Modells.

Wie auch im linearen Fall besteht das Problem des Random Effects Modells in der häufig unrealistischen Annahme, dass der Random Effect $u_i$ nicht mit den zeitvarianten erklärenden Variablen $x_{it}$ korreliert ist, da die geschätzten Koeffizienten andernfalls verzerrt wären [ $corr(u_i, x_{it}) = 0$ ]. Dagegen besteht der Vorteil des Random Effects gegenüber dem Fixed Effects Modell darin, dass es durch die nicht-systematische Spezifikation von $u_i$ auch zeitkonstante Merkmale der Länder als Prädiktoren berücksichtigen kann. Gleichzeitig wird aber, im Gegensatz zum einfachen Logit-Modell, die Panelstruktur der Daten modelliert und

---

[105] STATA gibt für geschätzte Random Effects Modelle die Standardabweichung der länderspezifischen Heterogenität unter der Bezeichnung `sigma_u` aus.

somit die Notwendigkeit einer möglicherweise überkonservativen Korrektur der Standardfehler nach der Schätzung umgangen.[106]

Wie auch im linearen Fall wird für den Random Effect $u_i$ eine Zufallsverteilung angenommen, aus der jeder länderspezifische Wert von $u_i$ entstammt. Die Varianz dieser Verteilung wird, wie oben bereits angedeutet, im Rahmen der ML – Prozedur bestimmt. Je größer die Varianz von $u_i$, desto größer ist die durch das Modell nicht erklärte Varianz auf der Ebene der Länder, desto unterschiedlicher sind die Länder also hinsichtlich $y$ aufgrund von nicht im Modell berücksichtigten Merkmalen. Beziehen wir in das Random Effects Modell einflussreiche zeitkonstante Prädiktoren der Log Odds von dominanten Linksregierungen ein, reduziert sich die Varianz des Zufallseffekts, da ein Teil der zuvor nicht erklärten Unterschiede der Länder nun durch diese Prädiktoren erklärt wird. Setzen wir wieder $a_{i(RE)} = \beta_0 + u_i$ und nehmen für den Zufallseffekt $u_i$ eine Normalverteilung wie in Abbildung 7.2 an, dann erhalten wir im Random Effects Modell eine umso größere Varianz von $a_{i(RE)}$, je unterschiedlicher die Länder hinsichtlich der Wahrscheinlichkeit dominanter linker Regierungen sind und je weiter die Werte von $u_i$ darum um ihren Mittelwert streuen.

In Abbildung 7.3 ist dies graphisch dargestellt. Wenn wir einen erklärungskräftigen Prädiktor $Z$ auf der Ebene der Länder einführen, geht die Varianz der Verteilung zurück – und zwar um jenen Betrag, der durch die Prädiktoren in *systematisch erklärte* Varianz überführt wird. Anders gesagt: Aus der *unbeobachteten* Heterogenität der Länder wird *beobachtete* Heterogenität, die wir durch den Prädiktor $x$ erklären. Die zufällige, also nicht erklärte Varianz von $u_i$ reduziert sich, wenn erklärungskräftige Prädiktoren in das Modell eingeführt werden. Dies bedeutet allerdings nicht, dass die bloße Einbeziehung von $u_i$ sowie die Schätzung von dessen Varianz im Random Effects Modell bereits die gesamte unbeobachtete Heterogenität auf der Ebene der Subjekte kontrollieren würde. Anders als im Fixed Effects Modell, welches auch für die logistische Regression verwendet werden kann, erfasst der Fehlerterm $u_i$ im Random Effects Modell also nur einen Teil der unbeobachteten Heterogenität. Zudem besteht das Problem, dass die Annahme der Unkorreliertheit von $x_{it}$ und $u_i$ (wie auch im Fall einer linearen abhängigen Variable, vgl. Abschnitt 4.1) häufig nicht sehr realistisch ist.

---

106 Allerdings sei vor einer Verwendung des RE-Logit Modells bei quasi-konstanten unabhängigen Variablen, die tatsächlich minimale Variation aufweisen, dringend gewarnt: In diesem Fall ist auch im Kontext dichotomer abhängiger Variablen in jedem Fall der Querschnittsschätzer angebracht (siehe Ausführungen in Abschnitt 3.5).

Abbildung 7.3: Normalverteilte unbeobachtete Heterogenität im RE Modell

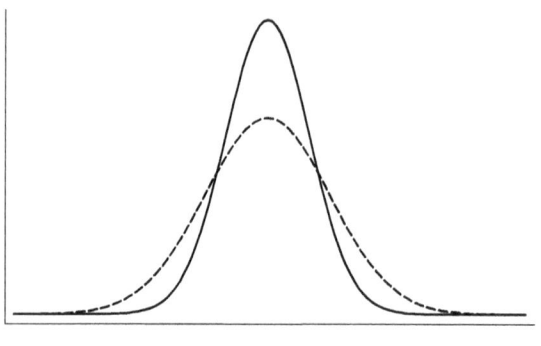

----- Varianz von u vor Kontrolle von Z
——— Varianz von u nach Kontrolle von Z

Die Streuung der Werte von $u_i$ wird dadurch reduziert, dass eine Variable wie z. B. „nordic" einen nennenswerten Teil der zeitkonstanten Unterschiede zwischen den Ländern erklärt, wie anhand der beiden Kurven in Abbildung 7.3 schematisch dargestellt ist. Dabei ist aber zu beachten, dass im Gegensatz zum Fixed Effects Modell eben nur ein Teil, nicht aber zwangsläufig die Gesamtheit der unbeobachteten Heterogenität erklärt wird.[107]

Es sei noch angemerkt, dass Random Effects Modelle der logistischen Regression nicht mehr mit dem oben beschriebenen einfachen Maximum-Likelihood Verfahren geschätzt werden können, sondern komplexere Erweiterungen der Algorithmen voraussetzen, die unter anderem bei Hox (2002: 107 ff.) beschrieben sind.

Wir beginnen unsere Beispielanalysen mit dem Fixed Effects Modell der logistischen Regression, kommen dann zum Random Effects Modell sowie zum

---

[107] Die Interpretation der geschätzten Koeffizienten ist in Form von Effekten auf die Log Odds oder in Form von Odds Ratios möglich, jedoch weder in Form von „discrete unit effects" der Veränderung der Wahrscheinlichkeit bei Veränderungen von $x$ um eine Einheit noch in Form von marginalen Effekten (d. h. der Steigung der nicht-linearen Funktion an einem Punkt, vgl. Long 1997). Der Grund dafür besteht darin, dass bei den Letzteren die $\alpha_{i(RE)}$ mit in die Berechnung der Wahrscheinlichkeit eingehen, aber jedes Subjekt seinen individuellen Wert für $\alpha_{i(RE)}$ und darum auch eine „individuelle Ausgangsposition" auf der nicht-linearen Funktion aufweist – und darum sind natürlich auch die Steigungen in Abhängigkeit von Veränderungen von $x$ „individuell". Wir werden im Abschnitt über die „Generalized Estimation Equations (GEE)" auf dieses Problem zurückkommen.

Logistische Regression 153

hybriden Modell. Anschließend werden logistische Mehrebenenmodelle mit Random Intercepts und Random Slopes geschätzt. Schließlich werden die GEE Modelle als Alternative diskutiert. Wir verwenden für die Analyse Variablen, deren Definitionen gemäß dem Codebook des CPDS (Armingeon 2007) folgendermaßen lauten:[108]

linksreg     **Linksregierung**: Dominante Linksregierung. Im jeweiligen Jahr Dominanz oder Hegemonie einer linken Partei oder linken Koalition mit mindestens 66.6 % der Sitze im Parlament (=1, sonst 0).

rae_ele     **Fraktionalisierung**: Index Fraktionalisierung des Parteiensystems: $frac = 1 - \sum_{i=1}^{n} p_i^2$

$p$ ist der Anteil der Stimmen einer Partei $i$. Hohe Werte von bedeuten also eine hohe „Zersplitterung" der Wählerschaft auf viele Parteien.

terti     **Tertiarisierung**: (Beschäftigte Dienstleistungsbereich ) / ( zivile abhängige Beschäftigte ) *100

indus     **Industrialisierung**: (Beschäftigte Industriesektor ) / ( zivile abhängige Beschäftigte ) *100

unemp     **Arbeitslosigkeit**: Arbeitslosenquote in %.

debt     **Verschuldung**: Staatsverschuldung in % des GDP.

nordic     **Nordischer Wohlfahrtsstaatstyp**: Länder Schweden, Norwegen, Dänemark (=1, sonst 0)

---

[108] Falls noch nicht geschehen, lesen wir den Datensatz über das Internet in STATA ein:
     use http://www.barkhof.uni-bremen.de/~mwindzio/CPDS.dta
Das Programm STATA bietet uns zwei unterschiedliche Befehle für die Schätzung des konditionalen fixed-effects Logitmodells, nämlich xtlogit mit der option fe (Fixed Effects) und clogit. Beide Befehle führen zum selben Ergebnis. Der kleine Vorteil von xtlogit besteht darin, dass in der Ausgabe direkt die Anzahl der Subjekte (Länder) sowie die Anzahl der Beobachtungen angegeben wird – und diese beiden Informationen sollten in der Ergebnisdarstellung dokumentiert werden.

anglo      Angelsächsischer Wohlfahrtsstaatstyp: Länder USA, Kanada, Neuseeland, Australien, Großbritannien, Irland (=1, sonst 0)

conservative  Konservativer Wohlfahrtsstaatstyp: Länder Österreich, Belgien, Finnland, Frankreich, Deutschland, Griechenland, Island, Italien, Japan, Luxemburg, Niederlande, Portugal, Spanien, Schweiz (=1, sonst 0)

Für unsere Fragestellung schätzen wir im Folgenden Random und Fixed Effects Modelle der logistischen Regression. Dabei ist noch zu beachten, dass wir die Koeffizienten als *Odds ratios* [$exp(\beta)$] darstellen. Dies hat Folgen für die Standardfehler der Koeffizienten und die Konfidenzintervalle. Würde man sich die untransformierten Koeffizienten ausgeben lassen, also die Effekte auf die *Log Odds*, wäre das durch Koeffizient und dessen Standardfehler (*SE*) bedingte Konfidenzintervall [$\beta \pm 1,96 \cdot SE$] symmetrisch um den Koeffizienten herum aufgespannt. Das Konfidenzintervall für die *Odds ratios* ist hingegen asymmetrisch. Ist $\beta$ der Effekt einer Variablen auf die *Log Odds*, berechnet man die Standardfehler für die *Odds ratios* durch $exp(\beta) \cdot SE_\beta$. Diese werden in den Tabellen der folgenden Beispielanalysen berichtet.

Nehmen wir an, dass wir gemäß unserer Theorie das Auftreten dominanter linker Regierungen durch folgende Merkmale der Länder vorhersagen können: 1. den Grad der Tertiarisierung, d. h. den Anteil der zumeist links-liberal eingestellten Beschäftigten im Dienstleistungssektor (terti), 2. den Anteil der Beschäftigten im Industriesektor der traditionellen Arbeiter (indus), 3. die Arbeitslosigkeit (unempl), die den Bedarf nach sozialer Absicherung erhöht, 4. die Fraktionalisierung des Parteienspektrums (rae_ele) – denn diese prägt gleichsam die Gelegenheitsstruktur für Alleinregierungen linker Parteien, und schließlich 5. das Verschuldungsniveau (debt), welches in der Regel als durch linke Regierungen verursachtes Problem wahrgenommen wird und sich vom politischen Gegner leicht „skandalisieren" lässt. Die Schätzung der logistischen Panelregression führte zu folgendem Ergebnis:[109]

---

109 STATA kennt zwei unterschiedliche Befehle zur Schätzung des konditionalen Logit-Modells für Paneldaten, die beide zum selben Ergebnis führen, nämlich xtlogit und clogit:

xtlogit linksreg terti indus unempl rae_ele debt, i(countryn) fe or

clogit linksreg terti indus unempl rae_ele debt, group(countryn) or

Logistische Regression 155

Tabelle 7.4: Faktoren dominanter linker Regierungen.
Fixed Effects Logistische Regression, Odds ratios

|  | FE |
|---|---|
| Tertiarisierung | 1.151** |
|  | (0.057) |
| Industrialisierung | 1.166* |
|  | (0.083) |
| Arbeitslosigkeit | 1.019 |
|  | (0.057) |
| Fraktionalisierung | 0.868*** |
|  | (0.033) |
| Verschuldung | 0.983 |
|  | (0.008) |
| N | 343 |
| Länder | 12 |
| ll | −191.12 |
| r2_p | 0.071 |

*$p < 0.05$, ** $p < 0.01$, *** $p < 0.001$
Standardfehler in Klammern

Zu sehen ist in der aus Darstellungsgründen etwas verkürzten Ausgabe folgender Befund: Erhöht sich die Tertiarisierung in einem Land um einen Prozentpunkt, steigen die Chancen auf eine linke Regierung um den Faktor 1,15. Einen ähnlichen Zusammenhang stellen wir hinsichtlich der Beschäftigten im Industriesektor fest, deren Zunahme um einen Prozentpunkt die Odds linker Regierungen um den Faktor 1,16 erhöht. Zwar weist auch die Arbeitslosenquote einen positiven Effekt auf, der allerdings nicht signifikant ist (z = 0,33; p = 0,74). Dagegen reduziert die Heterogenität der Parteipräferenz der Wählerschaft die Chance auf eine linke Regierungsmehrheit. Auch dies ergibt natürlich Sinn, denn je heterogener die Parteienpräferenz der Wählerschaft ist, desto geringer sind diese Chancen allein aus strukturellen Gründen. Schließlich finden wir einen negativen Effekt der Staatsverschuldung, der jedoch nur auf dem 10 % Niveau signifikant ist ($p$ = 0,058).

Auffällig ist in Tabelle 7.4 allerdings, dass die Schätzung auf nur 12 Ländern und 343 Länderjahren basiert – obwohl unser Datensatz ja nahezu doppelt so viele Länder enthält. Warum ist die der Schätzung zugrundeliegende Stichprobe so klein? Wir haben einen großen Datenverlust[110], der durch die fehlende Varianz von $y$ innerhalb dieser Länder zustande kommt und die Schätzung daher ineffizienter macht (Rabe-Hesketh/Skrondal 2008: 272). Bei den betroffenen Ländern tritt nur der Wert Null auf.[111] Wir können diese Länder also nicht für die Analyse verwenden. Diese Feststellung ist bemerkenswert, denn es wäre ja womöglich gerade interessant, welche Faktoren dazu führten, dass es in diesen Ländern *niemals* eine dominante Linksregierung gab. Ein Ausschluss dieser Länder führt zu einer systematisch veränderten Stichprobe und zumindest dann zu einer Begrenzung der Aussagemöglichkeiten, wenn wir darauf abzielen, allgemeine Determinanten von dominanten Linksregierungen zu ermitteln. Hier gilt wieder die Ambivalenz, die wir bereits aus dem ersten Teil dieses Buches kennen: Interessiert man sich für die Effekte von Veränderungen von $x$ auf $y$ innerhalb der Subjekte, ist der Informationsverlust nicht als Verzerrung zu betrachten, da in diesem Fall Methode und Fragestellung völlig konsistent wären.

Damit zusammen hängt das Problem, dass das Fixed Effects Logitmodell die systematische Analyse von zeitkonstanten Merkmalen der Länder nicht gestattet. Beispielsweise kann der Effekt der skandinavischen Wohlfahrtsstaaten, die als spezifischer, historisch gewachsener Typus politischer und wohlfahrtsstaatlicher Regime angesehen werden, nicht untersucht werden. Verfolgt man aber wiederum eine explizite Längsschnittfragestellung, der zufolge man einen Effekt der Tertiarisierung auf die Chance dominanter linker Regierungen vermutet, tragen Länder, die aufgrund ihrer spezifischen historischen Tradition ohnehin nahezu dauerhaft dominante linke Regierungen haben, so gut wie nichts zur Schätzung der relevanten Koeffizienten bei. Folglich ist es bei Anwendung von FE im Logit-Kontext noch wichtiger als im linearen Modell, sich vor der Modellspezifikation sehr konkrete Gedanken darüber zu machen, ob explizit eine Längsschnittfragestellung vorliegt (bzw. explizit Veränderung modelliert werden soll).

---

110 Zunächst liegt es nahe, in diesem Datenverlust auch einen Informationsverlust zu sehen. Dem widerspricht aber z. B. Halaby (2004: 523) mit dem Argument, dass das "Wegwerfen" der Effektschätzungen zwischen den Subjekten keine Datenverschwendung darstellt, sondern den Vorteil eröffnet, sich gegen verzerrte und inkonsistente Parameterschätzungen zu schützen.
111 Wir können uns mit STATA die betroffenen Länder ausgeben, indem wir mit egen die Mittelwerte von $y$ innerhalb der Länder berechen und uns die univariaten Häufigkeiten der Länder unter der Bedingung ausgeben, dass dieser Mittelwert (in der Variablen *meanY*) entweder Null oder Eins annimmt.
```
bysort country : egen meanY=mean(linksreg)
tab country if meanY==0 | meanY == 1
```

# Logistische Regression

Schätzen wir zu Vergleich Random Effects Modelle, erhalten wir folgendes Ergebnis:[112]

Tabelle 7.5: Faktoren dominanter linker Regierungen. Random effects Modelle der logistischen Regression

|  | RE 1 | RE 2 | RE 3 |
|---|---|---|---|
| Tertiarisierung | 1.146** | 1.147** | 1.137** |
|  | (.048) | (.048) | (.045) |
| Industrialisierung | 1.160* | 1.155* | 1.148* |
|  | (.071) | (.070) | (.066) |
| Arbeitslosigkeit | 1.032 | 1.033 | 1.048 |
|  | (.057) | (.057) | (.057) |
| Fraktionalisierung | 0.859*** | 0.851*** | 0.847*** |
|  | (.030) | (.031) | (.031) |
| Verschuldung | 0.983* | 0.982* | 0.982* |
|  | (.008) | (.008) | (.008) |
| Angelsächsisch | - | 0.156 | 0.342 |
|  |  | (.232) | (.459) |
| Nordisch | - | - | 35.887* |
|  |  |  | (57.63) |
| var($u_i$)= $\sigma^2_{ui}$ | 9.33*** | 7.936*** | 5.491** |
| rho | 0.739 | 0.706 | 0.625 |
| N | 715 | 715 | 715 |
| ll | −251.446 | −250.786 | −248.469 |

*$p < 0.05$, **$p < 0.01$, ***$p < 0.001$

Betrachten wir zunächst nur das Random Effects Modell RE 1. Anders als das Fixed Effects Modell basiert die Schätzung des Random Effects Modells auf allen 23 Ländern mit insgesamt 715 Beobachtungen, es nutzt also ein wesentlich größeres Sample als das Fixed Effects Modell. Interessanterweise sind die Ergebnisse beider Modellvarianten (FE und RE 1) dennoch sehr ähnlich. Um zu prüfen, ob das Random Effects Modell bei vorliegen einer Längsschnittfragestellung verzerrte Schätzungen aufgrund der Korrelation der $u_i$ mit den erklärenden Variablen $x$ aufweist, können wir den Hausman-Test (vgl. Kap. 5.1) durchführen. Hierbei ist anzumerken, dass beide Schätzungen auf unterschiedlichen Sam-

---

[112] Dieses schätzen wir einfach dadurch, dass wir beim xtlogit-Befehl die Option „fe" weglassen, woraufhin STATA per Voreinstellung das Random Effects Modell schätzt.

ples beruhen. Dies ist jedoch kein grundsätzliches Problem, da das Prinzip des Hausman-Tests auf dem Vergleich der Punktschätzungen der Regressionskoeffizienten basiert. Anderseits stellt sich die Frage, was es überhaupt bedeutet, wenn Fälle verloren gehen. Wenn das Fixed Effects Modell nur auf einer sehr selektiven Unterstichprobe basiert, die aber aufgrund einer expliziten Längsschnittfragestellung die passende Aussagegesamtheit darstellt, stellte es ohnehin das passende Modell dar.[113]

Der Hausman-Test ist mit einem Wert von $\chi^2$ (df = 5) = 0.6716 nicht signifikant. Man darf demnach von unverzerrten Schätzungen des Random Effects Modells ausgehen. Wir können darum mit dem Modell RE 2 in Tabelle 7.5 eine weitere Hypothese prüfen: Trifft es zu, dass in angelsächsischen Ländern aus traditionell-historischen Gründen eine Kultur verbreitet ist, die einer Dominanz linker Regierungen entgegenwirkt? Um diese Hypothese zu prüfen, kann die zeitkonstante Dummyvariable „anglo" in das Random Effects Modell aufgenommen werden, in das Fixed Effects Modell hingegen nicht.

Als Ergebnis der Schätzung von Modell RE 2 halten wir fest: Man kann nicht behaupten, in den angelsächsischen Ländern wäre generell die Neigung zu einer linken absoluten Mehrheitsregierung schwächer ausgeprägt als in anderen Ländern, die nicht zur Gruppe „nordic" gehören. Der Effekt ist zwar negativ, aber mit einem z-Wert von -1,25 nicht signifikant.

In Tabelle 7.5 stellt der Wert „rho" die residuale Intraklassenkorrelation (ICC) dar, die man auch als den Anteil der durch zeitkonstante Merkmale der Länder erklärbaren Varianz interpretieren kann. Sie berechnet sich durch

$$ICC = \frac{\sigma_{ui}^2}{\sigma_{ui}^2 + \sigma_\varepsilon^2} \quad (7.26)$$

Die residuale Intraklassenkorrelation ICC ist der Anteil der durch die Länderebene erklärbaren Residualvarianz $\sigma^2_{ui}$ an der gesamten Residualvarianz $\sigma^2_{ui} + \sigma^2_\varepsilon$, wobei die Residualvarianz die nicht durch die Prädiktoren des Modells erklärte

---

113 In STATA wird der Hausman Test mit folgenden Befehlen durchgeführt:

```
xtlogit    linksreg    terti    indus    unempl    rae_ele    debt,    or
i(countryn) fe

est sto fixed
xtlogit linksreg terti indus unempl rae_ele debt , i(countryn) or
est sto random
hausman fixed random
```

# Logistische Regression 159

Varianz von $y$ ist. In der logistischen Regression wird $\sigma^2_s$ allerdings nicht empirisch geschätzt, sondern stellt eine Konstante dar, die stets den Wert $\pi^2 / 3$, also 3.29 annimmt ($\pi$ steht hier wirklich für die Kreiszahl mit dem Wert 3.1416).

Nun könnte man argumentieren, dass die Referenzkategorie der Dummyvariable „anglo" sehr heterogen ist und wir aus diesem Grund keinen signifikanten Effekt feststellen. Außerdem sei ja eine andere Ländergruppe weitaus interessanter, nämlich die skandinavischen Wohlfahrtsstaaten Norwegen, Dänemark und Schweden. Oben sind wir immerhin mit diesem Beispiel eingestiegen und haben als vorläufiges Ergebnis für diese Länder um den Faktor 8,7 erhöhte Odds dominanter linker Regierungen festgestellt. Auch wenn die Argumentation plausibel ist, sollte das daraus folgende Ergebnis der Modellschätzung mit äußerster Vorsicht betrachtet werden. Wenn wir diese Länder nämlich zusätzlich in das Modell RE 3 in Tabelle 7.5 einführen, erhalten wir einen geradezu exorbitant hohen Effekt von „nordic". Gegenüber Ländern der Referenzkategorie, die weder zur angelsächsischen Gruppe noch zu den skandinavischen Wohlfahrtsstaaten gehören, sind die Odds dominanter linker Regierungen um den Faktor 36 erhöht. Theoretisch kann ein derart drastischer Effekt natürlich vorkommen, jedoch ist auch der Standardfehler der Schätzung sehr hoch, so dass man den Befund als Hinweis auf Fehlspezifikation des Modells werten sollte. In der Einleitung zu diesem Kapitel erhielten wir einen weitaus geringeren Effekt von nordic durch ein standardmäßiges logistisches Regressionsmodell, weshalb der durch das RE Modell ermittelte Effekt sehr überrascht und sehr wahrscheinlich verzerrt ist.

Zusammenfassend sollte nochmals betont werden, dass die Spezifikation des Zusammenhangs entweder als RE oder FE Modell unbedingt auch von inhaltlichen Erwägungen abhängig gemacht werden sollte (Petersen 2004: 342). Offensichtlich sind beide Modelle auf unterschiedliche Fragestellungen gerichtet. Aus dieser Perspektive ist das eine oder das andere Modell nicht unbedingt besser oder schlechter. Was nützt eine unverzerrte Schätzung, wenn sie nicht effizient ist und genau genommen gar nicht auf die Fragestellung der Forschenden bezogen ist? Und die zudem systematisch bestimmte Beobachtungen unberücksichtigt lässt? Was nützt, andererseits, ein effizientes Modell, in das zudem zeitkonstante Prädiktoren eingehen, wenn es auf restriktiven Annahmen basiert, die in der Regel nicht erfüllt sind? In der Literatur wird das „Wegwerfen" von Information beim FE Modell, welches sich aus der fehlenden Möglichkeit der Integration zeitkonstanter Prädiktoren ergibt, kritisiert. Dieses „Wegwerfen" von Daten in FE Modell ist allerdings nicht gleichbedeutend mit „Verschwendung", sondern es schützt vor möglicherweise verzerrten Schätzungen. Folglich kann man sogar sagen: Erst das „Wegwerfen" der nicht zeitveränderlichen Daten im FE führt zu genau dem erwünschten Effekt unverzerrter Schätzungen (Halaby

2004: 523), wenn sich die Analyse auf Veränderungen konzentriert, was bei Längsschnittfragestellungen ja zumeist intendiert ist. In der logistischen Regression kommt allerdings erschwerend hinzu, dass binäre abhängige Variablen nur zwei Ausprägungen haben und darum recht häufig nicht über die Zeit variieren – eine Ursache für weiteren Datenverlust, der bei stetigen linearen Modellen eher unwahrscheinlich ist. Im RE Modell haben wir dieses Problem nicht. Jedoch rechtfertigt der Hinweis auf die größere Effizienz des RE Modells allein noch nicht deren Anwendung, insbesondere dann nicht, wenn die Schätzungen des RE Modells verzerrt sind, weil die Anwendungsvoraussetzungen verletzt sind.

Richtet der oder die Forschende das Augenmerk auf die Frage, ob Länder generell mit höherer Tertiarisierung auch höhere Odds dominanter Linksregierungen haben, ist das RE Modell für diese Fragestellung adäquat. Das FE Modell zielt dagegen auf eine andere Frage: Was passiert in einem Land mit den Odds dominanter Linksregierungen, wenn die Tertiarisierung um einen Prozentpunkt zunimmt – und zwar unabhängig vom Ausgangsniveau der Tertiarisierung? Nur dann, wenn beide Zusammenhänge durch identische Parameter beschrieben werden und diese Äquivalenz durch einen Hausman-Test abgesichert werden ist, kann (und sollte, aufgrund des Effizienzgewinns) auch im Falle der Längschnittfragestellung RE angewendet werden. Dieses entspricht im Wesentlichen der Entscheidungsheuristik im linearen Modell (Kapitel 5). Sollte die Forschungsfrage die Anwendung eines RE Modells nahelegen, deren Anwendungsvoraussetzungen jedoch nicht erfüllt sind, empfiehlt Petersen (2004: 342), beide Modelle zu schätzen und bei deutlichen Unterschieden der Ergebnisse sich nähere Gedanken über die Ursachen der Korrelation von $x_{it}$ und $z_i$ mit $\alpha_{i(RE)}$ zu machen. Allison (2009: 37) weist auf die Möglichkeit hin, Interaktionseffekte aus der zeitkonstanten Kovariate und zeitveränderlichen Prädiktoren zu bilden, um zu überprüfen, inwieweit die zeitkonstanten die zeitveränderlichen Kovariaten konditionieren. Dieses Vorgehen transformiert das zuvor zeitkonstante Merkmal in eine zeitveränderliche Kovariate. Man schätzt auf diese Weise den sich über die Zeit verändernden Effekt z. B. von „anglo". Zudem können Interaktionen aus zeitkonstanten Variablen und der Zeit $t$ geschätzt werden. Schließlich bleibt immer noch die Möglichkeit, eine standardmäßige Logistische Regression mit korrigierten Standardfehlern zu schätzen (vgl. Kapitel 3.2).

Wir haben bisher argumentiert, dass die Wahl zwischen dem Fixed und dem Random Effects Modell nicht allein von statistischen Kriterien abhängig gemacht werden soll, sondern stets auch theoretische Erwägungen berücksichtigt werden müssen. Dieser Ratschlag mag gerade für weniger erfahrene Forscher und Forscherinnen unbefriedigend sein, da er keine eindeutige Entscheidungsregel beinhaltet, sondern eine sorgsame Abwägung verlangt und eine präzise For-

Logistische Regression 161

mulierung der Fragestellung erzwingt. Vielleicht wird es begrüßt, wenn wir im folgenden Abschnitt auf Alternativen zu RE und FE Modellen hinweisen.

So existiert auch für die binäre logistische Regression ein hybrides Modell, wie wir es für den linearen Fall bereits diskutiert haben (Abschnitt 4.2). Dieses hybride Modell möchten wir insbesondere für Fragestellungen nahelegen, bei denen bestimmte zeitkonstante Merkmale der Untersuchungseinheiten explizit von Interesse sind. Beispielsweise ist in der Migrations- und Integrationsforschung zumeist die ethnische Herkunft ein zentrales Merkmal, welches gerade nicht durch ein Fixed Effects Modell herausgerechnet werden soll. Zudem eröffnet sich, wie auch im linearen Fall, mit dem RE Modell als Grundlage wiederum die Möglichkeit einer zusätzlichen Spezifikation von Random Slopes (vgl. Abschnitt 6.1).

Dargelegt wird zudem eine weitere Alternative zu den RE und FE Modellen im Logit-Kontext, nämlich der sogenannten GEE-Ansatz (Generalized Estmation Equations). Wie wir zeigen werden, ist die Entscheidung zwischen Random, Fixed Effects und hybriden Modellen auf der einen Seite und dem GEE Modell auf der anderen Seite wieder sehr eng mit der Forschungsfrage verbunden, da die GEE Modelle potenziell andere Informationen liefern als die Random und Fixed Effects Modelle, das Mehrebenenmodell sowie das hybride Modell.

## 7.6 Das hybride Modell für die logistische Panelregression

Auch für die logistische Regression existiert ein hybrides Modell, das eine Kombination von Random und Fixed Effects Modellen darstellt. Die Schätzung erfolgt als Random Effects Modell, zuvor jedoch werden zwei besondere Datentransformationen durchgeführt. Erstens werden die subjektspezifischen Mittelwerte der zeitveränderlichen unabhängigen Variablen berechnet. Diese Mittelwerte gehen als Prädiktoren in das Modell ein. Zweitens wird ein „de-meaning" (bzw. „Entmittlung") der zeitveränderlichen unabhängigen Variablen durchgeführt. Sie werden durch den Ausdruck $x_{id} = x_{it} - \bar{x}_{i.}$ um ihren Mittelwert zentriert, während die abhängige Variable – wie auch im Fall des hybriden Modells für stetige abhängige Variablen – *nicht* transformiert wird (Allison 2009: 23).[114] In

---

114 Die Berechnung der subjektspezifischen Mittelwerte und entmittelten, d. h. um den subjektspezifischen Mittelwert zentrierten, zeitveränderlichen Variablen erfolgt durch den Befehl:
```
foreach var of varlist terti indus unempl rae_ele debt {
    egen `var'M = mean(`var'), by (countryn)
    gen `var'Z = `var' - `var'M
}
```

Tabelle 7.6 sind insgesamt fünf Modelle dargestellt. Modell 1 ist ein hybrides Modell, welches auf Basis des gesamten Datensatzes geschätzt wird, und Modell 2 ist ein hybrides Modell, welches auf demselben Subsample basiert, wie das Fixed Effects Modell 5. Das hybride Modell 3 enthält die zeitkonstante erklärende Variable „Konservativ" und Modell 4 ist ein einfaches Random Effects Modell. Wie anhand der ersten drei hybriden Modelle zu sehen ist, differenziert das hybride Modell zwischen beiden Effekten: Zum einen erhalten wir unter der Überschrift „zeitveränderlich" Koeffizienten für die Effekte innerhalb der Subjekte, also Effekte der entmittelten Variablen, die analog zu den Effekten eines Fixed Effects Modells zu interpretieren sind: Verändert sich innerhalb eines Landes die Tertiarisierung um einen Prozentpunkt, erhöhen sich in diesem Land die Chancen auf eine dominante linke Regierung um den Faktor 1,14. Zum anderen finden wir unter der Überschrift „zeitkonstant" die Effekte der subjektspezifischen Mittelwerte der zeitveränderlichen Variablen, die nun die Effekte der zeitkonstanten unabhängigen Variablen abbilden und damit die Chancen auf eine dominante linke Regierung durch stabile Unterschiede zwischen den Ländern erklären.

Aufschlussreich ist ein Vergleich der Modelle 1 und 2 in Tabelle 7.6 vor dem Hintergrund der unterschiedlichen Fallzahlen, auf denen beide Modelle basieren. Während Modell 1 alle 715 gültigen Beobachtungen des Datensatzes nutzt, gehen in das Modell 2 nur die 343 Beobachtungen ein, auf denen das Fixed Effects Modell basiert. Dabei ist zu sehen, dass die Schätzungen der entmittelten zeitveränderlichen Effekte sehr nahe beieinander liegen, was bei erwartungstreuen Schätzungen auch zu erwarten ist. Auffällig ist aber, dass auch die Signifikanzniveaus bzw. die geschätzten Standardfehler der zeitveränderlichen Effekte sehr ähnlich sind, obwohl in Modell 1 die Anzahl der Beobachtungen mehr als doppelt so groß ist. Dies verdeutlicht, dass im hybriden Modell die Schätzungen der zeitveränderlichen Variablen tatsächlich jenen des Fixed Effects Modells weitgehend entsprechen.

---

Die Variable tertiM enthält dann beispielsweise den subjektspezifischen Mittelwert der Variable terti, die Variable tertiZ den um den subjektspezifischen Mittelwert zentrierten Wert der jeweiligen Messung. Dabei ist 'var' ein Platzhalter für die jeweilige Variable, für die STATA den Befehl innerhalb der Schleife durchführt.

# Logistische Regression

Tabelle 7.6: Faktoren dominanter linker Regierungen. Das hybride logistische Panelmodell im Vergleich (Odds Ratios).

|  | Modell 1 hybrid | Modell 2 hybrid sample | Modell 3 hybrid conserv | Modell 4 random | Modell 5 fixed |
|---|---|---|---|---|---|
| *Zeitveränderlich* | explanatory variables $x$ „demeaned" | | | | |
| Tertiarisierung | 1.141** | 1.139** | 1.137** | 1.146** | 1.151** |
|  | (.050) | (.048) | (.049) | (.048) | (.057) |
| Industrialisierung | 1.159* | 1.152* | 1.154* | 1.160* | 1.166* |
|  | (.076) | (.073) | (.074) | (.071) | (.083) |
| Arbeitslosigkeit | 1.027 | 1.019 | 1.028 | 1.032 | 1.019 |
|  | (.058) | (.055) | (.058) | (.057) | (.057) |
| Fraktionalisierung | 0.863*** | 0.869*** | 0.863*** | 0.859*** | 0.868*** |
|  | (.033) | (.032) | (.033) | (.030) | (.033) |
| Verschuldung | 0.984 | 0.985 | 0.985 | 0.983* | 0.983 |
|  | (.008) | (.008) | (.008) | (.008) | (.008) |
| *Zeitkonstant* | subject specific means of $x$ | | | | |
| Tertiarisierung | 1.151 | 1.042 | 1.057 | | |
|  | (.119) | (.028) | (.140) | | |
| Industrialisierung | 1.183 | 0.987 | 1.273 | | |
|  | (.223) | (.028) | (.258) | | |
| Arbeitslosigkeit | 1.262 | 0.815* | 1.245 | | |
|  | (.423) | (.066) | (.417) | | |
| Fraktionalisierung | 0.844 | 0.976 | 0.911 | | |
|  | (.090) | (.024) | (.119) | | |
| Verschuldung | 0.935 | 0.997 | 0.931 | | |
|  | (.040) | (.013) | (.041) | | |
| Konservativ |  |  | 0.148 | | |
|  |  |  | (.307) | | |
| _cons | 0.162 | 2.187 | 0.028 | 0.021 | |
| lnsig2u | | | | | |
| _cons | 9.059*** | 0.029 | 8.568*** | 9.331*** | |
| N | 715 | 343 | 715 | 715 | 343 |
| ll | −250.761 | −219.138 | −250.366 | −251.446 | −191.12 |
| r2_p | | | | | 0.071 |

$* p < 0.05, ** p < 0.01, *** p < 0.001$

Grundsätzlich ist allerdings anzumerken, dass in logistischen und anderen nichtlinearen Regressionsmodellen die Koeffizienten nicht über unterschiedliche Modelle hinweg verglichen werden sollten. Ergänzen wir ein logistisches Regressionsmodell um weitere unabhängige Variablen, dann verändern sich die Effekte der sich bereits im Modell befindlichen Variablen – auch, wenn die weiteren unabhängigen Variablen mit den bisherigen unkorreliert sind! Dies hat mit der konstant gesetzten Residualvarianz zu tun und wird ausführlich bei Mood (2010) erklärt. Und dieses Problem führt auch dazu, dass bei der logistischen Regression die Effekte des Hybridmodels von denen des Fixed Effects Modells etwas abweichen.

In vielen Untersuchungen erweist sich das hybride Modell als vorteilhaft, insbesondere dann, wenn neben den kausalen Effekten zeitveränderlicher Variablen auch systematische Gruppenunterschiede untersucht werden sollen. Man erhält für die zeitveränderlichen Variablen Schätzungen, die denen des Fixed Effects Modells sehr nahe kommen und kann zudem zeitkonstante Merkmale als Prädiktoren aufnehmen. Der vermeintliche Effizienzverlust, der dem Fixed Effects Modell häufig unterstellt wird (vgl. Halaby 2004: 522 f.), wird jedoch durch das hybride Modell nicht kompensiert, da, wie wir bei dem Vergleich von Modell 1 und Modell 2 sehen konnten, die Standardfehler der zeitveränderlichen Effekte im Fixed Effects und im hybriden Modell nahezu identisch sind. Dies ist ein Argument für Halabys (2004) Behauptung, dass das „Wegwerfen" von Informationen, das ja insbesondere in der logistischen Regression, in der die abhängige Variable nur zwischen zwei Werten variiert, überaus relevant wäre, eigentlich im Kontext von Längsschnittfragestellungen kein Problem darstellt, sondern eher zu begrüßen ist, da erst so der Blick frei wird auf die eigentlichen Wirkungen der Veränderungen von x auf Veränderungen von y.

Das hybride Modell eignet sich zudem für einen alternativen Test der Angemessenheit der Annahme des Random Effects Modells, die Effekte zeitkonstanter erklärender Variablen zwischen den Subjekten seien identisch mit den Effekten der Veränderungen der erklärenden Variablen innerhalb der Subjekte. Zu diesem Zweck schätzt man das hybride Modell und testet die Hypothese der Gleichheit tertiD und tertiM.[115] In unserem Beispiel finden wir allerdings

---

115 Die STATA Syntax für diesen χ2 basierten Test lautet:
```
xtlogit linksreg …
test tertiZ = tertiM
test indusZ =indusM
test unemplZ =unemplM
test rae_eleZ =rae_eleM
test dcbtZ -debtM
test (tertiZ = tertiM ) (indusZ =indusM ) ///
```

keine Anzeichen für eine systematische, d. h. signifikante Differenz zwischen den Koeffizienten. Somit ist die Annahme der Gleichheit der Koeffizienten des Effektes innerhalb der Subjekte und des Effektes zwischen den Subjekten nicht verworfen. Insgesamt scheinen beim hybriden Modell die Effekte der zeitveränderlichen Prädiktoren innerhalb der Subjekte sogar den Effekten des Random Effects Modell etwas ähnlicher zu sein, als dem reinen Fixed Effects Modell. Dies liegt daran, dass der Hausman-Test bei einem Vergleich von Modell 4 und Modell 5 in Tabelle 7.6 die Hypothese der Gültigkeit des effizienteren Random Effects Modells nicht verwirft, dass also die Schätzungen des Random Effects Models nicht verzerrt sind. In den exemplarischen Analysen von Allison (2009), die auf einem weitaus größeren, personenbasierten Datensatz durchgeführt wurden, fanden sich bei den zeitveränderlichen Variablen im hybriden Modell dagegen deutliche Unterschiede zwischen den Koeffizienten im Vergleich zu den des Random Effects Modells, so dass das klassische Random Effects Modell eindeutig verworfen werden konnte.

Schließlich ist anzumerken, dass der hybride Ansatz auch auf andere nicht lineare Modelle zu übertragen ist. Für die logistische Regression erhielten wir mit der konditionalen Likelihoodfunktion, die spezifisch für die logistische Regression hergeleitet wurde, ein Fixed Effects Modell, während dieses für andere Linkfunktionen, z. B. für das Probitmodell, in dieser Form nicht existiert. Durch den hybriden Ansatz ist es möglich, im Prinzip für jede konkrete Form des verallgemeinerten linearen Modells (McCullagh/Nelder 1989), also z. B. Modelle für Zähldaten wie die Poissonregression oder die negative Binomialregression (Long 1997), Koeffizienten zu erhalten, die näherungsweise den Fixed Effects Schätzungen entsprechen.

### 7.7 Mehrebenenanalyse: Modelle mit Random Intercepts und Random Slopes

Ausgehend vom hybriden Modell lässt sich ein weiterer Ansatz beschreiben, der in der Panelanalyse verbreitet ist (siehe Kapitel 6.1). Wie wir im einführenden Teil des Buches dargelegt haben, stellt das bisher verwendete Datenformat eine hierarchische Struktur dar, bei der die einzelnen Messungen den jeweiligen Subjekten, das sind hier die Länder, untergeordnet sind. Diese so genannte Mehrebenenstruktur ist vergleichbar mit Daten aus der Schulforschung, in der Schülerinnen und Schüler dem Kontext ihrer jeweiligen Schulklasse angehören, mit dem Unterschied, dass bei Paneldaten multiple Messungen einem jeweiligen

```
(unemplZ =unemplM ) (rae_eleZ =rae_eleM ) (debtZ =debtM )
```

Subjekt zugeordnet sind. Die Mehrebenenanalyse stellt ein Regressionsverfahren für derartig hierarchische Daten dar[116], mit dem komplexe Zusammenhänge zwischen der abhängigen Variablen $y$ und den erklärenden Variablen $x$ modelliert werden können (Engel 1998; Snijders/Bosker 1999; Hox 2002; Luke 2005; Windzio 2008). Das Mehrebenenmodell ist eine Verallgemeinerung des Random Effects Modells. In einigen Darstellungen der Mehrebenenanalyse weicht die Notation jedoch etwas von der in der ökonometrischen Literatur üblichen Darstellung des Random Effects Modells ab. Wie im Random Effects Modell wird auch in der Mehrebenenanalyse die Regressionskonstante um einen zufälligen Term $u_{0j}$ erweitert, der als normal verteilt angenommen wird und für jedes Subjekt $j$ einen spezifischen Wert annimmt.

Durch den Zufallsterm $u_{0j}$ wird die Regressionskonstante subjektspezifisch. Jedes Subjekt $j$ erhält eine eigene Regressionskonstante und das Modell enthält so viele Regressionskonstanten wie Subjekte. Diese subjektspezifische Regressionskonstante $\beta_{0j}$ ergibt sich aus dem Mittelwert aller Regressionskonstanten $\beta_0$ plus dem subjektspezifischen Wert von $u_{0j}$, also $\beta_{0j} = \beta_0 + u_{0j}$. In unserem Beispiel weisen jene Länder mit einer hohen mittleren Neigung zu dominanten linken Regierungen auch hohe Werte des Zufallsterms $u_{0j}$ auf, wohingegen Länder mit einer insgesamt geringen Neigung auch geringe Werte von $u_{0j}$ zeigen. Der Großteil der Länder konzentriert sich um den Mittelwert von $u_{0j}$, dessen Erwartungswert aufgrund der angenommenen Standardnormalverteilung bei Null liegt. Die Mehrebenenanalyse liefert eine Schätzung der Varianz von $u_0$, und je größer diese Varianz ausfällt, desto größer ist die im Modell nicht beobachtete Heterogenität der Subjekte in Hinblick auf die abhängige Variable $y$. Je mehr erklärungskräftige Prädiktoren in das Modell aufgenommen werden, desto kleiner wird folglich die Varianz von $u_0$, desto mehr wird also unbeobachtete Heterogenität bzw. Zufallsvarianz in systematisch durch beobachtete Variablen erklärte Varianz umgewandelt (vgl. Abbildung 7.3).

Wird dieser so genannte „random intercept" $\beta_{0j} = \beta_0 + u_{0j}$ noch ergänzt um einen random slope („Steigung"), also um eine subjektspezifische Stärke des Zusammenhangs zwischen einer unabhängigen und der abhängigen Variablen, spricht man von einem „random coefficient" oder auch „random slope" Modell. Liegt ein random slope für eine Variable $x$ vor, dann wird der Zusammenhang zwischen $y$ und $x$ für jedes Subjekt durch einen eigenen Regressionskoeffizienten abgebildet. Im Fall einer linearen Regression hätte man damit eine subjektspezifische Steigung der Regressionsgeraden, bei der logistischen Regression sind dies unterschiedliche „Neigungen" der Kurven, wie im rechten Teil der

---

116 Aber auch anderweitig gruppierte Daten, z. B. „cross-classified", vgl. Rabe-Hesketh/Skrondal (2008: 473).

Abbildung 7.1 dargestellt ist, wenn die geschätzten Wahrscheinlichkeiten von Interesse sind. Werden dagegen Effekte erklärender Variablen auf die logarithmierten Chancen (Log Odds) betrachtet, würde man wie im linearen Modell Regressionsgeraden mit unterschiedlicher Steigung erhalten. Analog zum Random Intercept ergibt sich die subjektspezifische Steigung $\beta_{1j}$ aus der mittleren Steigung $\beta_{1j}$ und dem zufälligen Term $u_{1j}$, also $\beta_{1j} = \beta_1 + u_{1j}$. Ist $\beta_1$ positiv, weisen Länder mit hohen Werten von $u_{1j}$ auch einen starken positiven Zusammenhang zwischen $y$ und $x$ auf, wenn $u_{1j}$ hohe Werte annimmt. Weil der Mittelwert des standardnormal verteilten Zufallsterms Null ist, liegen kleine Werte von $u_{1j}$ im negativen Bereich. Dadurch kann es sein, dass der Zusammenhang zwischen $y$ und $x$ in einigen Ländern positiv, in anderen Ländern dagegen sogar negativ ausfällt. Häufig führt nach unseren Erfahrungen der Random Slope jedoch nur zu unterschiedlichen Steigungen, die insgesamt derselben Grundtendenz folgen. Aber dies hängt natürlich immer vom jeweiligen Forschungsgegenstand und der empirischen Datenbasis ab. Wichtig ist, dass man bei der Schätzung von Random Slopes auch die Möglichkeit zufällig variierender Intercepts zulässt. Denn sobald unterschiedliche Regressionsgeraden mit unterschiedlichen Steigungen $\beta_{1j} = \beta_1 + u_{1j}$ vorliegen, hängt die Varianz von $u_0$ allein schon davon ab, an welcher Stelle auf der x-Achse der Wert x = 0 lokalisiert ist (Snijders/Bosker 1999: 69).[117]

Betrachten wir bei der formalen Darstellung des Mehrebenenmodells zunächst Querschnittsdaten, bei denen beispielsweise Schülerinnen und Schüler die Subjekte darstellen, die in Schulklassenkontexte eingebettet sind. Die abhängige Variable misst, ob ein Subjekt in einem landesweiten Leistungstest dem obersten Quartil aller Schülerinnen und Schüler des Landes angehört. Im Mehrebenenmodell stellen die Schülerinnen und Schüler die Ebene 1 dar, die Schulklassen sind die höhere Ebene 2. Das logistische Regressionsmodell der Mehrebenenanalyse hat dann die folgende Form:

$$\ln\left(\frac{P_{ij}}{1-P_{ij}}\right) = (\beta_0 + \mathbf{\beta_k Z_j} + u_{0j}) + (\beta_1 + u_{1j})x_{1ij} + \mathbf{\beta_i x_i} \qquad (7.27)$$

---

117 Um dies nachzuvollziehen, zeichne man in ein Koordinatensystem mit Ordinate und Abszisse zwei Regressionsgeraden mit unterschiedlichen Steigungen ein. Was passiert mit var(u_0j), wenn an die Ordinate horizontal auf der Abszisse verschiebt, d. h. wenn man in der x-Dimension einen konstanten Wert addiert oder subtrahiert? Vgl. dazu wieder Snijders/Bosker (1999: 69).

Die logarithmierten Chancen für einen Schüler oder eine Schülerin $i$, dem oberen landesweiten Leistungsquartil anzugehören, ergeben sich unter anderem aus der schulklassenspezifischen Regressionskonstanten $\beta_{0j} = \beta_0 + u_{0j}$, da es ja im Klassendurchschnitt aufgrund Ungleichverteilung der Kompetenzen der Lehrkräfte und ungleicher finanzieller Restriktionen mehr oder weniger gute Schulklassen gibt. Erst, wenn auch nach Kontrolle aller relevanten individuellen Merkmale der Schülerinnen und Schüler auf der Ebene 1 (z. B. soziale Herkunft) eine signifikante Zufallsvarianz von $u_0$ bestehen bleibt, wirken tatsächlich schulklassenspezifische Merkmale auf die Chancen ein, zum oberen Leistungsquartil zu gehören. So wäre es denkbar, dass in einem Mehrebenenmodell, welches keine erklärenden Variablen der Individualebene enthält, wie etwa die soziale Herkunft der Schülerinnen und Schüler, eine Zufallsvarianz von $y$ existiert, die aber nur daraus resultiert, dass die Schülerinnen und Schüler hinsichtlich ihrer Kompetenzen ungleich über die Schulklassen verteilt sind. Dann läge ein Effekt der selektiven Komposition der Schulklassen hinsichtlich der abhängigen Variablen „Testleistung" vor, indem sich beispielsweise besonders gute Schüler auf wenige Klassen konzentrieren. Besteht jedoch auch nach Kontrolle der erklärenden Variablen der Individualebene noch eine so genannte „Residualvarianz", also eine Varianz von $u_0$, die nicht durch die Prädiktoren erklärt werden kann, wäre es Aufgabe der Mehrebenenanalyse, die für die Testleistung relevanten Merkmale zu identifizieren und die Residualvarianz in systematisch durch im Datensatz vorhandene Merkmale der Schulklasse in erklärte Varianz zu transformieren.

Gleichung (7.28) enthält neben dem Random Intercept $\beta_{0j} = \beta_0 + u_{0j}$ auch einen Random Slope $\beta_{1j} = \beta_1 + u_{1j}$, was bedeutet, dass sowohl der Schnittpunkt mit der y-Achse als auch der Effekt von $x_{1ij}$ zwischen den Subjekten variieren kann. Außerdem enthält die Gleichung mit $\beta_i x_i$ Effekte individueller Merkmale, die keinen Random Slope aufweisen und außerdem mit $\beta_k Z_j$ Effekte von Merkmalen des Kontextes, beispielsweise die Klassengröße oder Merkmale der Klassenlehrkraft in der Schulforschung.

Gerade bei der formalen Darstellung des Mehrebenenmodells ist es wichtig, neben der Schätzgleichung auch die Modellannahmen deutlich zu machen. Weil für die beiden Fehlerterme $u_{0j}$ und $u_{1j}$ eine Standardnormalverteilung angenommen wird, sind die Erwartungswerte beider Fehlerterme Null (vgl. Engel 1998: 76):

$$E(u_{0j}) = E(u_{1j}) = 0 \text{, somit gilt auch } E(\beta_{0j}) = \beta_0 \text{; } E(\beta_{1j}) = \beta_1 \qquad (7.28)$$

Wenden wir ein Mehrebenenmodell auf die hierarchische Struktur von *Paneldaten* an, ändern sich die Subskripte der Gleichung. Der Buchstabe $i$ indiziert nun das Subjekt, d. h. das im vorliegenden Beispiel jeweilige Land, und der Buchsta-

# Logistische Regression

be $t$ den Messzeitpunkt innerhalb eines Subjektes $i$. Geschätzt wird das in Tabelle 7.7 dargestellte Mehrebenenmodell mit einem Random Slope der Variable „Arbeitslosigkeit" (unemp), die in Gleichung 7.30 durch den entmittelten Wert von $x_1$ repräsentiert ist. Zudem gehen mit $\beta(\mathbf{x}_{it} - \overline{\mathbf{x}}_{i.})$ weitere zeitveränderliche Prädiktoren in das Modell ein, für die aber kein Random Slope zugelassen wird. Schließlich wird mit $\beta\overline{\mathbf{x}}_{i.}$ der Mittelwert jeder der zeitveränderlichen Variablen kontrolliert und schließlich das zeitkonstante Merkmal „Konservativ" $\beta Z_i$ in das Modell aufgenommen, um die nahe liegende Hypothese zu testen, dass im historisch gewachsenen Regimetyp der konservativen Länder die Chancen auf eine dominante linke Regierung eher gering sind.

$$\ln\left(\frac{P_{it}}{1-P_{it}}\right) = (\beta_0 + \beta Z_i + u_{0i}) + (\beta_1 + u_{1i})(x_{1it} - \overline{x}_{1i.}) + \beta(\mathbf{x}_{it} - \overline{\mathbf{x}}_{i.}) + \beta\overline{\mathbf{x}}_{i.} \quad <=>$$

$$\ln\left(\frac{P_{it}}{1-P_{it}}\right) = \underbrace{\beta_0 + \beta_1(x_{1it} - \overline{x}_{1i.}) + \beta(\mathbf{x}_{it} - \overline{\mathbf{x}}_{i.}) + \beta\overline{\mathbf{x}}_{i.}}_{\text{Fixed Part}} + \underbrace{\beta Z_i + u_{0i} + u_{1i}(x_{1it} - \overline{x}_{1i.})}_{\text{Random Part}} \quad (7.29)$$

In der Literatur zur Mehrebenenanalyse ist es üblich, die Gleichung (7.29) in einer Weise zu rearrangieren, dass der Fixed Part der Gleichung vom Random Part separiert ist (Snijders/Bosker 1999: 68). Anders als im Fixed Effects Modell der Panelanalyse werden in der Mehrebenenanalyse als fixe Effekte jene Koeffizienten bezeichnet, die durch direkt gemessene, also manifeste Variablen bedingt sind, während der Random Part der Gleichung sich aus den Zufallstermen ergibt, die entweder für die Regressionskonstante oder zusätzlich für ein oder mehrere erklärende Variablen freigesetzt werden.

# 7 Panelmodelle für binäre abhängige Variablen

Tabelle 7.7: Logistische Mehrebenenanalyse der Chancen auf dominante linke Regierungen

|  | Modell 1 | Modell 2 | Modell 3* |
|---|---|---|---|
| *Fixe Effekte* | | | |
| Tertiarisierung | 1.137** | 1.085 | 1.086 |
|  | (.049) | (.049) | (.051) |
| Industrialisierung | 1.154* | 1.054 | 1.039 |
|  | (.074) | (.070) | (.070) |
| Arbeitslosigkeit | 1.028 | 1.008 | 0.987 |
|  | (.058) | (.161) | (.181) |
| Fraktionalisierung | 0.863*** | 0.905* | 0.906* |
|  | (.033) | (.042) | (.043) |
| Verschuldung | 0.985 | 0.957*** | 0.954*** |
|  | (.008) | (.012) | (.013) |
| | | | |
| Tertiarisierung (Mean) | 1.055 | 0.995 | 1.039 |
|  | (.149) | (.161) | (.187) |
| Industrialisierung (Mean) | 1.273 | 1.353 | 1.353 |
|  | (.266) | (.326) | (.350) |
| Arbeitslosigkeit (Mean) | 1.254 | 1.13 | 1.196 |
|  | (.445) | (.455) | (.526) |
| Fraktionalisierung (Mean) | 0.912 | 0.907 | 0.824 |
|  | (.126) | (.144) | (.159) |
| Verschuldung (Mean) | 0.929 | 0.927 | 0.915 |
|  | (.044) | (.051) | (.056) |
| | | | |
| Konservativ | 0.141 | 0.063 | 0.222 |
|  | (.306) | (.159) | (.650) |
| | | | |
| *Zufallseffekte* | | | |
| $\sqrt{\sigma^2_{u0j}}$ ,(intercept) | 2.899*** | 0.487** | 0.545* |
| $\sqrt{\sigma^2_{u1j}}$ ,(slope unemp) | - | 3.309*** | 3.544*** |
| N | 715 | 715 | 689 |
| ll | −250.4 | −234.118 | −213.228 |

* wie Modell 2, nur ohne Dänemark

Tabelle 7.7 zeigt drei Modelle der Mehrebenenanalyse. Modell 1 enthält nur einen Random Intercept und ist damit identisch mit dem hybriden Modell 3 aus Tabelle 7.6[118] Modell 2 enthält zudem einen Random Slope für die Variable Arbeitslosigkeit und Modell 3 zeigt dasselbe Modell ohne das Land Dänemark, welches sich in der graphischen Diagnostik als Ausreißerfall erwiesen hat. Tatsächlich ist in Modell 2 auch die Varianz dieses Zufallsterms signifikant, was bedeutet, dass mit einer sehr hohen Wahrscheinlichkeit mindestens zwei Länder auch in der Grundgesamtheit unterschiedliche Steigungskoeffizienten $\beta_{1j} = \beta_1 + u_{1j}$ aufweisen. Der Likelihood-Ratio Test (Rabe-Hesketh/Skrondal 2008: 69), der prüft, ob Modell 2 tatsächlich besser an die empirischen Daten angepasst ist als Modell 1, führt zu einem signifikanten Ergebnis, was bedeutet, dass das Random Slope Modell 2 besser an die Daten angepasst ist. Dieser Test liefert einen $\chi^2$ verteilten Wert und basiert auf der Formel:

$$\chi^2 = 2 \bullet (LL_1 - LL_0) \quad (7.30)$$

Die maximierte Log-Likelihood des interessierenden Modells mit dem Random Slope ($LL_1$) wird gegen die Log-Likelihood eines so genannten Nullmodells getestet, in welchem der oder die interessierenden Parameter nicht geschätzt werden.[119] Angesichts der geringen Anzahl an Subjekten sollte aber unbedingt

---

118 Während das hybride Modell 3 in Tabelle 7.6 mit dem STATA Befehl xtlogit geschätzt wurde, wird für vollständige Mehrebenenanalysen der Befehl xtmelogit verwendet. Die Befehle für die Modelle 1 und 2 in Tabelle 7.7 lauten folgendermaßen:
xtmelogit linksreg tertiZ indusZ unemplZ rae_eleZ debtZ tertiM indusM unemplM rae_eleM debtM conservative ||countryn: ,or variance diff

xtmelogit linksreg tertiZ indusZ unemplZ rae_eleZ debtZ tertiM indusM unemplM rae_eleM debtM conservative||countryn: unemplZ , or variance diff

Hinter den vertikalen Balken | |, die dem Kontextindikator folgen, werden die Zufallseffekte aufgelistet, wobei man das Random Intercept Modell einfach dadurch erhält, dass man keine erklärende Variable anführt.
119 Der Test kann in STATA durchgeführt werden, indem die Regressionsergebnisse beider Modelle mit dem Befehl est store unter einem willkürlichen Modellnamen gespeichert werden und anschließend mit dem Befehl lrtest unter Verweis auf beide Modellnamen der Test angefordert wird:
xtmelogit linksreg (...) conservative ||countryn: ,or variance diff est sto null

die Annahme der Normalverteilung der Fehler $u_{0j}$ und $u_{1j}$ überprüft werden. Die Diagnostik ergab, dass es sich beim Land mit ID-Nr. 5, nämlich Dänemark, um einen klaren Ausreißer handelt. Die graphische Diagnostik besteht darin, dass man die Zufallseffekte des random slopes der Größe nach über die Untersuchungseinheiten sortiert und die Größe der Effekte über die Rangposition der Untersuchungseinheiten darstellt. Aufgrund des Ausreißerstatus von Dänemark erfolgte die Schätzung des Modells 3 mit einem Random Slope für die Variable Arbeitslosigkeit, jedoch ohne die Beobachtungen für das Land Dänemark. In der Abbildung 7.4 wird jedoch deutlich, dass der Fehlerterm $u_1$ insbesondere aufgrund der deutlichen Unterschiede zwischen Land 1 (Australien), Land 2 (Österreich) und Land 22 (United Kingdom) signifikant variiert, während die übrigen Länder recht nahe beieinander liegen. Steigt die Arbeitslosenquote in Australien, nimmt die Chance auf eine dominante linke Regierung deutlich stärker zu, als bei den übrigen durchschnittlichen Ländern. Bei einem durchschnittlichen, nicht signifikanten Effekt auf die Log Odds von nahe Null [ -.013 (= ln(0.987) ) ] ist der Effekt für Australien positiv. In Österreich und insbesondere in Großbritannien haben wir dagegen einen negativen Effekt, d. h. je höher der Anstieg der Arbeitslosigkeit, desto geringer ist diese Chance. Auch in Abbildung 7.4 ist die signifikante Varianz von $u_1$ wiederum durch einige wenige Fälle bedingt.

Allerdings ist bei der Interpretation zu berücksichtigen, dass nach der Schätzung die Verteilung von $u_0$ teilweise sehr unplausible Werte aufweist und das Modell daher mit Vorsicht betrachtet werden sollte. An dieser Stelle ging es insbesondere darum, die Logik der Mehrebenenmodelle zu vermitteln. Eine Anwendung dieser Modelle auf den hier dargestellten Fall ist jedoch eher problematisch, was unter anderem mit der geringen Anzahl der Subjekte, d. h. der Länder, zusammenhängt.

```
xtmelogit linksreg (...)conservative ||countryn:    unempl2, or
variance diff

est sto intmod
lrtest null intmod
```

# Logistische Regression

Abbildung 7.4: Zufallseffekte des Random Slopes $u_{1j}$, ohne Dänemark

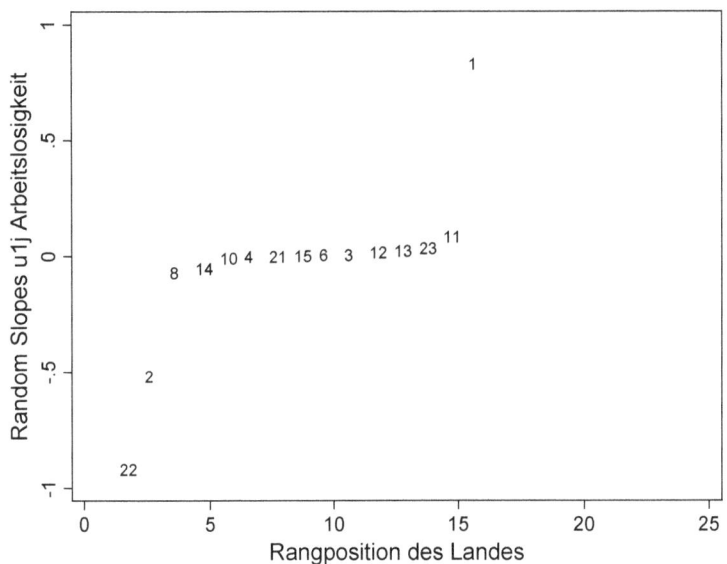

Wie auch das einfache Random Effects Modell liefert das Mehrebenenmodell Schätzwerte für die Zufallseffekte und einen Signifikanztest, der prüft, ob auch für die angenommene Grundgesamtheit eine Varianz der Zufallseffekte zu erwarten ist. Die Tatsache, dass die hier verwendeten Länderdaten keine Stichprobe darstellen, wäre ein Argument dafür, eher das Fixed Effects oder das hybride Modell zu verwenden (Hsiao 2003: 43).

## 7.8 Generalized Estimation Equations (GEE)

Ein wichtiger bisher nicht diskutierter Unterschied zwischen linearen und nichtlinearen RE Modellen besteht darin, dass im nicht-linearen Logitmodell der länderspezifische Effekt der Veränderung einer $x$ Variable innerhalb eines Landes nicht identisch ist mit dem mittlerem Effekt von $x$ über alle Länder des Samples hinweg. Dies wird in Abbildung 7.5, auf die weiter unten Bezug genommen wird, verdeutlicht. Im linearen Fall spielt es für die Steigung einer Regressionsgerade keine Rolle, wie stark der als Random Effect spezifizierte Parameter der unbeobachteten Heterogenität der Untersuchungseinheiten (Länder) variiert.

Man kann sich die im Kapitel 3.3 beschriebene lineare Random Effects Regression auch dadurch veranschaulichen, dass jedes Subjekt $i$ einen eigenen Intercept aufweist und die ansonsten parallel verlaufenden Geraden umso weiter voneinander entfernt liegen, je größer die Varianz von $u_i$ ist. Die Regressionsgerade mit ihrer gegebenen Steigung $\beta$ wird durch den länderspezifischen Heterogenitätsparameter $a_i$ einfach vertikal verschoben. Bei gleichem $\beta$ verlaufen die Regressionsgeraden unterschiedlicher Subjekte also parallel zueinander. Ein Heterogenitätsparameter $a_i$ bzw. ein Random Effect $u_i$ verschiebt die parallelen Regressionsgeraden auf der vertikalen Achse, lässt dabei aber die Steigungen dieser Geraden unverändert.

Anders verhält es sich bei nicht-linearen Funktionen! Heterogenität der Untersuchungseinheiten hinsichtlich der länderspezifischen Grundtendenz zur Dominanz linker Parteien verschieben die S-förmige logistische Funktion horizontal, was man dadurch nachvollziehen kann, dass man in die Gleichung (7.32)

$$P_{it}(Y=1 \mid \mathbf{x}_{it}) = \frac{1}{1+\exp(-(z_{it}))} \qquad (7.31)$$

für $\beta$'x nacheinander natürliche Zahlen von $-2$ bis $+4$ einsetzt und das Ergebnis von -5 bis + 5 graphisch darstellt (siehe Abbildung 7.5). Genau diesen Effekt hat die länderspezifische Heterogenitätskomponente $a_i$. Wenn sich $z_{it}$ errechnet aus $\beta$'x, also

$$z_{it} = a_i + \beta_1 x_{1it} + \beta_2 x_{2it} + \ldots + \beta_k x_{kit}, \qquad (7.32)$$

dann wird die Linearkombination $\beta$'x einfach um den länderspezifischen Wert $a_i$ erhöht. Die unbeobachtete Heterogenität der Länder führt also zu ansonsten identischen S-förmigen Funktionen, die mit steigendem Wert von $x$ und positivem Einfluss auf der Abszisse nach links verschoben werden. Jede einzelne dieser Funktionen repräsentiert die subjektspezifische (hier: länderspezifische) Veränderung der Wahrscheinlichkeit $P(y = 1 \mid \beta$'x$)$, wenn sich die unabhängige Variable $x$ erhöht. Dasselbe gilt übrigens auch für das oben besprochene fixed-effects Logitmodell, deren Effekte ebenso subjektspezifisch sind (Allison 2005: 66). Aber ist eine rein länderspezifische Veränderung der Wahrscheinlichkeit $P(y = 1 \mid \beta$'x$)$ überhaupt das Erkenntnisinteresse der Forschenden? Oder möchte man nicht den in der Population der Länder *durchschnittlichen* Einfluss von $x$ auf die Wahrscheinlichkeit linker Regierungen schätzen, wie man es auch von der normalen logistischen Regression im Querschnitt gewohnt ist? In einem linearen

# Logistische Regression

Modell gibt es keinen Unterschied zwischen diesen beiden Perspektiven, im nicht-linearen logistischen Regressionsmodell hingegen schon.

Abbildung 7.5:  Subjektspezifischer und populationsdurchschnittlicher Effekt in der logistischen Panelregression

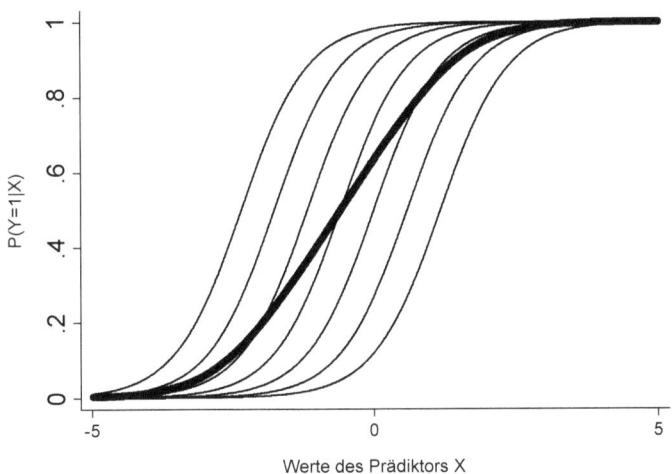

Abbildung 7.5 stellt diesen Unterschied grafisch dar. Die sieben steilen Kurven sind die subjektspezifischen Effekte von $x$ auf die Wahrscheinlichkeit linker Regierungen. Wie oben gezeigt, bewirkt die Ergänzung von β'x um den Zufallsterm $a_i$, dass die Kurven umso weiter nach links verschoben sind, je größer der Wert von $a_i$ ist. Wir haben in unserer empirischen Analyse folglich ebenso viele Kurven wie Subjekte. Weil jedes Subjekt im Prinzip seine eigene Kurve hat, bezeichnet man die RE und FE Modelle als „subjekt-spezifisch". Davon zu unterscheiden ist der durchschnittliche Effekt, den $x$ über alle Länder der untersuchten Population hinweg aufweist und den man auf Basis der Querschnittsdaten mit der klassischen logistischen Regression schätzen würde. Die dickere Line zeigt diesen populationsdurchschnittlichen Verlauf. Sie repräsentiert schlicht die Mittelwerte der sieben subjektspezifischen Kurven an jeder Stelle von $x$ und verläuft weniger steil. Man sollte sich bei der Schätzung logistischer Panelmodelle mit fixen oder zufälligen Effekten also darüber im Klaren sein, dass man nicht den über die Population durchschnittlichen Effekt von $x$ schätzt, sondern den subjektspezifischen Effekt. Häufig sind die Forschenden jedoch an den durchschnittlichen Effekten interessiert, der, wie in Abbildung 7.5 zu sehen ist, insgesamt

schwächer ausfällt, als die subjektspezifischen Effekte. Nun stellt sich die Frage, wie man auf Basis von Paneldaten die populationsdurchschnittlichen (engl. „population averaged") Effekte erhält. Ein Modell zur Schätzung dieser populationsdurchschnittlichen Effekte ist das sogenannte „marginal model", das auch unter dem Begriff „generalized estimation equations" (GEE) bekannt ist.[120] Dieses Modell enthält weder Random noch Fixed Effects, sondern kontrolliert die statistische Abhängigkeit der Beobachtungen durch die explizite Berücksichtigung der Stärke der Assoziation zwischen den Werten von $y$ innerhalb eines Subjekts, d. h. innerhalb der Länder über die Zeit (Fitzmaurice/Liard/Ware 2004: 294).

Wie ist das zu verstehen? Zunächst benötigen wir eine Annahme über die Form $R$ des Zusammenhangs $a$ der $y$-Werte innerhalb der Subjekte $i$. Eine erste einfache Annahme könnte lauten, dass die Korrelation der Beobachtungen von $y$ innerhalb eines Subjektes ( $\text{Corr}(Y_{ij}, Y_{ik})$ ) zwischen allen Messungen dieselbe ist. In diesem Fall wird für die Korrelation ein einziger Wert berechnet. Gleich ob eine Messung mit der unmittelbar folgenden Messung in Beziehung gesetzt wird, oder mit der Messung, die fünf Zeitpunkte später erfolgt: die Korrelation der Werte von $y$ ist zwischen jedem Beobachtungspaar innerhalb eines Subjekts stets dieselbe. Diese Korrelationsstruktur wird als „compound symmetry" (symmetrische Verbundenheit) oder auch als „exchangeable" bezeichnet. Diese ist in der folgenden Korrelationsmatrix dargestellt, die in jeder nicht-diagonalen Zelle denselben Wert $\rho$ enthält.

$$\mathbf{R}_i(\mathbf{a}) = \begin{bmatrix} 1 & & & & \\ \rho & 1 & & & \\ \rho & \rho & 1 & & \\ . & . & . & \ldots & . \\ \rho & \rho & \rho & \ldots & 1 \end{bmatrix} \quad (7.33)$$

Diese Struktur kommt der Logik des RE Modells am nächsten (Allison 2005: 64). Angewandt auf Längsschnittdaten ist diese konstante Korrelation aber selten realistisch, da in der Regel gute theoretische Argumente für eine *Abnahme* der Korrelation über die Zeit sprechen. Mit anderen Worten: je weiter zwei Beobachtungen zeitlich voneinander entfernt sind, umso unähnlicher werden sie sich. Je näher sie zeitlich aufeinanderfolgen, desto ähnlicher sind sie sich. Die Korre-

---

[120] Genau genommen sind „marginal models" der Oberbegriff und GEE sind eine spezielle Form von marginal models (Molenberghs/Verbeke 2005).

# Logistische Regression

lation sollte also eher einem „autoregressiven Prozess erster Ordnung" ( AR(1) ) folgen, was bedeutet, dass eine positive Korrelation am stärksten zwischen zwei zeitlich aufeinanderfolgenden Messungen eines Landes ist und umso schwächer wird, je weiter zwei Messungen zeitlich auseinander liegen. Ein Land mit einer dominanten Linkspartei an der Regierung zum Zeitpunkt t mag mit relativ großer Wahrscheinlichkeit auch zum Zeitpunkt t+1 eine Linksregierung haben, vielleicht weil sie erfolgreich Reformen durchführte oder schlicht aus dem Grund, weil die Legislaturperiode noch andauert.

Formal wird AR(1) als Matrix $R_i(a) = \rho^{|t-t'|}$ dargestellt, d. h. innerhalb eines Landes $i$ korrelieren die Werte von $y$ mit dem Betrag $\rho$ und die Korrelation nimmt mit jeder weiteren Zeiteinheit exponentiell ab. Zum Zeitpunkt $t$ korreliert $y$ mit einem Wert von 1 mit sich selbst. Die Korrelation mit dem Wert des Folgezeitpunkts $t + 1$ beträgt $\rho$, mit dem Wert des Zeitpunkts $t + 2$ beträgt sie $\rho^2$, zum Zeitpunkt t + 3 beträgt sie $\rho^3$ usw. Da $\rho$ immer Werte < 1 annimmt, reduziert sich die Korrelation mit steigenden Werten der Exponenten. Auch diese Struktur des autoregressiven Prozesses erster Ordnung lässt sich anschaulich durch eine Matrix darstellen:

$$R_i(a) = \begin{bmatrix} 1 & & & & \\ \rho & 1 & & & \\ \rho^2 & \rho & 1 & & \\ . & . & . & ... & . \\ \rho^{t-1} & \rho^{t-2} & \rho^{t-3} & ... & 1 \end{bmatrix} \quad (7.34)$$

Der Vorteil dieser AR(1) Korrelationsstruktur liegt darin, dass sie in sehr realistischer Weise Prozesse der zeitlichen Abhängigkeit der Messungen innerhalb eines Landes berücksichtigen kann, dabei aber nur einen weiteren Parameter benötigt, nämlich $\rho$.

Die Besonderheit des GEE Modells besteht darin, dass die Abhängigkeit der Messungen nicht durch Random oder Fixed effects kontrolliert wird, sondern durch die Korrelationsstruktur Corr($Y_{ij}, Y_{ik}$). Diese wird als „Störvariable" in die Schätzgleichung einbezogen und kontrolliert auf diese Weise die Abhängigkeit der Beobachtungen innerhalb eines Landes (Twisk 2003: 65).

Um ein GEE Modell zu schätzen, sind mehrere Schritte erforderlich, die von der Statistiksoftware komfortabel mit einem Befehl durchgeführt werden. Zunächst wird ein standardmäßiges logistisches Regressionsmodell geschätzt. Mit Hilfe dieses Modells kann man für jede Beobachtung das Residuum berechnen, wobei man in der logistischen Regression in der Regel nicht das einfache

Residuum $y_i - \hat{\pi}_i$ nimmt, sondern das Pearson Residuum berechnet (Molenberghs/Verbeke 2005: 158), bei dem $y_i - \hat{\pi}_i$ durch die Quadratwurzel der Varianz der Vorhersagewerte von $y$ dividiert wird (Long 1997: 98):

$$r_{it} = \frac{y_{it} - \hat{\pi}_{it}}{\sqrt{\hat{\pi}_{it} \bullet (y_{it} - \hat{\pi}_{it})}} \qquad (7.35)$$

Nehmen wir an, die Abhängigkeit der Messungen entspräche tatsächlich einem autoregressiven Prozess 1.Ordnung. Korreliert man innerhalb eines jeden Landes das Residuum mit dem Residuum der folgenden Messung, erhält man Ausgangswerte für $\rho$, mit denen man eine so genannte „Arbeitskorrelationsmatrix" füllen kann. Nun schätzt man im zweiten Schritt erneut die logistische Regression, nun aber nicht mit der klassischen logistischen Regression, sondern mit dem GEE-Modell und maximiert dabei die Likelihood unter Einbeziehung der Korrelation $\rho$ der Residuen (Twisk 2003: 65) im Rahmen der spezifizierten Korrelationsstruktur. Dabei ist es sehr wahrscheinlich, dass die durch dass GEE-Modell vorhergesagten Wahrscheinlichkeiten $\hat{\pi}_i$ von jenen des standardmäßigen logistische Regressionsmodells abweichen. Ist dies der Fall, verändern sich im zweiten Schritt natürlich auch die Pearson Residuen. Folglich werden in einem weiteren Schritt diese neu vorhergesagten Wahrscheinlichkeiten $\hat{\pi}_i$ für die Berechnung der Residuen verwendet und auf deren Basis die Arbeitskorrelationsmatrix erneut gefüllt, die im dann anschließenden Schritt in der GEE-Modellschätzung berücksichtigt wird. Dieser Vorgang wird solange wiederholt, bis es zu einer Konvergenz der geschätzten Koeffizienten kommt, d. h. bis diese sich bei Fortführung des Algorithmus nicht mehr verändern.[121]

---

121 Das GEE Modell für binäre abhängige Variablen erhalten wir in STATA über den Befehl xtgee mit der Option family(binomial) link(logit). Wir müssen also angeben, welche Fehlerverteilung und welche Linkfunktion verwendet werden soll. Mit der Option t() muss STATA zudem mitgeteilt werden, welche Variable die Information über die Zeitpunkte bzw. die Panelwellen enthält. In unserem Fall ist es die Variable year. Außerdem ist es dringend zu empfehlen, sich mit der Option vce(robust) die robusten Standardfehler (Huber/White) ausgeben zu lassen, die die Abhängigkeit der Beobachtungen innerhalb der Länder berücksichtigen. Das Modell „GEE CS" in Tabelle 7.8 basiert auf einer „compound symmetry" bzw. „exchangeable" Korrelationsstruktur ( corr(exc) ). In den Modellen GEE 1 bis GEE 3 gehen wir von einem autoregressiven Prozess erster Ordnung aus, die wir mit der Option corr(ar1) anfordern.
  xtgee linksreg terti indus unempl rae_ele debt, eform ///
     family(binomial) link(logit) corr(ar1) vce(robust) t(year)
Die Korrelationsmatrix gibt STATA durch den gesonderten Befehl estat wcorr aus.

Logistische Regression 179

Wie auch das RE Modell basiert das folgende xtgee Modell auf 23 Ländern und 715 Beobachtungen. Tabelle 7.8 zeigt in der ersten Spalte ein GEE Modell mit einer compound symmetry (CS) Korrelationsstruktur, in der zweiten Spalte ein GEE Modell mit einer AR(1) Korrelationsstruktur und in den Spalten drei und vier GEE Modelle mit einer AR(1) Korrelationsstruktur, die mit der Option *force* geschätzt wurden. Vergleichen wir dies mit den analogen RE und FE Modellen (d. h. ohne die zeitkonstanten Prädiktoren anglo und nordic), stellen wir im „population averaged" GEE (CS) Modell tatsächlich insgesamt schwächere Einflussgrößen fest. Keiner der geschätzten Koeffizienten ist mehr signifikant. Zu bedenken ist jedoch, dass die spezifizierte Autokorrelationsstruktur „exchangeable" nicht sehr realistisch sein könnte, weil sie die Annahme einer über die Zeit konstanten Autokorrelation trifft. In vielen Längsschnittanalysen erscheint es aus theoretischen Gründen realistischer, von einem autoregressiven Prozess erster Ordnung auszugehen. So auch im folgenden Modell.

Tabelle 7.8: GEE Modelle der logistischen Regression

|  | GEE CS | GEE 1 AR(1) | GEE 2 AR(1) „force" | GEE 3 AR(1) „force" |
| --- | --- | --- | --- | --- |
| Tertiarisierung | 1.037 | 1.156* | 1.066* | 1.067 |
|  | (.027) | (.066) | (.034) | (.040) |
| Industrialisierung | 1.040 | 1.252** | 1.119* | 1.137* |
|  | (.044) | (.090) | (.054) | (.073) |
| Arbeitslosigkeit | 1.000 | 1.027 | 1.020 | 1.065 |
|  | (.090) | (.072) | (.059) | (.068) |
| Fraktionalisierung | 0.913 | 0.969 | 0.970 | 0.945 |
|  | (.043) | (.026) | (.023) | (.034) |
| Verschuldung | 0.998 | 0.978 | 0.981 | 0.977* |
|  | (.006) | (.011) | (.009) | (.011) |
| Angelsächsisch |  |  |  | 0.732 |
|  | - | - |  | (.612) |
| Nordisch |  |  |  | 8.447*** |
|  | - | - |  | (4.837) |
| N | 715 | 636 | 715 | 715 |

$*p < 0.05$, $**p < 0.01$, $***p < 0.001$

Interessanterweise liefert die ar(1) Korrelationsstruktur in der Tendenz zwar ähnliche Befunde, im Detail sind die Abweichungen gegenüber Tabelle 7.7 jedoch auffällig. Insgesamt sind die Einflüsse sogar noch stärker als im analogen RE Modell. Die Variablen Tertiarisierung, Industrialisierung und beinahe auch die Verschuldung sind signifikant. Die Modelle „RE" und „GEE ar(1)" sind aber auch nicht völlig vergleichbar, da beide nicht auf denselben Fallzahlen basieren und das RE keine serielle Autokorrelation annimmt. Dagegen sind die Fallzahlen des RE Modells identisch mit denen des GEE in der Variante CS („exchangeable"). Woran liegt das? Zwei Länder weisen im GEE ar(1) Modell offensichtlich fehlende Werte auf, wodurch aufgrund des Ausschlusses der Beobachtungen die Abstände zwischen den Messungen nicht mehr jeweils ein Jahr betragen, sondern Lücken entstehen. In die Analyse gingen also nur 21 Länder mit 636 Beobachtungen ein. Bei der „exchangeable" Autokorrelation sind Lücken unerheblich, da die Autokorrelation zwischen jedem Paar der Messzeitpunkte identisch ist. Wollen wir aber durch die STATA Option *force* trotzdem einen autoregressiven Prozess erster Ordnung modellieren, ist die Statistiksoftware STATA darauf angewiesen, dass die Messungen „equally spaced" sind.[122]

Im letzten Schritt können wir die beiden zeitkonstanten Dummyvariablen anglo und nordic in das Modell GEE 3 einführen. Wir sehen in der Ergebnistabelle nach Kontrolle der Dummies für die Regimetypen nur zwei signifikante zeitveränderliche Prädiktoren, nämlich indus und debt. Steigt der Industrialisierungsgrad um eine Einheit, desto besser sind in der Gesamtpopulation die Chancen für linke Regierungen, eine 2 / 3 Mehrheit zu bekommen. Und je höher die Verschuldung in der Population ist, desto geringer sind die Odds dominanter linker Regierungen. Außerdem sind die Odds dominanter linker Regierungen in der Subpopulation skandinavischer Wohlfahrtsstaaten gegenüber den anderen westlichen Industrieländern, die nicht dem Typus anglo angehören, um das 8,44fache erhöht. Der Grund für die etwas umständliche Formulierung liegt in der Kombination der subjektspezifischen Effekte mit den Effekten der Unterschiede zwischen den Subjekten in einem und denselben Regressionskoeffizienten (Twisk 2003: 132). Man kann die Regressionskoeffizienten von debt also sowohl „cross-sectional" bzw. „between-subjects" interpretieren: hoch verschuldete Länder haben geringe Odds dominanter linker Regierungen. Oder man kann den Effekt „longitudinal" bzw. „within-subject" interpretieren: ein Anstieg der Verschuldung um eine Einheit über die Zeit innerhalb eines Landes reduziert die Odds dominanter linker Regierungen. Faktisch ist anhand des Regressionskoeffizienten des GEE Modells also nicht zu unterscheiden, ob der Effekt durch Ver-

---

[122] Erweitert man den xtgee Befehl um die Option force, bleiben die Fälle erhalten – man sollte sich allerdings darüber bewusst sein, dass für diese Fälle die Autokorrelation nicht wirklich der ersten Ordnung folgt, da die Lücken einfach übersprungen werden! Darum sollte man diese Option nur wählen, wenn gute theoretische Argumente dies nahelegen, was unserer Ansicht nach eher selten der Fall ist.

# Logistische Regression

änderungen über die Zeit entsteht, oder aus den speziellen Eigenarten der Länder resultiert – das Modell ist eben „population averaged".

Welche Perspektive ist nun vorzuziehen, die subjekt-spezifische oder die über die Population gemittelte? Auch dies hängt wieder vom Erkenntnisinteresse der Forschenden ab. Allison (2005: 65, 2009: 36) führt ein illustratives Beispiel an, das verdeutlicht, warum unterschiedliche wissenschaftliche Disziplinen entweder an der einen oder an der anderen Perspektive interessiert sind: Ein Arzt möchte wissen, wie stark eine Impfung das Erkrankungsrisiko seines Patienten reduziert, um auf dieser Basis eine Entscheidung für oder gegen die mit Nebenwirkungen behaftete Impfung zu treffen. Er wird sich daher für die subjektspezifischen Koeffizienten interessieren. Aus der Sicht der Krankenkassen sind dagegen die populationsdurchschnittlichen Effekte interessanter, da sie Rückschlüsse über die Veränderung des Anteils der Infizierten – und damit der Kosten – zulassen, wenn jede Person geimpft wäre. Ganz analog könnte sich ein konservativer „think tank" überlegen, welche Faktoren ein spezifisches Land entweder vor einer linken Dominanz bewahren können (subjekt-spezifisches Modell), oder aber, wie sich die Population der westlichen Länder hinsichtlich einer international dominanten linken Hegemonie verändert. Ist man vor allem an der statistischen Signifikanz und der relativen Einflussgröße der Prädiktoren auf die *Populationsanteile* interessiert, erscheint uns das GEE Modell angemessen. Dies wäre jedoch eher unter epidemiologischen Gesichtspunkten interessant, und stellt letztlich keine explizite Längsschnittfragestellung dar, bei der unter Kontrolle der einheitenspezifischen unbeobachteten Heterogenität Effekte von Veränderungen in $x$ auf Veränderungen in $y$ kausal modelliert werden.

Wie hoffentlich deutlich wurde, sollten sich die Forschenden ausführlich Gedanken über ihre Forschungsfrage machen. Auf dieser Grundlage sollten sie das Modell auswählen und durch einen Vergleich mit alternativen Modellspezifikationen entscheiden, ob die Ergebnisse entweder Gültigkeit beanspruchen können oder ob einer alternativen Modellspezifikation der Vorrang gewährt werden muss. Diese inhaltliche Arbeit kann den Forschenden kein Methodenlehrbuch abnehmen.

# 8 Strukturgleichungsmodelle als alternativer Ansatz für die Analyse von Paneldaten

Unsere bisherigen Ausführungen lieferten einen Einblick in die Methoden der Panelanalyse, wie sie in der Ökonometrie angewandt und gelehrt werden und von dort in die Nachbardisziplinen Politikwissenschaft und Soziologie diffundierten. Nicht zufällig entstammt daher die von uns zitierte Literatur vornehmlich dem ökonometrischen „Milieu" und insofern war auch unsere Darstellung bisher einseitig. Insbesondere in der Psychologie ist jedoch die Anwendung von Pfad- und Strukturgleichungsmodellen verbreitet, die auch für die Analyse von Paneldaten und die Kontrolle von unbeobachteter Heterogenität geeignet sind. Beispielsweise liegt der Schwerpunkt der Lehrbücher „Lineare Modelle zur Analyse von Paneldaten" von Arminger/Müller (1990), „Panelanalyse" von Engel/Reineke (1994) und „Neue Methoden der Längsschnittanalyse" von Urban (2004) auf diesem Ansatz. Strukturgleichungsmodelle (Reinecke 2005) kann man sich als eine Kombination aus Faktorenanalysen und (zunächst linearen) Regressionsmodellen vorstellen, die komplexe Geflechte von Einflussfaktoren und kausalen Pfaden simultan modellieren. Im Prinzip handelt es sich um ein „Netzwerk" von Beziehungen zwischen Variablen, wobei die Intensität jeder Beziehung durch die Stärke des Zusammenhangs bestimmt ist. Wie auch in sozialen Netzwerken ist es wenig ratsam, alle möglichen Beziehungen zu realisieren, sondern man sollte aufgrund theoretischer Überlegungen eher wenige, aber dafür einschlägige Beziehungen herstellen. Dieses Kapitel soll einen ersten Einblick in die Eigenschaften und Möglichkeiten von Strukturgleichungsmodellen liefern, um dann mit Verweisen auf weiterführende Literatur einen Anreiz für die Einarbeitung in diese überaus leistungsfähigen Auswertungsverfahren zu liefern.

## 8.1 Grundlegende Konzepte der Strukturgleichungsmodelle

Strukturgleichungsmodelle kombinieren einerseits *Messmodelle*, in denen Beziehungen zwischen latenten Variablen und manifesten Indikatoren untersucht werden, mit *Strukturmodellen*, die kausale Beziehungen zwischen mindestens zwei latenten Variablen schätzen.[123] Im Messmodell werden mittels Faktorenanalysen (Bortz/Döhring 2003: 383) so genannte „latente Variablen" anhand ihrer manifesten Indikatoren gebildet. Eine „latente Variable" ist ein Merkmal der Subjekte, welches bei der Datenerfassung nicht direkt gemessen wurde, für das aber mehrere manifeste, d. h. direkt gemessene Indikatoren existieren. In der Faktorenanalyse wird aufgrund der manifesten Indikatoren auf den unbeobachteten Faktor geschlossen. Dabei werden aus dem Muster der Korrelation einer Mehrzahl von manifesten Indikatorvariablen, die auch als *Items* bezeichnet werden, eine oder mehrere latente, also nicht direkt gemessene, Hintergrunddimensionen extrahiert. Diese Hintergrunddimensionen sind die Faktoren, deren Anzahl in der Regel deutlich kleiner ist, als die Anzahl der Items. Führt die Faktorenanalyse zu einer guten Faktorlösung und ist die latente Hintergrunddimension auch theoretisch-substanziell gut interpretierbar, erhält man mit dem Faktor ein Konstrukt, das durch mehrere Messungen empirisch abgebildet wird. Zwar ist nahezu jede sozialwissenschaftliche Messung mit einem Messfehler behaftet. Erfasst man das latente Konstrukt jedoch mit mehreren Items, lässt sich dieser Messfehler immerhin quantifizieren – natürlich wieder unter der Voraussetzung, dass das Messmodell korrekt spezifiziert ist. Auf diese Weise ist es möglich, die Messfehler, die bei der Operationalisierung insbesondere komplexer Konstrukte kaum vermeidbar sind, mit in die Analyse einzubeziehen, so dass der beobachtete Wert einer Messung zerlegt werden kann in einen „wahren" Wert und einen Fehlerterm (Singer/Willet 2003: 271).

Üblicherweise werden die Ergebnisse von Strukturgleichungsmodellen in Pfaddiagrammen graphisch dargestellt, wobei von den Forschenden ein enger Bezug zwischen dem empirischen Strukturgleichungsmodell und den aus der Theorie abgeleiteten Kausalbeziehungen angestrebt wird. Sehen wir uns zum Einstieg ein einfaches Strukturgleichungsmodell an. Wir stellen im Folgenden ein Beispiel dar, dessen Logik sich an dem Lehrbuchbeispiel von Engel und Reinecke (1994: 50) orientiert. In der Terminologie der Strukturgleichungsmodelle werden die abhängigen Variablen als *endogene* Variablen bezeichnet. Jene Prädiktoren, die durch Determinanten bedingt sind, die nicht im Modell berücksichtigt sind, bezeichnet man als *exogene* Variablen (Engel/Reinecke 1994: 22). Abbildung 8.1 zeigt ein Modell der Entwicklung der Lebenszufriedenheit im Verlauf dreier Messungen. Weil es sich bei der Lebenszufriedenheit um ein komplexes psychologisches Konstrukt handelt, ist auch eine differenzierte Messung angebracht, die nicht über einen einzigen Indikator, sondern über drei Indi-

---

123 Der Unterschied zwischen Pfad- und Strukturgleichungsmodellen besteht darin, dass Erstere entweder kein Messmodell umfassen, oder zumindest nicht die Beziehung zwischen mindestens zwei latenten Variablen untersuchen.

als alternativer Ansatz                                                                                      185

katoren erfolgt, etwa über Messungen von Indikatoren der Zufriedenheit in den Bereichen „Arbeit", „Wohnung" und „Einkommen", die in den beiden Folgewellen wiederholt werden. Dabei folgt die Abbildung 8.1 der Konvention, dass latente, also nicht direkt gemessene Variablen, als Ellipsen und manifeste Variablen, d. h. direkt gemessene Indikatoren, als Quadrate oder Rechtecke dargestellt werden. Zu sehen ist als Messmodell die Abhängigkeit der manifesten Indikatoren $y$ von den latenten Hintergrundvariablen $\eta$ (eta). Man kann die Lebenszufriedenheit zwar nicht direkt beobachten, aber das theoretisch gut begründete Konstrukt „Lebenszufriedenheit" bewirkt, so die Annahme, die messbaren Ausprägungen der beobachtbaren drei Indikatoren. Darum sind die Pfeile im jeweiligen Messmodell der latenten Variablen „Lebenszufriedenheit" zu den manifesten Indikatoren gerichtet. Die Ladungen der Indikatoren, bzw. das Regressionsgewicht, mit dem $\eta$ die jeweilige Ausprägung $x$ bestimmt, wird als $\lambda$ (lambda) bezeichnet.

Abbildung 8.1:   Entwicklung der Lebenszufriedenheit im Lebenslauf, Strukturgleichungsmodell

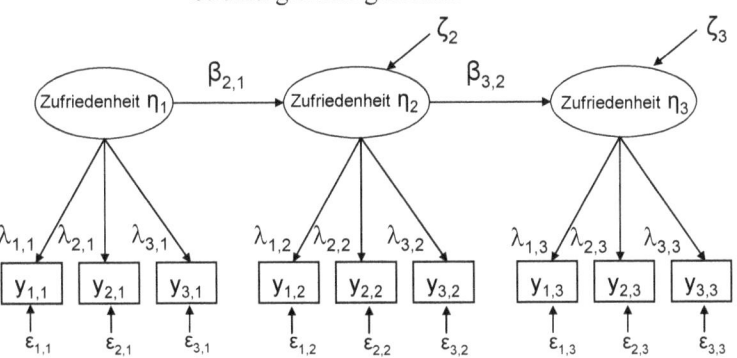

Ein derartiges Messmodell lässt sich als Regressionsgleichung darstellen, bei der jede einzelne $y$-Variable mit dem Gewicht $\lambda$ durch $\eta$ vorhergesagt wird. Wie in jeder klassischen Regression verbleibt jedoch eine Fehlerkomponente $\varepsilon$ (epsilon). Dabei stehen die Subskripte $j$ und $t$ für die manifesten Indikatoren der endogenen latenten Variablen und die Messzeitpunkte:

$$y_{jt} = \lambda_{jt}\eta_t + \varepsilon_j \tag{8.1}$$

Für jede manifeste y-Variable haben wir eine separate Gleichung, was häufig in Vektor- und Matrixschreibweise ausgedrückt wird.[124] Diese Schreibweise stellt eine formale mathematische Darstellung der Messmodelle in Abbildung 8.1 dar. Wendet man die Matrixmultiplikation auf Vektoren und Matrizen an, erhält man in diesem Fall ein System von neun linearen Schätzgleichungen.

$$\begin{pmatrix} y_{1,1} \\ y_{2,1} \\ y_{3,1} \\ y_{1,2} \\ y_{2,2} \\ y_{2,3} \\ y_{3,1} \\ y_{3,2} \\ y_{3,3} \end{pmatrix} = \begin{pmatrix} 1 & 0 & 0 \\ \lambda_{2,1} & 0 & 0 \\ \lambda_{3,1} & 0 & 0 \\ 0 & 1 & 0 \\ 0 & \lambda_{2,2} & 0 \\ 0 & \lambda_{3,2} & 0 \\ 0 & 0 & 1 \\ 0 & 0 & \lambda_{2,3} \\ 0 & 0 & \lambda_{3,3} \end{pmatrix} \cdot \begin{pmatrix} \eta_1 \\ \eta_2 \\ \eta_2 \end{pmatrix} + \begin{pmatrix} \varepsilon_{1,1} \\ \varepsilon_{2,1} \\ \varepsilon_{3,1} \\ \varepsilon_{1,2} \\ \varepsilon_{2,2} \\ \varepsilon_{2,3} \\ \varepsilon_{3,1} \\ \varepsilon_{3,2} \\ \varepsilon_{3,3} \end{pmatrix} \quad (8.2)$$

Aufgrund des Umfangs der obigen Darstellung ist es ratsam, für das Messmodell die kompakte Schreibweise anzuwenden, bei der der obige Vektor mit den y-Variablen als **Y** und deren Faktorladungsmatrix mit den Ladungen λ als **Λ**$_y$ bezeichnet wird:

$$\mathbf{Y} = \mathbf{\Lambda}_y \mathbf{\eta} + \mathbf{\varepsilon} \quad (8.3)$$

Die insgesamt neun Gleichungen des Messmodels, die sich in Abbildung 8.1 aus den neun y-Variablen ergeben, sind aber nicht unabhängig voneinander. Häufig stehen sie in Strukturgleichungsmodellen in enger Beziehung zueinander, insbesondere dann, wenn im Längsschnitt Veränderungen von Subjekten untersucht werden. Diese möglichen Beziehungen zwischen den Gleichungen können unter anderem dadurch abgebildet werden, dass man die Korrelation der Fehlerterme über die Gleichungen hinweg zulässt. Ist beispielsweise immer dann, wenn das Residuum $\varepsilon_{2,1}$ der zweiten Gleichung hoch ist, auch das Residuum $\varepsilon_{3,1}$ der dritten Gleichung höher, sind diese Gleichungen offensichtlich nicht unabhängig voneinander. Diese Korrelationen werden berechnet und in eine als Θ (Theta) be-

---

124 Bei allen Zeitpunkten wird die jeweils erste Ladung λ auf den Wert 1 fixiert, wodurch man eine Referenzvariable und eine Skalierung für die Messfehler erhält (Kline 2005: 170).

als alternativer Ansatz

zeichnete (Halb-)Matrix geschrieben, die jenseits der Diagonalen ebenso viele Zellen wie potenzielle Messfehlerkorrelationen enthält. In der Diagonalen selbst sind die Varianzen wiedergegeben. Welche dieser Werte frei geschätzt werden und welchen Werten man als Modellannahme a priori den Wert Null zuweist, können die Forschenden je nach gegebener Datensituation entscheiden. Die Varianzen und Kovarianzen der Messfehler ε bilden also, mit anderen Worten, eine eigene Matrix, die für das Modell in Abbildung 8.1 neun Zeilen und Spalten aufweist. In der Hauptdiagonalen sind die Varianzen $\theta$ der Fehler ε, und in den Nebendiagonalen die Kovarianzen der Fehler untereinander ausgegeben. Dabei können die Forschenden flexibel bestimmen, welche Fehler untereinander als korreliert angenommen werden. So ist es in einer Längsschnittstudie wahrscheinlich, dass Fehler gleicher Variablen gemessen über zwei Zeitpunkte korreliert sind. Die Matrix Θ mit autokorrelierten Messfehlern hat folgende Gestalt:

$$\Theta = \begin{pmatrix} \theta_{\varepsilon 1,1} & & & & & & & & \\ 0 & \theta_{\varepsilon 2,1} & & & & & & & \\ 0 & 0 & \theta_{\varepsilon 3,1} & & & & & & \\ \theta_{\varepsilon 1,1;2} & 0 & 0 & \theta_{\varepsilon 1,2} & & & & & \\ 0 & \theta_{\varepsilon 2,1;2,2} & 0 & 0 & \theta_{\varepsilon 2,2} & & & & \\ 0 & 0 & \theta_{\varepsilon 3,1;3,2} & 0 & 0 & \theta_{\varepsilon 3,2} & & & \\ \theta_{\varepsilon 1,1;3} & 0 & 0 & \theta_{\varepsilon 1,2;1,3} & 0 & 0 & \theta_{\varepsilon 1,3} & & \\ 0 & \theta_{\varepsilon 2,1;2,3} & 0 & 0 & \theta_{\varepsilon 2,2;2,3} & 0 & 0 & \theta_{\varepsilon 2,3} & \\ 0 & 0 & \theta_{\varepsilon 3,1;3,3} & 0 & 0 & \theta_{\varepsilon 3,2;3,3} & 0 & 0 & \theta_{\varepsilon 3,3} \end{pmatrix}$$

(8.4)

In diesem Beispiel sind immer nur Gleichungen derselben Indikatoren über die Zeit hinweg korreliert, während die anderen Kovarianzen auf Null gesetzt wurden. Sollten es theoretische Gründe nahe legen, dass Fehlerkorrelationen zwischen y-Variablen existieren, die sich auf unterschiedliche Faktoren beziehen, könnten auch diese modelliert werden. Allerdings wird dadurch wiederum die Zahl der geschätzten Parameter größer. Dies widerspricht dem Gebot, dass ein gutes Modell mit möglichst wenigen Parametern gut zu den Daten passen soll. Welches Modell letztlich am besten zu den Daten passt, wird anhand von Vergleichen der Anpassungsgüte der Modelle entschieden, die immer anhand mehrerer Maße abgelesen werden sollte, wie dem „Goodnes of Fit Index (GFI)", dem

„Comparative Fit Index (CFI)" und dem „root mean square error of approximation (RMSEA)".[125] Somit wird ein Strukturgleichungsmodell als *Gesamtmodell* betrachtet, welches insgesamt die in den Daten vorhandenen empirischen Zusammenhänge möglichst getreu und theoretisch plausibel abbilden soll. Wird das Modell verworfen, weil es nicht hinreichend zu den Daten passt, sind auf Basis dieses Modells auch keine Aussagen mehr über einzelne geschätzte Parameter des Modells möglich – auch, wenn diese vor dem Hintergrund der theoretischen Überlegungen plausibel erscheinen mögen.

Neben der Kovarianz bzw. Korrelation der Messfehler besteht ein weiterer Zusammenhang zwischen den Gleichungen darin, dass sie – je nach Modellspezifikation – mittelbar über ein *Strukturmodell* miteinander verbunden sein können. Das Strukturmodell beschreibt die Zusammenhänge der latenten Variablen η untereinander (in Abbildung als Ellipsen dargestellt). Ebenso wie das Messmodell stellt auch das Strukturmodell eine Regression dar, die wir darstellen können als

$$\eta_{it} = \beta_{it,it-1}\eta_{it-1} + \zeta_{it} \,, \tag{8.5}$$

bzw. in Matrixschreibweise für Abbildung 8.1 als

$$\begin{pmatrix} \eta_1 \\ \eta_2 \\ \eta_3 \end{pmatrix} = \begin{pmatrix} 0 & 0 & 0 \\ \beta_{2,1} & 0 & 0 \\ 0 & \beta_{3,2} & 0 \end{pmatrix} \bullet \begin{pmatrix} \eta_1 \\ \eta_2 \\ \eta_3 \end{pmatrix} + \begin{pmatrix} 0_1 \\ \zeta_2 \\ \zeta_3 \end{pmatrix}, \tag{8.6}$$

und in Kurzform:

$$\boldsymbol{\eta} = \mathbf{B}\boldsymbol{\eta} + \boldsymbol{\zeta} \tag{8.7}$$

Der Parameter $\zeta$ (zeta) ist der Vorhersagefehler bzw. das Residuum der Regression von $\eta_i$ auf $\eta_{it-1}$. Weist eine Zelle in der obigen Matrix **B** eine Null auf, folgt daraus, dass im Zuge der Matrixmultiplikation der entsprechende Term $\beta$ durch Nullsetzen nicht geschätzt und aus der Matrix **η** der jeweiligen Term herausgelöscht wird. Anhand der Matrixform wird bereits deutlich, dass in einem System mit mehreren latenten und manifesten Variablen potenziell sehr viele Parameter

---

125 Werte von GFI und CFI >.90 sowie RMSEA <.05 bedeuten einen gute Anpassung des Modells an die Daten. Da der GFI außerhalb des Wertebereichs zwischen 0 und 1 liegen kann (Kline 2005: 145), wird der CFI vorgezogen.

als alternativer Ansatz 189

geschätzt werden können. Eine theoriegeleitete Modellspezifikation besteht aber darin, ein möglichst sparsames Modell zu testen, in dem möglichst viele Parameter durch diese Nullen ausgeschaltet werden.

Schätzt man ein Strukturmodell mit mehreren endogenen Variablen, wie dies beispielsweise auch bei dem in Abbildung 8.1 dargestellten Modell der Fall ist, können Annahmen über das Verhalten der Residuen $\zeta$ des Strukturmodells getroffen werden. Ihnen kann z. B. eine Unkorreliertheit unterstellt werden, wodurch sich die Anzahl der zu schätzenden Parameter reduziert, oder es können Kovarianzen für die Residuen $\zeta_2$ und $\zeta_3$ in Abbildung 8.1. frei aus den Daten geschätzt werden. Diese Kovarianzen werden in der so genannten $\Psi$–Matrix (sprich „psi") ausgegeben, die in der Diagonalen wieder die Varianzen und außerhalb der Diagonalen die Kovarianzen enthält:

$$\Psi = \text{cov}[\zeta] = \begin{bmatrix} \sigma_{\pi 0}^2 & \sigma_{\pi 0 \pi 1}^2 \\ \sigma_{\pi 1 \pi 0}^2 & \sigma_{\pi 1}^2 \end{bmatrix}$$

Das Modell in Abbildung 8.1 enthält keine exogene Variable. Im Strukturmodell werden nur die Koeffizienten und $\beta_{2,1}$ und $\beta_{3,2}$ geschätzt, die Effekte der jeweils zeitlich vorangegangenen latenten endogenen Variablen wiedergeben. Erweitern wir Gleichung (8.7) um eine zeitveränderliche latente Variable $\eta_{jt}$ sowie um eine latente zeitinvariante exogene Variable $\xi_k$ (sprich: „xi"), die beide wiederum zu jedem Zeitpunkt eigene Messmodelle aufweisen, ergibt dies Gleichung (8.8), die inklusive der Messmodelle eine sehr umfangreiche grafische Darstellung verlangen würde, auf die wir an dieser Stelle verzichten (Engel/Reinecke 1994: 63):

$$\eta_{it} = \beta_{it-1}\eta_{it-1} + \beta_{it}\eta_{it} + \gamma_k \xi_k + \zeta_{it} \tag{8.8}$$

Auch diese Gleichung lässt sich in Matrixschreibweise darstellen als

$$\boldsymbol{\eta} = \mathbf{B}\boldsymbol{\eta} + \boldsymbol{\Gamma}\boldsymbol{\xi} + \boldsymbol{\zeta} \tag{8.9}$$

Dabei ist $\xi$ der Vektor der exogenen Variablen und $\Gamma$ (Gamma) der Vektor der zu schätzenden Einflussgewichte. Bei der Analyse von Paneldaten zeigen Strukturgleichungsmodelle in mehreren Punkten eindeutige Stärken:

1. Im Messmodellen mit mehreren Items können die Messfehler quantifiziert und in die Modellschätzung mit einbezogen werden.
2. Grundsätzlich lassen sich alle möglichen Zusammenhänge modellieren.

So können auch Korrelationen und Effekte der manifesten Indikatoren untereinander modelliert werden, was sehr flexible Möglichkeiten für die Analyse impliziert. Einschränkungen bestehen lediglich darin, dass auch Strukturgleichungsmodelle nicht überkomplex sein dürfen (vgl. das Ende dieses Kapitels).

## 8.2 Strukturgleichungsmodelle für Paneldaten mit Fixed und Random Effects

Wendet man ein Strukturgleichungsmodell auf Paneldaten an, ist es möglich, die restriktive Annahme der Unkorreliertheit von $a_{i(RE)}$ mit den $x$-Variablen, auf denen das bereits ausführlich besprochene Random Effects Modell basiert, aufzuheben. Schöpft man die Flexibilität der Modelle aus, können sie andererseits sehr komplex werden, so dass die Anzahl der zu schätzenden Parameter sehr groß und das gesamte Ergebnis damit sehr unübersichtlich wird.

Tabelle 8.1.: Datenformat für Strukturgleichungsmodelle, Zufriedenheit mit ...

| ID | ... Arbeit | | | ... Wohnung | | | ... Einkommen | | |
|---|---|---|---|---|---|---|---|---|---|
| | y_m1 | y_m2 | y_m3 | y_r1 | y_r2 | y_r3 | y_s1 | y_s2 | y_s3 |
| 1 | 23 | 32 | 12 | 16 | 19 | 14 | 24 | 21 | 19 |
| 2 | 14 | 16 | 22 | 9 | 13 | 10 | 10 | 20 | 15 |

Tabelle 8.1. zeigt einen Ausschnitt aus einer Datenmatrix, die einem Strukturgleichungsmodell zugrunde liegt. Anders als bei den von uns bisher präsentierten Panelmodellen enthält die den Strukturgleichungsmodellen zu Grunde liegende Datenmatrix nur eine Zeile pro Subjekt, wie in Tabelle 8.1 für zwei Subjekte dargestellt ist. Auch alle im Zeitverlauf erfolgten Messungen müssen demnach als Variablen, also als Spalten in der Datenmatrix, vorliegen. Wurde die abhängige Variable $y$ dreimal gemessen, sind also auch drei separate Variablen erforderlich, die z. B. Zufriedenheit mit der Arbeit messen, nämlich $y\_m1$, $y\_m2$ und $y\_m3$. Während man die Datenstruktur der von uns bisher beschriebenen Panelmodelle als „long format" bezeichnet, da sich die Variablen $y$ und $x$ innerhalb eines Subjektes über dessen *Zeilen* hinweg verändern (vgl. Tabelle 1.1, Kap. 1), basieren Pfad- und Strukturgleichungsmodelle auf einer Datenstruktur des „wide format", die Zeitveränderlichkeit der Merkmale wird also durch separate *Spalten* der Datenmatrix „in der Breite" dargestellt.

Gehen wir von einem einfachen RE Modell aus, bei dem der Einfluss einer zeitveränderlichen Variablen $x$ auf die abhängige Variable $y$ untersucht wird: Zu sehen ist in Abbildung 8.2 auf der rechten Seite das Messmodell, in dem die durch eine Ellipse repräsentierte latente Variable $\alpha$ durch die drei manifesten

als alternativer Ansatz 191

Variablen $y_1$, $y_2$ und $y_3$ gemessen wurde. Dies entspricht einer Faktorenanalyse, bei der eine latente, nicht direkt gemessene Hintergrunddimension aus den drei manifesten Indikatoren extrahiert wird. Es wird unterstellt, dass diese latente Variable einer Normalverteilung folgt. Von der latenten Variablen $\alpha$ laufen die Pfeile zu den manifesten Indikatoren, da angenommen wird, dass die latente Variable die gemessenen Ausprägungen der $y$-Variablen bedingt. Weil die Ladungen der Indikatoren auf dem Faktor nicht den Maximalwert von 1 erreichen, die Indikatoren also nicht vollständig durch $\alpha$ determiniert sind, verbleibt für jedes $y$ ein Messfehler $\varepsilon_i$. Jedes einzelne $y$ stellt für sich genommen also keine perfekte Messung des Faktors $\alpha_i$ dar, sondern es gilt $y=\alpha+\varepsilon$ und $var(\varepsilon)>0$. Die Besonderheit gegenüber einem klassischen Messmodell für Querschnittsdaten besteht nun in den Indikatoren $y$. Es handelt sich im Modell in Abbildung 8.2 nicht um drei verschiedene Variablen, die man als potenzielle Indikatoren für einen Faktor ansehen könnte, sondern um die drei im Paneldatensatz aufeinander folgenden Messungen der einen Variablen $y$.

Abbildung 8.2: Random Effects Modell als Strukturgleichungsmodell

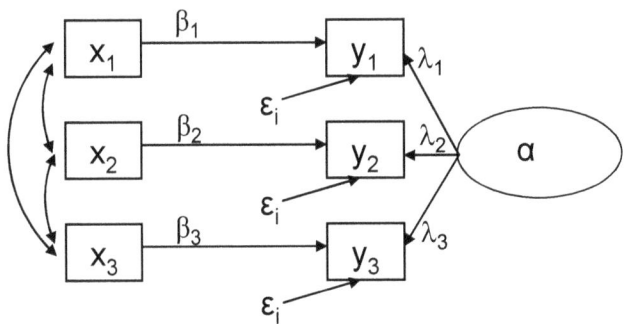

Quelle: Allison (2009: 88)

Nehmen wir an, die Ladungen $\lambda$ der $y$-Variablen wären sehr hoch. In diesem Fall hätten Subjekte mit einem hohen $\alpha$ auch durchweg hohe Werte der gemessenen $y$-Variablen. Subjekte mit geringem $\alpha$ hätten dagegen durchweg geringe Werte. Wir hätten also eine große Heterogenität zwischen den Subjekten hinsichtlich $y$, während die Binnenvarianz von $y$ innerhalb der Subjekte nur gering ist, da $y$ weitgehend durch $\alpha$ determiniert ist. Anders verhält es sich bei geringen Ladungen der $y$-Variablen auf dem Faktor $\alpha$. Offensichtlich sind bei schwachen Ladungen die realisierten Werte von $y$ nur in geringem Maße durch $\alpha$ determiniert und für die Werte von $y$ spielt es nur eine geringe Rolle, ob $\alpha$ hohe oder geringe

Werte annimmt. Die beobachtbare Varianz von $y$ wäre dann weitgehend unabhängig von $\alpha$, wodurch viel Potenzial für Veränderungen innerhalb der Subjekte im Zeitverlauf besteht. Führt man wie in Abbildung 8.2 die $y$-Variablen auf eine latente Variable zurück, erhält man folglich ein Maß für die unbeobachtete Heterogenität zwischen den Subjekten hinsichtlich $y$. Dabei lässt sich sogenannter „Constraint" (Restriktion) integrieren. Ein Constraint bedeutet, dass Parameter, die man empirisch aus den Daten schätzen könnte, durch eine bewusste Entscheidung durch die Forschenden in einer bestimmten Weise festgelegt werden. Dabei können auch feste Werte vorgegeben werden. Auch eine Gleichheit der Parameter oder bestimmte Relationen der Parameter zueinander können vorgegeben werden (z. B. ein zu schätzender Parameter soll doppelt so groß sein, wie ein anderer). Im Modell in Abbildung 8.2. bedeutet der Constraint, dass für die drei Koeffizienten $\beta_1$, $\beta_2$ und $\beta_3$ ein und derselbe Wert geschätzt wird. Dies ist letztlich auch der Fall im oben in Kapitel 3.3. beschriebenen Random Effects Modell, bei dem die Daten im „long format" vorliegen: Obwohl der Datensatz für jedes Subjekt $t$ Messungen umfasst, wird nur ein $\beta$-Koeffizient pro zeitveränderlicher $x$-Variable geschätzt. In der klassischen Regressionsanalyse ist es Standard, dass pro $x$-Variable nur ein Koeffizient geschätzt wird. In der Panelanalyse müsste dies nicht zwangsläufig so sein. Würde man einen drei Wellen umfassenden Paneldatensatz anhand der drei Zeitpunkte in drei separate Datensätze zerlegen, könnte man schließlich auch drei Zusammenhänge zwischen $y_k$ und $x_k$ schätzen ($\beta_1$, $\beta_2$ und $\beta_3$), nämlich $x_1 \rightarrow y_1$, $x_2 \rightarrow y_2$ und $x_3 \rightarrow y_3$. Mit Daten im „long format" und den STATA Befehlen xtreg bzw. xtlogit, die wir bisher besprochen haben, ist dies nicht möglich,[126] da immer angenommen wird, dass $\beta_1 = \beta_2 = \beta_3$. Im Gegensatz dazu legt es das Strukturgleichungsmodell nahe, separate Einflussgrößen pro Zeitpunkt anzunehmen, und tatsächlich drei separate Gleichungen zu schätzen. Möchte man dies vermeiden, um beispielsweise ein Strukturgleichungsmodell mit den Ergebnissen von xtreg und xtlogit vergleichen zu können, muss man explizit einen entsprechenden Constraint in das Strukturgleichungsmodell einführen, indem man a priori bestimmt, dass „$\beta_1 = \beta_2 = \beta_3$" sein muss. Außerdem würde man bei drei separaten Gleichungen auch drei unterschiedliche Fehlervarianzen von $\epsilon$ schätzen, was wiederum durch die Setzung eines „constraint" $\epsilon_1 = \epsilon_2 = \epsilon_3$ aktiv unterbunden werden muss (Allison 2009: 89).

Abbildung 8.2 stellt ein RE Modell dar, welches mit den Constraints ebenso als Pfad- und Strukturgleichungsmodell geschätzt werden kann. Als zeitveränderliche Prädiktoren wirken die $x$-Variablen auf $y$ ein, wobei auch Korrelation

---

[126] Man könnte allerdings einen Interaktionseffekt zwischen $x$ und $t$ schätzen (Allison 2009: 37).

unter den $x$-Variablen als Maß der Stabilität über die Zeit explizit mit modelliert werden kann. Die große Stärke der Pfad- und Strukturgleichungsmodelle besteht in der Möglichkeit, theoretisch nahezu alle Zusammenhänge zwischen den Variablen zuzulassen. Erinnern wir uns an den wesentlichen Nachteil des Random Effects Modells, nämlich die restriktive Annahme der Unkorreliertheit der $x$-Variablen mit $\alpha$: In einem in der ökonometrischen Literatur viel zitierten Aufsatz geht Mundlak (1978) davon aus, dass es sich bei dem Random Effects Modell eigentlich nur um einen Sonderfall des Fixed Effects Modells handelt, nur jedoch mit der Restriktion, dass $x$ und $\alpha$ unkorreliert sind (Hsiao 2003: 44). In der zugrunde gelegten Korrelationsstruktur zwischen $x$ und $\alpha$, nämlich $corr(x,a) = 0$ im Random Effects und $corr(x,a) \neq 0$ im Fixed Effects Modell besteht demnach der einzige Unterschied zwischen beiden Modellen. Könnte man diese Korrelation im Random Effects Modell zulassen und im Modell mit kontrollieren, hätte man die geschätzten Koeffizienten des Fixed Effects Modells. Nach dem Ansatz der Pfad- und Strukturgleichungsmodelle lässt sich diese Korrelation einfach integrieren, wie in Abbildung 8.3 gezeigt wird (Allison 2005: 130).

Abbildung 8.3:   Fixed Effects Modell als Strukturgleichungsmodell

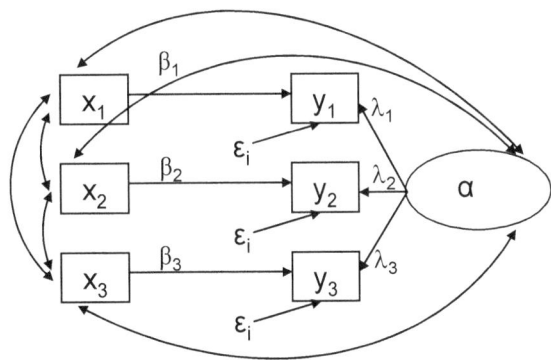

Quelle: Allison (2009: 91)

Bei der Spezifikation des Strukturgleichungsmodells werden zusätzlich die Korrelationen zwischen den zeitveränderlichen $x$-Variablen mit den latenten, d. h. unbeobachteten zeitkonstanten Merkmalen der Subjekte zugelassen. Somit erfolgen die Schätzungen des Effektes von $x$ auf $y$ unter Kontrolle dieser Korrelation, wodurch die Effekte $\beta$ nun unverzerrt sind.

## 8.3 Latente Wachstumsmodelle

Die oben beschriebene alternative Form der Modellierung von Random und Fixed Effects Modellen der Panelanalyse ist natürlich nicht die einzige Möglichkeit, auf der Basis von Strukturgleichungsmodellen Längsschnittanalysen durchzuführen. Spätestens seit den 1990er Jahren setzten sich so genannten *latente Wachstumsmodelle* durch, die eine überaus flexible Modellierung von Längsschnittdaten erlauben (Singer/Willet 2003: 288; Kline 2005: 276; Preacher et al. 2008; Duncan et al. 2006). Dabei kann die Entwicklung individuell spezifischen, und auch nicht-linearen Pfaden folgen.

Nehmen wir wieder an, in einer auf drei Panelwellen basierenden Längsschnittstudie wird als abhängige Variable $y$ die Lebenszufriedenheit untersucht. Wir setzen voraus, dass die Entwicklung von $y$ linear über die Zeit verläuft. Wir können das Modell als ein hierarchisches System von Gleichungen darstellen (Hox 2002: 265):

$$y_{i1} = \pi_{0i} + \pi_{1i} t_1 + \varepsilon_{i1}$$
$$y_{i2} = \pi_{0i} + \pi_{1i} t_2 + \varepsilon_{i2}$$
$$y_{i3} = \pi_{0i} + \pi_{1i} t_3 + \varepsilon_{i3}$$

Allgemeiner betrachtet entspricht dies der Ebene 1 Gleichung in der Mehrebenenanalyse:

$$y_{it} = \pi_{0i} + \pi_{1i} T_{ti} + \varepsilon_{it} \tag{8.10}$$

Unsere abhängige Variable $y_{it}$ des Subjekts $i$ zum Zeitpunkt $t$ ist eine Funktion des Intercepts $\pi_{0i}$, des Steigungskoeffizienten $\pi_{1i}$, der Zeit $T$, sowie des Schätzfehlers $\varepsilon_{it}$. In der Mehrebenenanalyse besteht nun die Möglichkeit, sowohl den Intercept $\pi_{0i}$ als auch den Steigungskoeffizienten $\pi_{1i}$ wiederum als abhängig von einem subjektspezifischen Zufallsterm $u_{0j}$ zu betrachten, aber ebenfalls als abhängig von zeitkonstanten Merkmalen $Z$ der Subjekte – die in diesem Fall die Befragten wären.

$$\pi_{0i} = \beta_{00} + \beta_{01} Z_i + u_{0i}$$
$$\pi_{1i} = \beta_{10} + \beta_{11} Z_i + u_{1i}$$

Ähnlich wie in Gleichung (7.30) in Kapitel 7 könnte man diese beiden Gleichungen in Gleichung (8.10) für $\pi_{0i}$ und $\pi_{1i}$ einsetzen und damit zu einer Mehrebe-

als alternativer Ansatz 195

nengleichung zusammenführen. Ebenso können wir das Modell in der Logik der Strukturgleichungsmodelle darstellen, nämlich als *Messmodell* (Hox 2002: 265):

$$y_{it} = \lambda_{0t} \bullet \text{intercept} + \lambda_{1t} \bullet \text{slope} + \varepsilon_{it} \qquad (8.11)$$

Dabei ist $\lambda_{0t}$ die Ladung der Variablen $y_{it}$ auf einem Faktor, der den Intercept repräsentiert, $\lambda_{1t}$ ist die Ladung der Variablen $y_{it}$ auf einem Faktor, der den Steigungskoeffizienten darstellt. Dies entspricht dem Messmodell für $y$ in Matrixform:

$$\mathbf{Y} = \mathbf{\Lambda}_y \mathbf{\eta} + \mathbf{\varepsilon},$$

das im Wachstumsmodell die Vektoren

$$\mathbf{Y} = \begin{bmatrix} Y_{i1} \\ Y_{i2} \\ Y_{i3} \end{bmatrix}, \mathbf{\Lambda}_y = \begin{bmatrix} 1 & t_1 \\ 1 & t_2 \\ 1 & t_3 \end{bmatrix}, \mathbf{\eta} = \begin{bmatrix} \pi_{0i} \\ \pi_{1i} \end{bmatrix}, \mathbf{\varepsilon} = \begin{bmatrix} \varepsilon_{i1} \\ \varepsilon_{i2} \\ \varepsilon_{i3} \end{bmatrix} \qquad (8.12)$$

enthält. Anhand von Gleichung (8.11) wird deutlich, dass auch die Elemente $\pi_{ji}$ des Vektors $\mathbf{\eta}$ wiederum Funktionen von weiteren Termen sein können. Durch welche manifesten oder latenten Konstrukte $\mathbf{\eta}$, bzw. dessen Elemente $\pi_{ji}$, bestimmt sind, muss von den Forschenden auf Basis der Fragestellung, der Theorie sowie den verfügbaren Daten und der Modellanpassung entschieden werden. Darauf kommen wir später zurück.

Wie aber kann man in einem Strukturgleichungsmodell den Intercept und den Steigungskoeffizienten modellieren? Während man bei einer explorativen Faktorenanalyse an den Faktorladungen eines jeden Items auf dem latenten Faktor interessiert ist und die Ladungen empirisch aus den Daten schätzt, werden die Faktorladungen beim latenten Wachstumsmodell *a priori festgelegt*. Gleichung (8.12) macht deutlich, in welcher Weise dies geschieht: Es werden nämlich die Faktorladungen durch Constraints festgelegt, indem die Ladungen von $y_{it}$ auf den Intercept $\pi_{0i}$ zeitkonstant jeweils auf den Wert 1 fixiert werden. Zugleich werden für die Ladungen von $y_{it}$ auf den Steigungskoeffizienten $\pi_{1i}$ auf die Werte $t_1$, $t_2$ und $t_3$ festgelegt, die die seit Prozessbeginn vergangene Zeit repräsentieren – dies wären in diesem Fall die Werte 0, 1 und 2.

Schätzt man das Modell in Abbildung 8.4 zunächst ohne den Einfluss der exogenen Variablen „Status", erhält man Gleichung (8.12) und damit ein so genanntes *unkonditionales latentes Wachstumsmodell*, weil der Veränderungsprozess nicht durch eine exogene Variable bedingt ist. Formal betrachtet besteht das unkonditionale Strukturmodell aus Mittelwerten $\mu$ der Faktoren $\pi$ und subjektspezifischen Abweichungen $\zeta$ von diesen Mittelwerten.

$$\begin{bmatrix} \pi_{0i} \\ \pi_{1i} \end{bmatrix} = \begin{bmatrix} \mu_{\pi 0} \\ \mu_{\pi 1} \end{bmatrix} + \begin{bmatrix} \zeta_{0i} \\ \zeta_{1i} \end{bmatrix}$$

Die unterstellte Normalverteilung der Faktoren $\pi$ lässt sich formal darstellen durch den Ausdruck:

$$\begin{bmatrix} \pi_{0i} \\ \pi_{1i} \end{bmatrix} \sim N\left( \begin{bmatrix} \mu_{\pi 0} \\ \mu_{\pi 1} \end{bmatrix}, \Psi \right)$$

Die beiden Elemente von $\eta$, $\pi_{0i}$ und $\pi_{0i}$, folgen somit einer Normalverteilung mit den Mittelwerten $\mu$ und den Abweichungswerten $\zeta$. Wie oben erläutert, ist $\Psi$ ist die Varianz-Kovarianzmatrix der Residuen $\zeta$ des Strukturmodells.

Betrachten wir nun die folgende Abbildung 8.4, in der ein latentes Wachstumsmodell dargestellt ist, bei dem der Intercept und der Steigungskoeffizient aber selbst wiederum abhängig sind von der zeitkonstanten Variablen „allgemeiner Bildungsabschluss". Durch den Einfluss der Bildung ist das Modell kein unkonditionales Wachstumsmodell mehr, sondern ein *konditionales latentes Wachstumsmodell* (Preacher et al. 2008: 36).

als alternativer Ansatz 197

Abbildung 8.4: Konditionales latentes Wachstumsmodell der Lebenszufriedenheit, mit einer zeitkonstanten Kovariaten

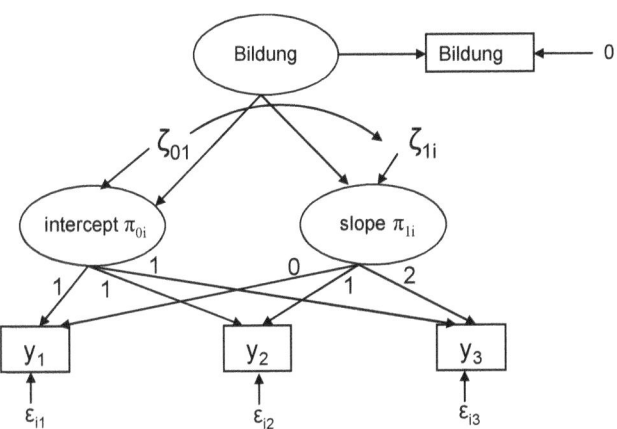

Die Modellierung des Intercept und des Steigungskoeffizienten durch latente Konstrukte erfolgt dadurch, dass für die Faktorladungen in beiden Messmodellen „Constraints" festgelegt werden. Die Ladungen werden demnach nicht frei geschätzt, sondern bekommen von den Forschenden bewusst gewählte Werte zugewiesen. So sind in Abbildung 8.4 die Faktorladungen der drei $y$-Variablen auf den Intercept $\pi_{0i}$ auf den Wert 1 fixiert, wodurch $\lambda_{0t}$ aus der Gleichung 8.11 verschwindet und Gleichung 8.10 resultiert. Der Intercept $\pi_{0i}$ ist daher der Mittelwert der Lebenszufriedenheit zum ersten Messzeitpunkt. Aufgrund des zu diesem Mittelwert gehörigen Zufallsterms $\zeta$ (zeta), für den eine Normalverteilung angenommen wird, variiert $\pi_{0i}$ zwischen den Individuen. Jene Subjekte mit hohem Ausgangsniveau der Lebenszufriedenheit weisen einen hohen Wert $\zeta$ auf, Subjekte mit einem geringen $\zeta$ dagegen ein geringes Ausgangsniveau. Während in der Mehrebenengleichung 8.10 der Term $\pi_{0i}$ den Intercept darstellt, der zwischen den Individuen variiert und für dessen Fehlerterm $u_{0i}$ eine Normalverteilung unterstellt wird, ist der Intercept im Strukturgleichungsmodell als latenter Faktor konzipiert, dessen Werte durch den Zufallsterm $\zeta_{0i}$ zwischen den Subjekten variieren und der ebenfalls als multivariat normalverteilt angenommen wird.

Für das Wachstumsmodell in Abbildung 8.4 ist es folglich wichtig, dass im Gegensatz zum Intercept $\pi_{0i}$ die Faktorladungen des Steigungskoeffizienten $\pi_{1i}$ nicht pauschal auf den Wert 1 fixiert werden, sondern auf den jeweiligen Messzeitpunkt, bzw. auf die seit der ersten Messung vergangene Zeit. Dies sind die Werte 0 bei der ersten, 1 bei der zweiten 2 bei der dritten Messung.[127] Durch diese Fixierung wird ein linearer Zusammenhang der $y$-Variablen mit der Zeit festgelegt. Weil die Faktorwerte $\pi_{0i}$ und $\pi_{1i}$ selbst wiederum eine Funktion des Mittelwertes des jeweiligen Faktors $\mu$ sowie des subjektspezifischen Fehlterms $\zeta$ darstellen, erhält jedes Subjekt einen spezifischen Wert auf dem jeweiligen Faktor und damit ein eigenes Ausgangsniveau in der Entwicklung von $y$ über die Zeit, sowie einen eigenen Wachstumsfaktor. Analog zum Intercept variiert damit auch der Steigungskoeffizient $\pi_{1i}$ zwischen den Individuen, indem jene Subjekte mit einen hohen Wert $\zeta_{1i}$ eine „steilere" Steigung über die Zeit aufweisen, Subjekte mit geringem $\zeta$ eine weniger steile Steigung – gegeben, die Entwicklung der Lebenszufriedenheit verläuft insgesamt als Zuwachs. Wir haben, mit anderen Worten, auf diese Weise ein Modell der längsschnittlichen Entwicklung geschätzt, bei der jedes Subjekt seinen eigenen Ausgangswert sowie seinen eigenen Steigungskoeffizienten aufweist. Anzumerken ist an dieser Stelle, dass es im latenten Wachstumsmodell in der Regel nicht angeraten ist, die durch den Constraint festgelegten Zeitvariablen um den Mittelwert zu zentrieren, weil dann der mittlere Zeitpunkt des Beobachtungsfensters die Referenzgröße darstellt, für die der Intercept als Mittelwert ausgegeben wird. Idealerweise stellt die erste in der Untersuchung erfasste Messung tatsächlich den Startzeitpunkt eines Prozesses und somit das Ausgangsniveau der abhängigen Variablen $y$ zu dessen Beginn dar (Preacher et al. 2008: 11). Führen wir also wie in Abbildung 8.4 einen erklärungskräftigen zeitinvarianten Prädiktor in das Strukturmodell ein, hier ist dies das allgemeine Bildungsniveau, dann reduziert er die Varianz von $\zeta$ und damit das Ausmaß der unbeobachteten Heterogenität. Das Strukturmodell hat nun die folgende Form:

$$\eta = \alpha + \Gamma\xi + B\eta + \zeta \text{, mit}$$

$$\alpha = \begin{bmatrix} \mu_{\pi 0} \\ \mu_{\pi 1} \end{bmatrix}$$

Dabei enthält der Vektor $\alpha$ in der jeweiligen Strukturgleichung die Populationsmittelwerte $\mu_\pi$ des Intercepts und des Steigungskoeffizienten (d. h. $\pi$ abzüglich des Störterms $\zeta$), $B$ ist der Effekt einer möglichen endogenen Variablen $\eta_j$ auf $\eta_i$, und $\Gamma$ der Effekt der exogenen Variablen $\xi$ auf $\eta_i$.

---

[127] In der graphischen Darstellung könnte man Ladungen mit der Größe Null auch einfach weglassen, weil diese Ladung faktisch als nicht existent angenommen wird.

## als alternativer Ansatz

Damit haben wir ein konditionales latentes Wachstumsmodell beschrieben, in das die Bildung als *zeitkonstante* Kovariate eingeht. Wie wir jedoch aus den bisherigen Darstellungen der Panelanalyse wissen, kann eine zeitveränderliche abhängige Variable auch durch *zeitveränderliche unabhängige* Variablen bedingt sein. Dieses Vorgehen ist ähnlich der Modellierung des Random und Fixed Effects Modells auf der Basis von Strukturgleichungsmodellen, die wir bereits in Abbildung 8.2 und 8.3 kennen gelernt haben. Indem die Effekte von $x$ auf $y$ durch einen Constraint auf einen einzigen Wert fixiert werden ($\beta_1 = \beta_2 = \beta_3$), erhält man für die zeitveränderliche Prädiktorvariable $x_{it}$ auch nur einen Effekt (Hox 2002: 271). Man beachte aber, dass die Werte von $x_{it}$ wieder über die einzelnen Messungen hinweg korreliert sein können. Wie auch im Fixed Effects Modell in Abbildung 8.3 werden außerdem Korrelationen zwischen dem zeitveränderlichen Prädiktor $x_{it}$ und latenten Faktoren zugelassen.

Abbildung 8.5: Latentes Wachstumsmodell der Lebenszufriedenheit mit einer zeitkonstanten und einer zeitveränderlichen Kovariaten

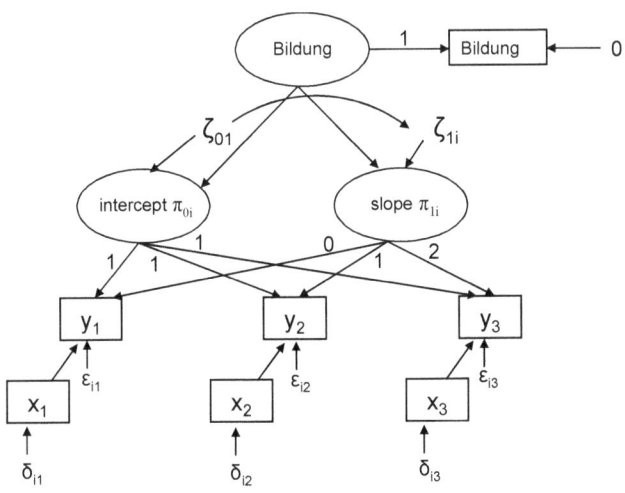

Da diese Korrelation bei der Schätzung von $\beta$ kontrolliert sind, ist die im Random Effects Modell getroffene Annahme der Unkorreliertheit des Fehlerterms $u_0$ mit $x_{it}$ aufgehoben und daher sind unverzerrte Schätzungen von $\beta$ zu erwarten. Man sieht aber andererseits, dass die graphische Darstellung in Abbildung 8.5 bereits recht komplex ist und eine große Zahl an Parametern geschätzt wird.

Korrelationen von $x_{it}$ mit den Faktoren sind aus Gründen der Übersichtlichkeit nicht in Abbildung 8.5 angegeben.

Eine weitere Variante von latenten Wachstumsmodellen, die für die Längsschnittforschung sehr interessant sind, stellen die so genannten „cross-domain" Modelle (Singer/Willet 2003: 295f) dar, die Modellen für parallele Prozesse (Preacher et al 2008: 38) sehr ähnlich sind. Der Unterschied zwischen einem „cross-domain" und einem „parallel process model" besteht darin, dass bei letzterem nicht von einer kausalen, sondern nur von einer korrelativen Verknüpfung zweiter Prozesse ausgegangen wird. In einem cross-domain Modell existieren zwei unterschiedliche zeitveränderliche Variablen, für die jeweils ein latentes Wachstumsmodell geschätzt wird, wobei beide Modelle in einer kausalen Beziehung zueinander stehen. Eine einfache *korrelative* Beziehung zwischen beiden Prozessen könnte z. B. zunächst nur darin bestehen, dass man in der $\Psi$-Matrix, die die Varianzen und Kovarianzen $\sigma^2$ der Fehlerterme $\zeta$ des Strukturmodells enthält, die residualen Kovarianzen des Steigungskoeffizienten des einen Prozesses mit den residualen Kovarianzen des Steigungskoeffizienten des anderen Prozesses kovariieren lässt.

$$\Psi = \text{cov}[\zeta] = \begin{bmatrix} \sigma^2_{\pi 0} & 0 & 0 & 0 \\ 0 & \sigma^2_{\pi' 0} & 0 & 0 \\ 0 & 0 & \sigma^2_{\pi 1} & \sigma^2_{\pi 1}\sigma^2_{\pi' 1} \\ 0 & 0 & \sigma^2_{\pi' 1}\sigma^2_{\pi 1} & \sigma^2_{\pi' 1} \end{bmatrix}$$

Man hätte bei substanziellen Kovarianzen der Steigungskoeffizienten jedoch nur die Information, dass die Veränderung der abhängigen Variablen des einen Prozesses mit Veränderungen der abhängigen Variablen des anderen Prozesses kovariiert. Interessant ist das cross-domain Modell aber nicht zuletzt darum, weil unter der begründeten Annahme, dass tatsächlich $x$ auf $y$ einwirkt und nicht umgekehrt, kausale Hypothesen getestet werden können (Preacher et al. 2008: 41).

als alternativer Ansatz 201

Abbildung 8.6: Cross-domain Modell der Entwicklung der Lebenszufriedenheit und des Gesundheitszustandes

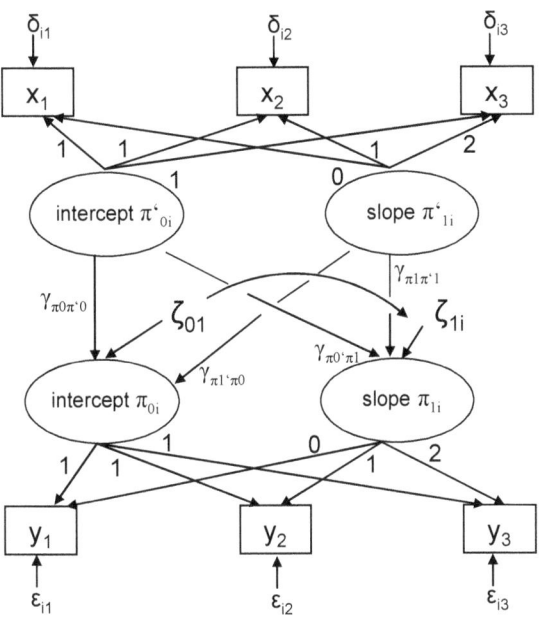

Nehmen wir als Beispiel an, in Abbildung 8.6 sei $y$ die Lebenszufriedenheit und die gesundheitliche Entwicklung sei $x$. Sowohl für $x$ als auch für $y$ werden jeweils latente Wachstumsmodelle geschätzt, wie wir sie bereits besprochen haben. Dabei wird das bereits bekannte Messmodell für $y$ in Gleichung (8.12) durch ein analoges Messmodell für x ergänzt:

$$\mathbf{X} = \mathbf{\Lambda}_x \mathbf{\xi} + \mathbf{\delta}$$,

mit den Vektoren

$$\mathbf{X} = \begin{bmatrix} X_{i1} \\ X_{i2} \\ X_{i3} \end{bmatrix}, \mathbf{\Lambda}_x = \begin{bmatrix} 1 & t_1 \\ 1 & t_2 \\ 1 & t_3 \end{bmatrix}, \mathbf{\xi} = \begin{bmatrix} \pi'_{0i} \\ \pi'_{1i} \end{bmatrix}, \mathbf{\delta} = \begin{bmatrix} \delta_{i1} \\ \delta_{i2} \\ \delta_{i3} \end{bmatrix}.$$

Das ebenfalls bereits bekannte Strukturmodell, welches in der abstrakten Matrixschreibweise wiederum lautet (vgl. die Korrekturen gegenüber Singer/Willet 2003: 298)

$$\eta = \alpha + \Gamma\xi + B\eta + \zeta,$$

spezifiziert das in Abbildung 8.6 dargestellte Modell durch folgende Vektoren:

$$\begin{bmatrix} \pi_{0i} \\ \pi_{1i} \end{bmatrix} = \begin{bmatrix} \alpha_0 \\ \alpha_1 \end{bmatrix} + \begin{bmatrix} \gamma_{\pi_0\pi'_0} & \gamma_{\pi_0\pi'_1} \\ \gamma_{\pi_1\pi'_0} & \gamma_{\pi_1\pi'_1} \end{bmatrix} \begin{bmatrix} \pi'_{0i} \\ \pi'_{1i} \end{bmatrix} + \begin{bmatrix} 0 & 0 \\ 0 & 0 \end{bmatrix} \begin{bmatrix} \pi_{0i} \\ \pi_{1i} \end{bmatrix} + \begin{bmatrix} \zeta_{0i} \\ \zeta_{1i} \end{bmatrix} \quad (8.13)$$

Man beachte zunächst, dass in Abbildung 8.6 keine direkte Beziehung zwischen den Elementen von $\eta$, d. h. zwischen $\pi_{0i}$ und $\pi_{1i}$ spezifiziert wurde. Dies wird in Gl. (8.13) dadurch erreicht, dass die Matrix $B$ nur Nullen enthält und der Term $B\eta$ damit aus der Gleichung gelöscht wird. In der Matrix $\Gamma$ werden dagegen alle vier Parameter geschätzt. Multiplizieren wir $\Gamma\xi$ in Gleichung (8.13) matrixalgebraisch aus, ergibt sich $\pi_{0i}$ unter anderem als Funktion von $\gamma_{\pi_0\pi'_0} \cdot \pi'_{0i} + \gamma_{\pi_0\pi'_1} \cdot \pi'_{1i}$. Dagegen ist $\pi_{1i}$ unter anderem eine Funktion von $\gamma_{\pi_1\pi'_0} \cdot \pi'_{0i} + \gamma_{\pi_1\pi'_1} \cdot \pi'_{1i}$. Genau dies sind auch die Zusammenhänge im Strukturmodell, die in Abbildung 8.6 grafisch dargestellt sind. Interessant ist nun die Interpretation der geschätzten Parameter von $\gamma_{\pi_0\pi'_0}$, $\gamma_{\pi_0\pi'_1}$, $\gamma_{\pi_1\pi'_0}$ und $\gamma_{\pi_1\pi'_1}$. Nehmen wir an, der Schätzwert des Parameters $\gamma_{\pi_0\pi'_0}$ weist einen signifikant positiven Wert auf. Dann existiert eine positive Beziehung zwischen dem Ausgangsniveau der Gesundheit $\pi'_{0i}$ und dem Ausgangsniveau der Lebenszufriedenheit $\pi_{0i}$. Ist der Schätzwert des Parameters $\gamma_{\pi_0\pi'_1}$ signifikant, dann ist das Ausgangsniveau der Lebenszufriedenheit $\pi_{0i}$ bei jenen Personen hoch, die auch zu guter Gesundheit neigen. Finden wir einen signifikanten positiven Schätzwert des Parameters $\gamma_{\pi_1\pi'_1}$, bedeutet dies, dass der Grad der Verbesserung der Gesundheit auch den Steigungskoeffizienten der Lebenszufriedenheit erhöht. In Familien, die im beobachteten Zeitfenster eine starke Verbesserung der Gesundheit aufweisen, verläuft auch die Entwicklung der Lebenszufriedenheit schneller. Wir haben damit ein Untersuchungsmodell, welches Veränderungen im Prozess $y$ durch Veränderungen im Prozess $x$ erklärt. Wir können in einem cross-domain Modell also sowohl Effekte der Veränderungen in einem Prozess (x) auf einen anderen Prozess (y) schätzen, zugleich können wir auch zeitkonstante erklärende Merkmale in das Modell aufnehmen.

Wie aber verhalten sich die Strukturgleichungsmodelle zu den bisher in diesem Lehrbuch behandelten Modellen? Zu Beginn dieses Abschnittes haben wir Analogien zur Mehrebenenanalyse hergestellt, die man ebenfalls verwenden kann, um latente Wachstumsmodelle zu schätzen. Denn auch im latenten Wachstumsmodell kann man die Messungen eines Subjekts über die Zeit als unterste Ebene 1 betrachten und die Subjekte selbst als Ebene 2. Man kann also die latente Wachstumsanalyse im Prinzip mit beiden Verfahren, mit der Mehrebenenanalyse und den Strukturgleichungsmodellen, durchführen. Allerdings haben beide Verfahren unter bestimmten Bedingungen auch jeweils bestimmte Vor- und Nachteile (vgl. Hox 2002: 273ff). Im Strukturgleichungsmodell ist eine Erweiterung auf mehr als drei Ebenen letztlich kaum möglich, und auch die dritte Ebene lässt sich nur unter großem Aufwand einführen. Eine Erweiterung auf mehrere Ebenen kann aber notwendig sein, wenn z. B. in einer Längsschnittstudie *Messungen* von Schülern (Ebene 1) in den Schülern selbst (Ebene 2) geclustert sind, und diese wiederum in Schulklassen (Ebene 3) und Schulen (Ebene 4) eingebettet sind. Für das Mehrebenenprogramm MLwiN stellen mehr als drei Ebenen im Prinzip kein Problem dar und man kann cross-level Interaktionen auch auf den höheren Ebenen schätzen. Mit einem cross-level Interaktionseffekt wird der „Random Slope" einer Variable, deren Effekt also zwischen den Einheiten (z. B. Schulen) auf einer höheren Ebene variiert (vgl. Abschnitt 7.7), mit manifesten Merkmalen dieser Einheiten multipliziert. Damit wird das Ziel verfolgt, die zufällige, d. h. unerklärte Varianz der Steigungskoeffizienten durch diese Merkmale der Kontexte zu erklären.

Außerdem sind in der Mehrebenenanalyse für Längsschnittdaten die Datensätze im so genannten „long format" organisiert. Bei Panelmortalität fällt die jeweils betroffene Messung einfach als Zeile weg und man kann – allerdings nur unter der Annahme eines zufälligen Time-Unit-Nonresponse – das Modell schätzen. Dagegen ist das latente Wachstumsmodell für festgelegte Messzeitpunkte konzipiert und weil die Daten im „wide format" vorliegen, sind auch alle anderen Messungen dieses Subjekts von einem Ausfall zu einem Zeitpunkt betroffen. Software für Strukturgleichungsmodelle wie Mplus (Muthén/Muthén 1998-2007) verwenden spezielle Algorithmen für die Schätzung auf Basis fehlender Werte. Obwohl bei Panelmortalität eine ganze Beobachtung wegfällt, kann man sie im Prinzip als Item-Non-Response betrachten, und dann etwa auf Basis der „multiplen Imputation" Schätzungen für die fehlenden Werte einsetzen. Imputation wird ausführlich bei Spieß (2008) behandelt.

Aber der Ansatz der Strukturgleichungsmodelle hat auch eindeutige Stärken gegenüber der Mehrebenenanalyse. Über die Pfade, die im Strukturgleichungsmodell flexibel modelliert werden können, ist es beispielsweise relativ einfach, den Steigungsfaktor $\pi'_{1i}$ eines Prozesses als Prädiktor für einen anderen Steigungsfaktor $\pi'_{1i}$ eines anderen Prozesses zu betrachten, wie wir am Beispiel des cross-domain Modells gesehen haben. Auf diese Weise lässt sich die Hypothese prüfen, dass Veränderungsraten in einem Prozess die Veränderungsraten eines anderen Prozesses bedingen – ohne dass, wie im Fixed Effects Modell, auf die

Modellierung der Einflüsse zeitkonstanter Kovariaten verzichtet werden muss. Derartige Modelle sind in der üblicherweise verwendeten Software nicht standardmäßig implementiert (Hox 2002: 274; vgl. Preacher et al 2008: 77). Zudem besteht ein weiterer Vorteil der Strukturgleichungsmodelle darin, dass Korrelationen der Mess- und Schätzfehler in überaus flexibler Weise zugelassen werden können und die Modelle dadurch auf weniger restriktiven Annahmen basieren. Im Strukturgleichungsmodell ist außerdem die Anpassungsgüte ein zentraler Indikator für die Gültigkeit eines Modells. Modelle, die nicht gut an die empirischen Daten angepasst sind, werden in der Regel verworfen. Hox (2002: 268f) repliziert ein Mehrebenenmodell für Längsschnittdaten als Strukturgleichungsmodell und kommt bei weitgehend identischen Werten der geschätzten Parameter zu dem Schluss, dass man aus Sicht des Strukturgleichungsmodells das Mehrebenenmodell eigentlich aufgrund der schlechten Anpassung hätte verwerfen müssen. Faktisch bedeutet das, man hätte womöglich aus dem Mehrebenenmodell substanzielle Schlüsse gezogen, obwohl man es unter der Perspektive der Stukturgleichungsmodelle als inakzeptables und damit womöglich fehlerhaftes Modell verworfen hätte. Schließlich geben Programme für Strukturgleichungsmodelle in der Regel so genannte „modification indices" aus, die dem Anwender zeigen, inwieweit sich die Anpassung des Modells verbessern würde, wenn man einen jeweiligen Parameter frei schätzt, anstelle ihn auf den Wert Null oder in anderer Weise zu fixieren.

Im Folgenden nutzen wir den Datensatz *growth1.dat*, der aus einer Umformung der Datei *lebensz.dta* resultiert, um mit dem Programm MPlus ein cross-domain Modell zu schätzen.[128] Dabei werden sechs kausale Effekte spezifiziert,

---

[128] Mit folgender MPlus Syntax wird das Modell B geschätzt:
```
TITLE:       growth model, cross domain model
ANALYSIS:    type=meanstructure
DATA:        FILE IS c:\growth1.dat;
VARIABLE:    NAMES ARE ges1 ges2 ges3 ges4  ges5
zuf1 zuf2 zuf3 zuf4 zuf5 bild;
MODEL:       iges sges | ges1@0 ges2@1 ges3@2 ges4@3 ges5@4;
             izuf szuf | zuf1@0 zuf2@1 zuf3@2 zuf4@3 zuf5@4;
             izuf on iges;
             izuf on sges;
             szuf on iges;
             izuf on bild;
             iges on bild;
             sges on bild;
             sges with iges;
             szuf with sges;
OUTPUT:      STANDARDIZED MODINDICES res;
```

als alternativer Ansatz                                                    205

die natürlich theoretisch immer gut begründet werden müssen, und zwei Korrelationen. Die von MPlus ausgegebenen Fitmaße zeigen, das dass Modell eine akzeptable Anpassung an die Daten aufweist: Der Comparative Fit Index (CFI) liegt mit 0.976 klar über die Schwelle von 0.95, der Root Mean Square Error of Approximation (RWSEA) mit 0.049 knapp unter der Schwelle von 0.5. Wenngleich es Möglichkeiten gäbe, die Modellanpassung weiter zu verbessern, wie sich aus den Modification Indices des Modells ablesen ließe (hier nicht aufgeführt), belassen wir es bei dieser Modellspezifikation.

Betrachten wir zunächst Modell A in Tabelle 8.2. Es zeigt sich ein negativer mittlerer Slope der Lebenszufriedenheit, der allerdings nicht signifikant ist. Insgesamt lässt sich also kein Trend der Zufriedenheit feststellen, der unabhängig ist von Gesundheit (zeitveränderliche Messung) und Bildung (zeitkonstante Messung). Personen mit hohem Bildungsniveau haben aber sowohl ein höheres Ausgangsniveau als auch eine stärkere Zunahme der Zufriedenheit über die Zeit. Somit wird deutlich, dass sich im Rahmen eines cross-domain Modells auch Effekte zeitkonstanter Kovariaten modellieren lassen. Der geschätzte Parameter $\gamma_{\pi 0 \pi' 0}$ zeigt zudem, dass Personen mit höherem Ausgangsniveau der Gesundheit auch ein höheres Ausgangsniveau der Zufriedenheit aufweisen. Etwas überraschend ist dagegen der Befund eines eher geringen Ausgangsniveaus der Zufriedenheit bei Personen, die eine starke Verbesserung ihres Gesundheitszustandes erleben ($\gamma_{\pi 0 \pi' 1}$). Anderseits muss bedacht werden, dass eine Verbesserung der Gesundheit bedeutet, dass der gesundheitliche Zustand zuvor zumindest nicht optimal war, was eine geringere Lebenszufriedenheit durchaus erklären könnte. Keinen signifikanten Einfluss finden wir dagegen für den Effekt des anfänglichen Gesundheitsniveaus auf die Steigung der Zufriedenheit.

Interessant ist aber nun insbesondere die Möglichkeit des cross-domain Modells, Effekte des Veränderungsniveaus des einen Prozesses auf Veränderungsniveaus des anderen Prozesses zu schätzen. Der geschätzte Parameter $\gamma_{\pi 1 \pi' 1}$ ist zwar positiv, aber nicht signifikant. Wäre er signifikant, würde daraus folgen, dass eine stärkere Verbesserung der Gesundheit einen stärkeren Anstieg der Lebenszufriedenheit bedingt, d. h. also, dass Veränderungen von $x$ Veränderungen von $y$ verursachen.

Des Weiteren zeigt sich durch den Effekt $\alpha'_0$ *slope Ges.* insgesamt eine Abnahme der Gesundheit im Zeitverlauf. Zudem ist das Ausgangsniveau der Gesundheit umso höher, je höher das allgemeine Bildungsniveau ist, während Bildung die Steigerung der Gesundheit nicht signifikant beeinflusst.

Die Zufallseffekte geben die residuale, also nicht durch die fixen Effekte erklärte Varianz der latenten Variablen wieder. Im Prinzip zeigt sich anhand dieser residualen Varianz die unbeobachtete Heterogenität der Subjekte hinsichtlich des Ausgangsniveaus und der Steigung der beiden Konstrukte „Zufriedenheit" und „Gesundheit". Unbeobachtet ist diese Heterogenität darum, weil sie nicht durch die im Modell berücksichtigte erklärende Variable der Bildung beeinflusst ist. Sie wird aber aufgrund der Schätzung dieser Zufallseffekte in das Modell einbezogen und damit kontrolliert.

Auf einen wesentlichen Aspekt ist abschließend hinzuweisen: Die Schätzung der Parameter in Modell A, Tabelle 8.2, endete mit einem Warnhinweis der Software MPlus, dass der Prozess der Schätzung zwar in normaler Weise beendet wurde, aber die Kovarianzmatrix $\Psi$ der latenten Variablen nicht positiv definit ist. Dies deutet darauf hin, dass entweder eine der Residualvarianzen negativ, oder eine der Korrelationen nahe 1 ist. In der Warnmeldung wird zugleich darauf hingewiesen, dass die latente Variable szuf die Ursache darstellt. In der Tat lässt sich dem Output von MPlus entnehmen, dass szuf mit einem $R^2$ von .98 vorhergesagt wird und dementsprechend auch nahezu keine residuale Varianz mehr aufweist.

als alternativer Ansatz

Tabelle 8.2: Der Einfluss von Bildung und Gesundheit auf die Lebenszufriedenheit, SOEP Daten, N= 1554, cross-domain model

|  | Modell A | Modell B |
|---|---|---|
| Fixe Effekte |  |  |
| $\alpha_0$ intercept Zufr. | 4.013*** | 3.925*** |
| $\alpha_1$ slope Zufr. | -0.086 | 0.050 |
| $\gamma$ $\pi$0BILDUNG: intercept Zufr.←Bildung | 0.037* | 0.046** |
| $\gamma$ $\pi$1BILDUNG: slope Zufr.←Bildung | 0.054*** | -- |
| $\gamma$ $\pi$0$\pi$'0: inter. Zufr.←inter. Ges. | 0.823*** | 0.816*** |
| $\gamma$ $\pi$0$\pi$'1: inter. Zufr.←slope Ges. | -2.447* | -2.426* |
| $\gamma$ $\pi$1$\pi$'0: slope Zufr.←inter. Ges. | 0.010 | -0.053** |
| $\gamma$ $\pi$1$\pi$'1: slope Zufr.←slope. Ges. | 2.055 | -- |
| $\alpha'_0$ intercept Ges. | 2.864*** | 2.869*** |
| $\alpha'_1$ slope Ges. | -0.058* | -0.051* |
| $\gamma$ $\pi$'0BILDUNG: intercept Ges.←Bildung | 0.054*** | 0.054*** |
| $\gamma$ $\pi$'1BILDUNG: slope Ges.←Bildung | 0.001 | 0.001 |
| Zufallseffekte |  |  |
| *Gesundheit* |  |  |
| $\Psi$11 intercept variance | 0.586*** | 0.587*** |
| $\Psi$22 slope variance | 0.009*** | 0.009*** |
| $\Psi$21 intercept slope covariance | -0.019** | -0.019** |
| *Zufriedenheit* |  |  |
| $\Psi$33 intercept variance | 4.013*** | 1.018*** |
| $\Psi$44 slope variance | -0.086 | 0.051*** |
| $\Psi$43 intercept slope covariance | 0.025 | 0.023 |
| *Residuale Kovarianzen zwischen den latenten Variablen* |  |  |
| $\Psi$4422 slope Zufr./ slope. Ges. | -- | 0.021*** |
| Modellanpassung | CFI= 0.976 RMSEA=0.050 | CFI=0.976 RMSEA=0.050 |

In derartigen Fällen sollte das Modell nicht in dieser Form interpretiert werden, sondern – wenn dies die Ursache darstellt – man setzt die problematischen Varianzen und Kovarianzen auf Null. In Modell B in Tabelle 8.2 wurde das Modell dahingehend verändert, dass zwei der drei fixen Effekte weggelassen wurden und eine Kovarianz Ψ4422 der Residuen von *slope Zufr.* und *slope Ges.* geschätzt wurde, die sich als signifikant positiv erwies. Je stärker also die Gesundheit sich aufgrund unbeobachteter Faktoren verbessert, desto stärker nimmt auch die Lebenszufriedenheit zu.

Anhand dieses kleinen Analysebeispiels sollte deutlich werden, wie vielfältig und komplex die Möglichkeiten der Modellierung von Paneldaten auf der Basis von Strukturgleichungsmodellen sind. Theoretisch lassen sich diese Modelle noch um weitere zeitkonstante und zeitveränderliche Variablen erweitern.

In den empirischen Analysen müssen nicht zwangsläufig zeitkonstante Variablen wie die allgemeine Schulbildung modelliert werden. Dies ist aber, wie in den einführenden Darstellungen dieses Abschnittes und auch in der empirischen Anwendung anhand der zeitkonstanten Variablen des allgemeinen Bildungsniveaus gezeigt wurde, durchaus möglich. Theoretisch lässt sich jedes Panelmodell als cross-domain Modell schätzen. Der Vorteil besteht darin, dass die Möglichkeiten einer flexiblen Modellierung immens sind. Man kann Effekte von Veränderungen der x-Variablen auf Veränderungen von y-Variablen schätzen (ähnlich dem im Fixed Effects Modell), indem der Slope von $x$ auf den Slope von $y$ wirkt. Zugleich aber kann man bspw. das Ausgangsniveau und die Steigung von $x$ zu Beginn des Prozesses sowie Ausgangsniveaus und Steigung von $y$ durch zeitkonstante Variabeln erklären. Diese Stärke ist aber ebenso eine Schwäche, da die praktische Anwendung entweder auf sehr guten theoretischen Erklärungen basieren muss, oder man Gefahr läuft, „empiristisch" und explorativ das am besten angepasste Modell zu suchen, ohne dies am Ende substanziell erklären zu können. In der Praxis der Anwendung liegen die weiteren Probleme komplexer Modelle zum einen in der manchmal schwierigen Interpretierbarkeit, zum anderen jedoch auch in den technischen Problemen, die bei der Schätzung auftreten, wie etwa Problemen mit der Konvergenz der Modelle. Um diese Probleme zu erkennen, ist es wichtig zu wissen, ob ein Modell unter- oder überidentifiziert oder genau identifiziert ist. Was es mit den unterschiedlichen Formen der Modellidentifikation auf sich hat, wird im folgenden Absatz kurz erläutert.

## 8.4 Modellidentifikation

Schätzen wir mit dem Programm MPlus Strukturgleichungsmodelle, lesen wir in der Regel zunächst Datensätze ein, in denen eine Zeile eine Untersuchungseinheit repräsentiert (vgl. Tabelle 8.1). Andere Softwareprogramme wie z. B. LISREL basieren dagegen nicht auf Individualdaten, sondern zumeist auf einer empirischen Varianz-Kovarianzmatrix, die wir als S bezeichnen. In der Hauptdiagonalen dieser Matrizen S sind also die Varianzen einer jeden im Modell verwendeten Variablen enthalten, in den nicht-diagonalen Elementen stehen die Kovarianzen zwischen den Variablen. In Strukturgleichungsmodellen stellt diese Varianz-Kovarianzmatrix die Datengrundlage dar, auf der die Modellschätzungen basieren. Die für die Modellschätzung verwendete Information liegt also bereits in „aggregierter" Form vor und besteht in den Werten, die in den einzelnen Zellen der Varianz-Kovarianzmatrix stehen. Aufgrund des von den Forschenden spezifizierten Strukturgleichungsmodells, das die angeforderten Schätzparameter enthält, lässt sich eine modell-basierte Varianz-Kovarianzmatrix berechnen, die wir als Σ bezeichnen.

Die Logik der Strukturgleichungsmodelle besteht darin, einen Satz von Gleichungen zu spezifizieren. Diese Gleichungen führen zu einer modellbasierten Varianz-Kovarianzmatrix Σ, deren Werte denen der empirischen Varianz-Kovarianzmatrix S möglichst ähnlich und zudem vor dem Hintergrund der gegenstandsbezogenen Theorien möglichst sinnvoll sein sollen.

Das Problem der Modellidentifikation besteht nun darin, dass für die Schätzung der *freien* Parameter hinreichend Information aus dieser Kovarianzmatrix vorliegen muss. „Freie" Parameter sind jene, die durch das Modell geschätzt werden müssen. Daneben gibt es Parameter, für die man „constraints" setzt, deren Werte man also auf die Werte anderer Parameter fixiert, sowie „fixe" Parameter, von denen man a priori festlegt, dass sie bestimmte Werte annehmen sollen. Der sicherlich am häufigsten als fix gesetzte Wert für einen Parameter ist der Wert Null, durch den man schlicht davon ausgeht, dass ein im Pfaddiagramm theoretisch möglicher Pfeil *nicht* existiert.

Das Problem der Identifikation bezieht sich auf die freien Parameter, die durch das spezifizierte Modell auf Basis der empirischen Varianz-Kovarianzmatrix S geschätzt werden müssen. Der Begriff „Identifikation" meint in diesem Zusammenhang, dass für die Unbekannten einer Gleichung (hier sind unsere Schätzgleichungen gemeint) eine eindeutige Lösung existiert. Existiert diese eindeutige Lösung nicht, liefert das Modell keine brauchbare Schätzung der Parameter. Keine eindeutige Lösung lässt sich beispielsweise für die Gleichung a + b = 6 ermitteln, die zwei Unbekannte und eine Bekannte aufweist. Für diese Gleichung existiert eine unendliche Menge an Lösungen. Als Lösung für ein statistisches Modell möchte man aber natürlich eine *eindeutige* Lösung, die eine möglichst gute Anpassung an die Empirie darstellt. Nehmen wir eine weitere Gleichung hinzu, nämlich 2a + b = 10, dann haben wir in beiden Gleichungen zusammen zwei empirische Beobachtungen (Bekannte) und zwei Unbekannte. Für beide Gleichungen erhalten wir mit den Parametern a = 4 und b = 2 eine eindeutige Lösung. Ein solches Modell mit zwei unbekannten Parametern und zwei (bekannten) empirischen Beobachtungen würde man als *gerade identifiziert* bezeichnen (Reinecke 2005: 53). Dagegen ist ein Modell *überidentifiziert*, wenn es mehr bekannte Werte enthält als unbekannte. Beachtet werden sollte, dass bekannte Werte nicht immer auch empirische Werte sein müssen, sondern von den Forschenden nach sorgfältiger theoretischer Überlegung als „contraints" oder „fixe" Parameter festgelegt werden können.

In Strukturgleichungsmodellen entstehen Probleme bei der Parameterschätzung in *unteridentifizierten* Modellen, die wie die Gleichung a + b = 6 nicht zu eindeutigen Lösungen führen. In unteridentifizierten Modellen soll das durch die Forschenden spezifizierte Modell eine hohe Anzahl von freien Parametern schätzen, aber die Varianz-Kovarianzmatrix S hält dafür nicht hinreichend empirische Information bereit. Unteridentifiziert ist ein Modell somit, wenn die Anzahl der Unbekannten, die man durch das Modell schätzen möchte, größer ist als die Anzahl der empirisch vorhandenen, bekannten Größen.

Anhand der so genannten t-Regel lässt sich die Zahl der Bekannten und Unbekannten vergleichen. Dabei ist $v$ = p + q die Anzahl der unabhängigen Variablen plus die Anzahl der abhängigen Variablen, $t$ ist die Anzahl der durch das Modell zu schätzenden Parameter. In *unter*identifizierten Modellen ist $t > 1 / 2 \cdot v \cdot (v + 1)$, in *gerade* identifizierten Modellen ist $t = 1 / 2 \cdot v \cdot (v + 1)$ und in *über*identifizierten Modellen ist $t < 1 / 2 \cdot v \cdot (v + 1)$ (Kline 2005: 212). Allerdings liefert die t-Regel nur eine notwendige, aber keine hinreichende Bedingung für die Identifikation eines Modells. Nehmen wir an, ein Modell ist nach der t-Regel zwar gerade identifiziert, aber aufgrund einer hohen Multikollinearität zweier unabhängiger Variablen $x_1$ und $x_2$ (r = .97) sind diese nahezu redundant. In diesem Fall wäre das Modell wahrscheinlich nicht identifizierbar, weil durch die Redundanz von $x_1$ und $x_2$ faktisch weniger unabhängige empirische Information vorliegt als Parameter geschätzt werden sollen.

In Strukturgleichungsmodellen, die gegenüber reinen Pfadmodellen auch latente Variablen aufweisen, kommt als weitere Bedingung für eine Identifizierbarkeit die *Skalierung* der latenten Variablen hinzu. Dies geschieht entweder dadurch, dass im Messmodell die Varianzen der latenten Variablen auf den Wert 1 fixiert werden, oder dadurch, dass die Faktorladung einer der Indikatoren einer latenten Variable auf den Wert 1 fixiert wird. Letzteres Verfahren führt dazu, dass die latente Variable die Skalierung dieses Indikators übernimmt.

Allerdings kann insbesondere in komplexen Modellen die Identifizierbarkeit nicht immer vorhergesagt werden. Sollte ein Modell tatsächlich unteridentifiziert sein, können variable Startwerte Hinweise darauf liefern, dass eine Lösung instabil ist. Die zur Schätzung eines Strukturgleichungsmodells verwendeten Algorithmen benötigen Startwerte, um von diesen ausgehend über numerischem Wege die jeweilige Funktion, auf der die Schätzung basiert, zu optimieren (d. h. ein Minimum oder ein Maximum der Zielfunktion zu finden). Ist ein Modell identifiziert, wird der Algorithmus tatsächlich eine eindeutige Lösung finden, gleich, von welchen Startwerten der Algorithmus ausgeht. Bei nicht identifizierten Modellen führen dagegen unterschiedliche Startwerte zu unterschiedlichen Lösungen. Daher ist es insbesondere bei komplexen Modellen angeraten, die Stabilität der Lösung, zur der ein Modell führt, durch die Replikation des Modells mit unterschiedlichen Startwerten zu testen (vgl. dazu Muthén/Muthén 1998-2007: 560).

# 9 Schlussfolgerungen: Auf eine klare Fragestellung kommt es an

Angesichts der zahlreichen Verfahren der Panelanalyse, die in diesem Buch behandelt wurden, mag es auf der ersten Blick enttäuschend erscheinen, wenn am Ende keine allgemeine Entscheidungsregel zur Auswahl eines Modells oder einer Modellvariante dargeboten wird. Angesichts der Komplexität der Daten und der jeweiligen Eigenheiten der Verfahren kann diese Entscheidungsregel nur sehr abstrakt sein und lauten: „präzisiere die Fragestellung und suche das für diese Fragestellung adäquate Verfahren". Der Entscheidungsbaum aus Kapitel 5 unternimmt den Versuch, eine Routine für die Wahl des Verfahrens in erster Linie an den Variationseigenschaften der unabhängigen Variablen aufzuhängen und mag – ebenso wie der Hausman-Test – die inhaltlich fundierte Entscheidung unterstützen. Dieser Baum bezieht sich jedoch in erster Linie auf sozio-ökonomische Personendaten und kontinuierliche abhängige Variablen. Wie die Kapitel 7 und 8 gezeigt haben, ist die Wahl des Verfahrens im Kontext von logistischen Modellen und/oder bei anderen Analyseeinheiten als Personen noch komplexer, der Entscheidungsbaum aus Kapitel 5 daher in diesen Fällen nur bedingt anwendbar.

Der notwendige Abgleich von Fragestellung und potenziellen Verfahren der Panelanalyse führt unserer Ansicht dazu, dass Aspekte der Untersuchung reflektiert werden müssen, über die man sich andernfalls womöglich keine Gedanken gemacht hätte. Auch die generelle Methodenkompetenz wird also gestärkt, wenn man sich mit der Panelanalyse beschäftigt. Steht man beispielsweise in der Migrations- und Integrationsforschung vor der Entscheidung zwischen einem *Fixed Effects* oder einem *Hybridmodell*, würde man sich für Letzteres entscheiden, wenn die zeitkonstanten Indikatoren der ethnischen Herkunft von Interesse sind, man zugleich aber unverzerrte Effekte der zeitveränderlichen Variablen verlangt. Die Abwägung zwischen beiden Modellen sensibilisiert für eines der Kernprobleme der Panelregression: Welche Art der kausalen Information liefern zeitkonstante Effekte der ethnischen Herkunft überhaupt? Das Hybridmodell deckt zwar zeitstabile Unterschiede zwischen den Gruppen auf, aber eine kausale Aussage über den Effekt einer Veränderung von y durch eine Veränderung von x unabhängig von unbeobachteter Heterogenität – wie sie ein gut spezifiziertes Fixed Effects Modell gestattet – erhalten wir im Hybridmodell in Bezug auf die zeitkonstanten Merkmale nicht. Die Plausibilität der kausalen Aussage über Effekte zeitveränderlicher Kovariaten ist im Fixed Effects Modell deutlich höher, als jener der zeitkonstanten Effekte im Hybridmodell. Was bedeutet es überhaupt, wenn man einen Effekt der ethnischen Herkunft A im Vergleich zur ethnischen Herkunft B feststellt? Man kann derartige Effekte konstatieren, aber wirklich erklären kann man mit dieser Querschnittsperspektive zunächst wenig.

Neben der Notwendigkeit einer Präzisierung der Fragestellung sensibilisiert das Nachdenken über die Auswahl des Verfahrens außerdem für das Problem der *unbeobachteten Heterogenität*. Darum haben wir auch mehrfach die Stärken der Fixed Effects Modelle hervorgehoben. Unbeantwortet blieb bisher jedoch, in welchem Verhältnis die Fixed Effects Modelle zur den komplexen Ansätzen der Strukturgleichungsmodelle stehen. Es wurde gezeigt, dass sich Fixed Effects Modelle auch als Strukturgleichungsmodelle abbilden lassen. Darüber hinaus erlauben Letztere aber weitaus komplexere Modellierungen, etwa als latente Wachstumsmodelle oder als cross-domain Modelle. Wie zu Beginn des Kapitels erwähnt, existieren in der Panelanalyse tatsächlich unterschiedliche Schulen, die zumindest teilweise mit der Zugehörigkeit zu unterschiedlichen Fachdisziplinen korrespondieren. Während Fixed Effects Modelle insbesondere in der Ökonometrie, d. h. in den statistischen Methoden zur empirischen Prüfung theoretischer Modelle in der Volkswirtschaftslehre, verbreitet sind, greifen insbesondere Psychologen eher auf Strukturgleichungsmodelle zurück. Vermutlich hat der große Stellenwert Letzterer auch damit zu tun, dass in der Psychologie komplexe Konstrukte verwendet werden (z. B. Intelligenz), bei deren Messung man sich niemals auf nur einen Indikator verlassen würde. Vielmehr ist man sich über die Fehlerhaftigkeit der Messungen im Klaren und versucht, diese im Messmodell mit zu berücksichtigen. Und tatsächlich besteht der große Vorteil der Strukturgleichungsmodelle darin, dass der Messfehler zum Bestandteil des Modells wird und man zudem seine Größe quantifizieren kann. Möglicherweise sind auch die zwischen den Disziplinen unterschiedlichen Methodenanwendungen zumindest teilweise durch die Messung der verwendeten Konstrukte zu erklären: Während in der Ökonometrie traditionell häufig amtliche Daten oder sozio-ökonomische Kenngrößen (z. B. Einkommensangaben) verwendet werden, die zumindest *potenziell* fehlerfrei messbar sind, ist das bei psychologischen Konstrukten (wie *Intelligenz*, *Empathie* oder *Selbstkontrolle*) nicht der Fall. In sozialwissenschaftlichen Bereichen, in denen mit derartigen „weichen", starker Messfehler behafteten Konstrukten gearbeitet wird, sollte daher das Potenzial der Strukturgleichungsmodelle zumindest geprüft werden. Dies gilt sicherlich auch für die Werte- und Einstellungsforschung.

In Kapitel 8 hatten wir auf den Vorteil der enormen Flexibilität der Strukturgleichungsmodelle hingewiesen, die aber zugleich auch die Probleme dieses

Verfahrens in sich trägt. Genau genommen resultieren diese Probleme aber weniger aus dem statistischen Analyseverfahren selbst, sondern aus dem Verhalten der Anwender, die entweder sehr empiristisch, d. h. ohne präzise Fragestellung vorgehen, oder ihre Modelle zu komplex gestalten. Dennoch sind wir der Meinung, dass die Anwendung komplexerer Strukturgleichungsmodelle, wie sie in Kapitel 8 eingeführt wurden, überaus anspruchsvoll ist. Im Prinzip verlangt deren Anwendung ein hohes Maß an Routine und Erfahrung auch bereits bei Querschnittsanalysen. Bei wirklich kompetenter Anwendung entfalten diese Modelle ihre Stärken, aber Einsteiger und Anfängerinnen, für die das Kapitel 8 dieses Buches quasi der Erstkontakt mit Strukturgleichungsmodellen darstellt, würden wir eher von deren Anwendung abraten und einfachere Verfahren nahelegen. Zur Vertiefung der Strukturgleichungsmodelle sind die Bücher von Reinecke (2005), Kline (2005), Duncan et al. (2006) sowie Preacher et al. (2008) gut geeignet. Zusammen mit einem großen Erfahrungsschatz in der praktischen Anwendung können Analysen auf Basis dieser Modelle sicherlich wertvolle Beiträge zum Verständnis sozialer Prozesse leisten. Dabei sollte man sich aber die Frage stellen, ob die erzielten wesentlichen Resultate in manchen Fällen nicht auch durch das deutliche einfachere Fixed Effects Modell erzielt werden können – zumindest, wenn es sich tatsächlich um eine Längsschnittfragestellung handelt. Die technische Einfachheit des Fixed Effects Modells bedeutet selbstverständlich nicht, dass man keine Fehler machen kann. Aber die Quellen und Unsicherheitsfaktoren scheinen uns bei den Strukturgleichungsmodellen deutlich mannigfaltiger zu sein.

# Literatur

Allison, Paul D. (2004): Using Panel Data to Estimate the Effects of Events. Sociological Methods & Research 23, 174–199.
Allison, Paul D. (2005): Fixed effects regression methods for longitudinal data using SAS. Cary, NC: SAS.
Allison, Paul D. (2009): Fixed effects regression models. Los Angeles, CA: Sage.
Andreß, Hans-Jürgen/ Hagenaars, J.A.P/ Kühnel, Steffen (1997): Analyse von Tabellen und kategorialen Daten. Log-lineare Modelle, latente Klassenanalyse, logistische Regression und GSK-Ansatz. Berlin: Springer.
Arellano, Manuel/ Bond, Stephen (1991): Some Tests of Specification for Panel Data: Monte Carlo Evidence and an Application to Employment Equations. The Review of Economic Studies 58, 277–297.
Armingeon, Klaus (2007): Comparative Data Set for 28 Post-Communist Countries. Codebook. Universität Bern.
Arminger, Gerhard/ Müller, Franz (1990): Lineare Modelle zur Analyse von Paneldaten. Opladen: Westdt. Verl.
Baltagi, Badi H. (2005): Econometric analysis of panel data. Chichester: Wiley.
Baltagi, Badi H./ Wu, Ping X. (1999): Unequally spaced panel data regressions with AR(1) disturbances. Econometric Theory 15, 814–823.
Beck, Nathaniel/ Katz, Jonathan: Time-Series Cross-Section Issues: Dynamics 2004. www.nyu.edu/gsas/dept/politics/faculty/beck/beckkatz.pdf.
Berry, William D. (1993): Understanding regression assumptions. Newbury Park, CA: Sage. (Sage University papers Quantitative applications in the social sciences, 92).
Bortz, Jürgen/ Döring, Nicola (2003): Forschungsmethoden und Evaluation. Für Human- und Sozialwissenschaftler. Berlin: Springer.
Brüderl, Josef (2010): Kausalanalyse mit Paneldaten. In: Wolf, Christof; Best, Henning (Hg.): Handbuch der sozialwissenschaftlichen Datenanalyse. Wiesbaden: VS Verlag, S. 963–994.
Cameron, Adrian C./ Trivedi, Pravin K. (2005): Microeconometrics: Methods and applications. Cambridge: Cambridge Univ. Press

Cameron, Adrian C./ Trivedi, Pravin K. (2009): Microeconometrics using Stata. College Station, TX: Stata Press.

Chamberlain, Gary (1980): Analysis of covariance with qualitative data. The Review of Economic Studies 47, 225–238.

Duncan, Terry E./ Duncan, Susan C./ Strycker, Lisa A. (2006): An introduction to latent variable growth curve modeling. Concepts, issues, and applications. Mahwah, NJ: Erlbaum. (Quantitative methodology series).

Dunteman, George Henry/ Ho, Moon-Ho R. (2006): An introduction to generalized linear models. Thousand Oaks, CA: Sage.

Eliason, Scott R. (1993): Maximum likelihood estimation. Logic and practice, Newbury Park, CA: Sage.

Engel, Uwe (1998): Einführung in die Mehrebenenanalyse. Grundlagen Auswertungsverfahren und praktische Beispiele. Opladen: Westdt. Verl..

Engel, Uwe/ Reinecke, Jost (1994): Panelanalyse: Grundlagen, Techniken, Beispiele. Berlin: de Gruyter.

Frees, Edward W. (2004): Longitudinal and panel data: Analysis and applications in the social Siences. Cambridge: Cambridge Univ. Press.

Fitzmaurice, Garrett M./ Liard, Nan M./ Ware, James H. (2004): Applied longitudinal analysis. Hoboken, NJ: Wiley-Interscience.

Geiser, Christian (2010): Datenanalyse mit Mplus. Eine anwendungsorientierte Einführung. Wiesbaden: VS Verlag.

Greene, William H. (2000): Econometric analysis. Upper Saddle River, NJ: Prentice-Hall.

Halaby, Charles N. (2004): Panel models in sociological research: Theory into Practice. Annual Review of Sociology 30, 507–544.

Hill, Rufus C./ Griffiths, William E./ Lim, Guay C. (2008): Principles of econometrics. Hoboken, NJ: Wiley.

Hox, Joop (2002): Multilevel analysis. Techniques and applications. Mahwah, NJ: Erlbaum.

Hsiao, Cheng (2003): Analysis of panel data. Cambridge: Cambridge Univ. Press. (Econometric Society monographs, 34).

Hübler, Olaf (2005): Einführung in die empirische Wirtschaftsforschung: Probleme, Methoden und Anwendungen. München: Oldenbourg.

King, Gary (1990): On political methodology. Political Analysis 2, 1–29.

Kline, Rex B. (2005): Principles and practice of structural equation modeling. New York, NY: Guilford Press.

Kohler, Ulrich (2003): Soepnoise - Stata-Modul zur Verfremdung von Daten des SOEP zur Erstellung von Public-Use-Files (wird auf Anfrage zur Verfügung gestellt).

Long, J. Scott (1997): Regression models for categorical and limited dependent variables. Thousand Oaks, CA: Sage.
Luke, Douglas A. (2005): Multilevel modeling. Thousand Oaks: Sage.
McCullagh, Peter/ Nelder, John A. (1989): Generalized linear models. London: Chapman and Hall.
Molenberghs, Geert/ Verbeke, Geert (2005): Models for discrete longitudinal data. New York, NY: Springer (Springer series in statistics).
Mood, Carina (2010): Logistic Regression: Why We Cannot Do What We Think We Can Do, and What We Can Do About It. European Sociological Review 26, 67–82.
Mundlak, Yair J. (1978): On the Pooling of Time Series and Cross Section Data. Econometrica 46, 69–85.
Muthén, Linda K./ Muthén, Bengt O. (1998-2007): Mplus User' Guide. Fourth Edition. Los Angeles, CA: Muthén & Muthén.
Petersen, Trond (2004): Analyzing panel data: fixed- and random-effects models. In: Hardy, Melissa; Bryman, Alan (Hg.): Handbook of data analysis. London: Sage, S. 331–345.
Plümper, Thomas/ Troeger, Vera E./ Manow, Philip (2005): Panel data analysis in comparative politics: Linking method to theory, in: European Journal of Political Research 44, 327–354.
Preacher, Kristopher J./ Wichman, Aaron L./ MacCallum, Robert C./ Briggs, Nancy E. (2008): Latent growth curve modeling. Los Angeles, CA: Sage. (Quantitative applications in the social sciences, 157).
Rabe-Hesketh, Sophia/ Skrondal, Anders (2008): Multilevel and longitudinal modeling using STATA. College Station, TX: Stata Press.
Raudenbush, Stephen W.; Bryk, Anthony S. (2002): Hierarchical linear models. Applications and data analysis methods. 2nd ed. Thousand Oaks: Sage.
Reinecke, Jost (2005): Strukturgleichungsmodelle in den Sozialwissenschaften. München: Oldenbourg.
Rogers, William (1993): Regression standard errors in clustered samples. Stata Technical Bulletin 13, 19–23.
Ruspini, Elisabetta (2002): Introduction to longitudinal research. London: Routledge. (Social research today).
Schröder, Arne (2005): Prinzipien der Panelanalyse. In: Albers, Sönke; u.a. (Hg.): Methodik der empirischen Forschung. Wiesbaden: Gabler.
Singer, Judith D./ Willett, John B. (2003): Applied longitudinal data analysis. Modeling change and event occurrence. Oxford: Oxford Univ. Press.
Snijders, Thomas A./ Bosker, Roel J. (1999): Multilevel analysis. An introduction to basic and advanced multilevel modeling. London: Sage.

Spieß, Martin (2008): Missing-Data Techniken. Analyse von Daten mit fehlenden Werten. Münster: Lit.

Stata Corporation (2005): Stata longitudinal/panel data, reference manual, release 9. College Station, TX: Stata Press.

Twisk, Jos W. R. (2003): Applied longitudinal data analysis for epidemiology. A practical guide. 3. print. Cambridge: Cambridge Univ. Press.

Urban, Dieter (2004): Neue Methoden der Längsschnittanalyse: Zur Anwendung von latenten Wachstumskurvenmodellen in Einstellungs- und Sozialisationsforschung. Berlin: Lit.

Urban, Dieter/ Mayerl, Jochen (2008): Regressionsanalyse: Theorie, Technik und Anwendung. Wiesbaden: VS.

Windzio, Michael (2004): Ein Messwiederholungsmodell mit zufälligen Koeffizienten in der vergleichenden Forschung. Eine Anwendung am Beispiel räumlicher Determinanten der Fluktuation zwischen regionalen Arbeitsmärkten in Westdeutschland 1984-1997. ZA Informationen 55, 5–33.

Windzio, Michael (2008): Social structures and actors: The application of multilevel analysis in migration research. Romanian Journal of Population Studies 2, 113–138.

Wooldridge, Jeffrey M. (2002): Econometric analysis of cross section and panel data. Cambridge, MA: MIT Press.

Wooldridge, Jeffrey M. (2005): Introductory econometrics: A modern approach. Mason, OH: Thomson.

# Index

## A

AR(1)  177, 179, 217
Arbeitskorrelationsmatrix  178
Ausreißer  172
Autokorrelation  30, 116, 179, 180

## B

balanciertes Panel  91, 95
Between Regression  13, 74, 93f, 97

## C

CFI  188, 205, 207
cluster  78, 116
Comparative Political Dataset  127
compound symmetry  176, 178f
Constraint  192, 198f
cross-domain  200, 202ff, 214

## D

discrete unit effects  152

## E

echte zeitkonstante Variablen  91, 95
Effektheterogenität  117, 119, 120f, 124
Einheiteneffekt  50f, 53, 55, 80, 82, 87ff, 99, 102, 121ff
*endogene* Variablen  184
Entmittlung  44, 86, 90, 99, 102, 123, 161
exchangeable  176, 178f, 180
*exogene* Variablen  184

## F

Faktorenanalyse  184, 191, 195

## G

First Differences  13, 40, 57, 58, 61ff,
Fixed Effects  13f, 40ff, 51ff, 86, 99, 102ff, 117, 120, 142f, 150f, 173, 176, 193f, 213ff

## G

GEE  152f, 161, 173, 176ff
Generalized Estimation Equations  152, 173

## H

Hausman T*est*  14, 107, 109ff, 158, 165
Heterogenität  10f, 31ff, 44ff, 55, 57ff, 90, 99ff, 142ff, 166ff, 173f, 181, 183, 191, 198, 205, 213f
Heteroskedastizität  28, 77, 116, 130
Hybrid Verfahren  14, 55, 103, 108f, 117, 121

## I

ICC  158
idiosynkratischer Fehler  115
Indikatoren  183, 185, 187, 190f, 210, 213
Interaktionen  160, 203
Interaktionsterm  117
Intraklassenkorrelation  158

## K

Kontextvariabl*en*  40, 52f, 55, 56f, 69, 73, 75, 79, 96ff, 104, 108ff, 117, 121f
kumulierte Dichtefunktion  134

## L

lambda  185

Längsschnittfragestellung 13, 28, 32ff, 43, 56, 62, 69, 71, 80, 99f, 112f, 156f, 181, 215
latente Variable 120, 184, 189, 190, 192, 206, 210
Likelihood-Ratio Test 171
Linkfunktion 136, 139, 141, 178
Log Odds 136ff, 147, 150ff, 167, 172
logistische Regression 14, 127, 139, 141ff, 150f, 161, 165, 178, 217
log-likelihood 142
long format 18, 25, 190, 192, 203
LSDV 42, 48ff, 77, 118, 143

# M

Maximum Likelihood 88f, 120f, 140, 143
Mehrebenenanalyse 12, 31, 53, 57, 87, 88, 98, 107, 117f, 120f, 165ff, 194, 202f, 218
Mehrebenenmodell 166ff, 173, 204
Messfehler 76, 184, 186ff, 191
Messmodell 184ff, 195, 201, 210, 214
Modellidentifikation 208f,
Mplus 203, 218f

# N

Normalverteilung 130, 134, 151, 172, 191, 196f

# O

Odds Ratios 137ff, 152, 163
OLS 22, 24, 26ff, 38ff, 52ff, 72ff, 87ff, 100ff, 140
optimaler Einheiteneffekte 86, 89

# P

personenspezifische Steigungskoeffizienten 120

Pluralisierung 10
Pooled Model 29
population averaged 176, 179, 181
Populationsanteile 181
Probit 134

# Q

quasi-zeitkonstante Variablen 76
Querschnittsfragestellungen 13, 28, 55, 69, 73f, 77, 94, 96, 99

# R

Random Coefficient 166
Random Effects 12f, 52, 55, 74, 79f, 83, 86ff, 99ff, 117, 122, 150ff, 157ff, 173ff, 190ff, 199
Random Slope 117, 120f, 167ff, 203
Residualvarianz 158, 164, 168

# S

*sigma(e)* 47, 98
*sigma(u)* 47, 98
SOEP 10, 15, 25, 46, 70, 112, 207
Standardfehler, korrigiert 13, 55, 73f, 77ff, 87ff, 99, 105, 109, 116, 121f, 139f, 142, 151, 154f, 159, 162, 164, 178
Strukturmodell 188f, 196, 198, 202
sufficient statistic 144

# T

Trendheterogenität 118

# U

unbalancierte Paneldaten 26, 79, 90ff, 95, 105, 109
unbeobachtete Heterogenität 10, 29, 31, 33ff, 39, 46, 50, 99ff, 117, 121, 142f,

149ff, 166, 173f, 181, 192, 198, 205, 208, 213f

# W

Wahrscheinlichkeit 73, 88, 121, 128, 129, 131ff, 140f, 144ff, 171, 174f, 177

# X

xtmelogit 171
xtmixed 88, 98, 117, 122
xtreg 45, 92, 97f, 111f, 192

# Z

Zufallsverteilung 151

GPSR Compliance
The European Union's (EU) General Product Safety Regulation (GPSR) is a set of rules that requires consumer products to be safe and our obligations to ensure this.

If you have any concerns about our products, you can contact us on

ProductSafety@springernature.com

In case Publisher is established outside the EU, the EU authorized representative is:

Springer Nature Customer Service Center GmbH
Europaplatz 3
69115 Heidelberg, Germany

www.ingramcontent.com/pod-product-compliance
Ingram Content Group UK Ltd.
Pitfield, Milton Keynes, MK11 3LW, UK
UKHW022212230426

12048UKWH00016BA/789